本书是国家社会科学基金项目"国家层面的私人档案信息资源体系建设研究"（项目编号：12BTQ046）的最终研究成果，由北京联合大学"科技创新服务能力建设——北京城乡文化遗产保护传承与活化创新"项目资助

北京联合大学文理学术文库（三）

国家层面的私人档案信息资源体系建设研究

孙爱萍　著

中国社会科学出版社

图书在版编目(CIP)数据

国家层面的私人档案信息资源体系建设研究 / 孙爱萍著. —北京：中国社会科学出版社，2022.2
ISBN 978-7-5203-9828-2

Ⅰ.①国… Ⅱ.①孙… Ⅲ.①私人档案—档案信息—信息资源—体系建设—研究—中国 Ⅳ.①G275.9

中国版本图书馆 CIP 数据核字（2022）第 035290 号

出 版 人	赵剑英	
责任编辑	郝玉明	
责任校对	谢　静	
责任印制	王　超	

出　　版	中国社会科学出版社	
社　　址	北京鼓楼西大街甲 158 号	
邮　　编	100720	
网　　址	http://www.csspw.cn	
发 行 部	010-84083685	
门 市 部	010-84029450	
经　　销	新华书店及其他书店	
印　　刷	北京明恒达印务有限公司	
装　　订	廊坊市广阳区广增装订厂	
版　　次	2022 年 2 月第 1 版	
印　　次	2022 年 2 月第 1 次印刷	
开　　本	710×1000　1/16	
印　　张	17.5	
字　　数	261 千字	
定　　价	96.00 元	

凡购买中国社会科学出版社图书，如有质量问题请与本社营销中心联系调换
电话：010-84083683
版权所有　侵权必究

前　言

　　档案是人们在社会实践中产生的各种形式的记录，私人档案是作为社会主体的人在活动中产生的历史记录，私人档案的形成带有人的思想、情感、愿望的表达，蕴含着心灵和个性的特征，它与党政机关及其他社会组织形成的公务、公共文件内在规定性的要求相比，具有截然不同的特征。陈墨指出："个人记忆中不仅可提供公共历史信息，更多的是有关个人生活、情感经历、心灵历程、社会关联、语言特性、个性心理、身体状况乃至记忆方式、记忆能力、表述方式和表述能力等多方面的信息。"[①] 档案的实质在于：它不仅记录了成就，还记录了获得成就的过程。国家层面的私人档案信息资源体系建设研究旨在从档案视角关照个体的人的存在和全面发展，将人在社会生活和实践发展中存在的轨迹、价值和作用以各种方式记录下来，传承下去，以展示人的生命光彩，完善和推动人类更好地发展，进而推动整个社会持续而长远地发展。马克思早就指出，社会生活在本质上是实践的，并把人的一切感性活动看作人的实践活动。因此，社会实践可以区分为两大部分或两大层次，即生产实践（含社会关系实践和科学研究实践）和生活实践。其中，生产实践是高层次的实践活动，它是人类存在的前提；生活实践则是低层次或是最基本的实践活动，它是人类生存的方式。生活实践本身可以说是一个非常宽泛的概念，生活是人的生命的存在方式，是指个体在个人空间和社会层面上展开自己的生命历程。生活是个人的，也是社会的。从人的成长过程看，人首

---

① 陈墨：《史学之谜：真实性、口述历史与人》，《当代电影》2011年第1期。

先有生活实践，然后才有生产实践。无论生活实践还是生产实践，其实践活动只有达到合目的性与合规律性的统一，并符合人类的善性，才是积极的、完善的、有价值和有意义的，才能够促进整个人类的健康发展。每个个体的人正是在为人类作贡献的同时实现了自我，从而达到人与人、人与社会、人与自然和谐共处的人生境界，这是作为一个个体的人最幸福且最有价值的事情。

本书以此为理论指引，研究的重心是探索从国家层面将每个个体的人形成的有重要价值的历史记录纳入整个国家档案信息资源中加以保存和建设，与国家机关、企业事业单位及各类组织形成的档案资源构成共建互补格局，以填补目前国家层面私人档案信息资源建设的空白，使具有记录历史功能的档案从组织扩展到个人，从而在新时代进一步完善国家档案资源的建设。这是对人类个体的尊重，也是对人类自身、实践活动和成长历程的全面展示。本书探索私人档案信息资源体系的建设不仅单纯停留在国家层面档案资源体系的建设上，更重要的是试图通过探索国家层面的私人档案信息资源体系建设，最终实现探索人在社会发展中存在的轨迹、价值和作用，而这三者的统一是本书研究的最终目的和价值所在。

本书付梓之时，正值2020庚子鼠年春节全国抗击新型冠状病毒之际，全国支援武汉疫区，笔者在微信公众号半月谈1月31日上看到了一篇题为"他们奔赴抗疫一线，留下一封封家书"的文章，共登载了15封家书，每一封家书虽然很短但都十分感人，其中一封来自湘籍"90后"胡佩的家书给我留下了深刻的印象，家书是这样写的："在朋友圈看到这句话：非典那年我5岁，今年我22岁，那时候全世界保护'90后'，这次换上我们'90后'保护世界，'武汉加油，中国加油'，如今我也是感染科的一名护士，心中的使命告诉我一线需要我，需要我们这一代'90后'热血青年。像期待春天一样期待好消息，期待大家都平安。"文中除了短短的感人文字以外，还附有一张记录胡佩一双手的照片，作为湖南省儿童医院护士，她因长时间穿防护服，并长时间用消毒液冲洗，她的双手已布满道道血痕，看到此，我感到鼻子一阵阵发酸，是啊，一封小小的家书和照片真实

前　言

记录了一位"90后"——在家里原本还是受到父母万般宠爱和呵护的孩子，在国家临危之际，她们能够义无反顾地站出来响应国家的号召，承担起国家的重托，离开舒适而温暖的家和亲人，不顾个人安危勇敢地奔赴疫区前线，救助更多的受病毒感染生命垂危、渴望能够及时得到专业救护的人，这是多么感人和令人钦佩的"90后"，透过这封家书让人们真真正正体会到了"90后"的人格力量和担当精神，由此而想到中华民族就是由这样一个一个有血有肉的普通人组成的，才能使之生生不息、绵延不断而顽强屹立于世界民族之林。这封家书只是万千救护者中的一个小小的记录，人们相信疫情总会过去，一切生活会回归于平常，希望这样的事情永远不要再发生了。然而笔者从职业角度真切地感受到，这封小小的家书就是一份有文有图有真相，十分珍贵的私人档案，但是多年后谁还会想起这封普通的家书以及它所承载的和真正体现的是这封家书的作者——一位"90后"热血青年在国家危难时的勇敢担当呢？每个时代都有不同的"英雄"，此时此刻挺身而出，战斗在一线救死扶伤迎难而上的医护工作者，不就是这个时代的伟大"英雄"吗？

因此，作为一个多年从事档案教育和档案研究的工作者，笔者深深感受到有责任研究并推动覆盖人民群众的国家档案资源的建设，不断地充实来自民间、社会的体现人的更为生动的私人档案信息资源建设，以此反映全社会不同层次个体的人的实践活动的真实样貌，改变以往国家档案资源的单一结构，它将与党和国家机关、社会组织的档案资源一起共同构筑成完整的社会记忆，从而能够反映人民群众在我国社会经济发展中的贡献力，最终关注社会主体的人，彰显人的力量，指导并引领现实中社会主体的人将美好的实践活动记录下来，留存并传承下去。私人档案参与国家记忆，并以此推动现代国家治理和中华文明的守护和传承，从而实现中华民族伟大复兴的中国梦，这正是本书研究成果的题中之义。

本书是笔者主持的国家社会科学基金项目"国家层面的私人档案信息资源体系建设研究"（项目编号：12BTQ046）的结题成果。孙爱萍制定了总体的写作框架，并审定了全书内容，项目组全体成员贡献了智慧和力量。具体分工如下：第一章由孙爱萍执笔，第二章由孙爱萍、王立执笔，第三章、第四章由孙爱萍执笔，第五章由王巧玲、谢永宪执笔，第六章由李海英执笔，第七章由孙爱萍执笔，第八章由沈蕾、朱建邦执笔，第九章由徐云执笔，第十章由逯燕玲执笔。项目的立项、开题与完成，得到了冯惠玲、赵国俊、倪晓建、韩建邺、王岚、李海英等多位专家学者的热忱帮助，他们为本书的完成提供了宝贵的意见。王岚参与了项目的研究和指导工作，房小可负责全书的排版工作。在写作过程中，参考了大量前人和业界的研究成果，出版过程得到了北京联合大学应用文理学院出版基金的资助和中国社会科学出版社的大力支持，郝玉明编辑对本书的出版付出了大量心血，在此对上述机构、个人和著述者一并表示衷心感谢！

  由于水平有限，加之社会对个体的人本身的认识不断深入，私人档案纳入国家档案信息资源建设的实践也在不断发展，书中难免存在错误和疏漏之处，敬请读者批评指正。

孙爱萍

2020 庚子鼠年春节初六于北京家中

目　录

第一章　绪论 ……………………………………………………（1）
　第一节　研究背景 ………………………………………………（1）
　第二节　问题的提出 ……………………………………………（3）
　第三节　研究意义 ………………………………………………（5）
　第四节　研究的目的、内容和创新点 …………………………（7）
　第五节　研究方法 ………………………………………………（11）
　第六节　关键术语界定 …………………………………………（12）

第二章　私人档案研究现状及述评 ……………………………（14）
　第一节　文献数据来源与分析 …………………………………（14）
　第二节　基于关键词对私人档案文献研究的分析 ……………（20）
　第三节　私人档案学术研究趋势分析 …………………………（35）
　第四节　国外私人档案研究 ……………………………………（37）
　第五节　国内国家层面关于私人档案信息资源研究的核心
　　　　　观点辑要 ………………………………………………（40）
　第六节　国外国家和社会层面关于私人档案研究及开展
　　　　　建设的核心观点辑要 …………………………………（49）

第三章　国家层面私人档案信息资源体系建设的理论基础 …（58）
　第一节　以人为本的哲学理论基础 ……………………………（58）
　第二节　社会记忆理论 …………………………………………（63）
　第三节　信息资源管理理论 ……………………………………（68）

第四节　档案价值理论 …………………………………（70）
第五节　治理理论 ………………………………………（74）

第四章　我国国家层面私人档案信息资源体系建设的重大战略价值 …………………………………（78）

第一节　体现了人民群众是历史创造者的主体地位，同时是实现中国梦伟大进程中人的创造价值、作用和轨迹的统一 ……………………………………（78）

第二节　私人档案信息资源是中华民族宝贵的文化财富 ……（80）

第三节　对国家和社会有重要价值的私人档案信息资源存世数量严重不足，极为稀缺，这部分资源愈显弥足珍贵 ………………………………………（81）

第四节　坚持以人民的利益为中心谋划档案工作，是实现国家档案观向社会档案观的重大转变 ……………（82）

第五章　国内私人档案信息资源体系建设的现状 ………（84）

第一节　私人档案信息资源法规建设的现状 ……………（84）

第二节　民众参与私人档案信息资源建设的现状 ………（96）

第三节　组织机构参与私人档案信息资源建设的现状……（126）

第六章　国外私人档案信息资源建设 ……………………（138）

第一节　国外私人档案法律法规的情况 …………………（138）

第二节　国外国家层面私人档案管理的情况 ……………（152）

第三节　国外社会民间机构保存私人档案的情况 ………（158）

第七章　国家层面私人档案信息资源体系的划分及依据 ………（169）

第一节　国家层面私人档案信息资源体系建设存在缺失 ……（169）

第二节　国家层面建设私人档案信息资源是法律赋予的责任 …………………………………………（172）

第三节　国家层面私人档案信息资源体系的层次划分 ………（176）

第四节 私人档案信息资源体系层次划分的依据 …………（181）

第八章 国家层面私人档案信息资源体系建设的战略框架 ……（186）
第一节 私人档案信息资源体系建设的指导思想和
基本原则 ………………………………………………（186）
第二节 私人档案信息资源体系的建设目标 ………………（187）
第三节 主要工作措施 …………………………………………（189）

第九章 国家层面私人档案信息资源体系建设的实施保障 ……（211）
第一节 法律保障——填补国家档案法规体系中私人
档案内容的空白 ………………………………………（211）
第二节 体制保障——建立有效的私人档案管理促进
体制 ……………………………………………………（222）
第三节 行动保障——促进全国范围内私人档案的形成
与建档 …………………………………………………（231）
第四节 效用保障——逐步推进国家层面私人档案信息
资源的开发利用 ………………………………………（243）
第五节 资金保障——多渠道筹措国家层面私人档案信息
资源体系的建设资金 …………………………………（246）

第十章 我国国家层面私人档案信息资源体系平台的建设 ……（250）
第一节 国内外典型案例 ………………………………………（250）
第二节 我国私人档案信息资源平台的层次 ………………（254）
第三节 建设和运维机制 ………………………………………（258）

结束语 ……………………………………………………………（265）

参考文献 …………………………………………………………（266）

第一章 绪论

第一节 研究背景

随着社会经济、政治、文化及科学技术的快速发展，我国民主政治建设与经济、政治、社会转型逐步推进，以人为本，坚持以人民为中心的发展思想不断深化，体现了全面建设小康社会的基本要求，它为档案事业发展提供了新的课题和新的发展机遇。2007年国家档案局提出建立覆盖人民群众的档案资源体系，吹响了档案资源建设的号角。国家层面加强档案信息资源建设，特别是私人档案信息资源体系建设就尤其显得适逢其时。人民既是历史的主体，也是实践和认识的主体，更是劳动价值的创造者，是中国特色社会主义这项全新的伟大事业的创造主体，将人民群众在社会各项实践活动和社会生活中形成的宝贵的档案资源建设好，不仅是档案工作满足社会需求，以人为本，开拓创新，提升国家软实力的重要体现，更是把人民对美好生活的向往作为档案工作的奋斗目标，是更好地强信心、聚民心、暖人心、筑同心的重要体现。

党的十九大强调，要不断满足人民日益增长的美好生活需要，要让改革发展成果更多更公平地惠及全体人民，始终把人民利益摆在至高无上的地位。档案作为国家各项工作及人民群众各方面工作情况的真实记录，是促进我国各项事业科学发展、维护党和国家及人民群众根本利益的重要依据，是人类发展进步的宝贵资源。随着我国政治体制和市场经济的确立，社会中每个现实的人参与国家、社会各项实践活动的机会、方式越来越多样、丰富和自由，因而在此过程中也就形成了具有规模巨大、内容丰富、种类繁多、表现形式多样、私人属性突出及蕴含独特历史文化价值等特点的私人档案，私人档案覆盖社会生活的各个领域、各个方面，它与人民群众的工作、生活息息相关，它来自社会并生动地记录和反映社会。

一般认为，私人档案与公共档案最大的区别就在于，它是作为社会主体的自然人在社会活动和个人生活中形成的各种形式的有价值的历史记录，反映了人民群众积极参与各项事务活动，在与国家、社会，以及人与人之间的各种互动中形成的鲜活、生动而真实的记录，既是国家、社会活动历史样貌的再现，也是国家治理效果在微观层面的真实反映。这部分档案信息资源体量大且分散，是人们自身存在和发展的基础和动力，也是国家、社会不可缺少的珍贵的档案信息资源和文化财富。建设国家层面的私人档案信息资源体系的根本目的，是使每个个体的人形成的有价值的历史记录能够纳入国家档案信息资源的记录中加以保存和建设，使私人档案信息资源更好地服务于当代人和后代人的物质生活和精神文化生活的需要。因此，国家层面将私人档案信息资源分层次构成体系加以建设，将会在国家、社会现代化治理和文化发展中充分发挥其不可替代的重要价值和作用，因此，国家层面私人档案信息资源体系建设具有很强的战略性和时代性。

但是由于我国长期以来，国家层面对于私人档案信息资源体系的建设缺少顶层规划和战略，缺少与《档案法》相配套的法律法规建设和制度建设，特别是缺乏层次性和系统性的体系建设和服务支持，在国家档案资源建设中出现了"三多三少"的现象，即国家机关或企事业单位产生的档案多，私人档案虽然体量很大，但其中有价值的在已建设的国家档案信息资源中所占比例极小；国家机关和各类社会组织履行公务职能形成的档案留存的多，而涉及社会主体的人民群众在生存和发展中形成的档案留存的少；档案信息资源建设和管理的法律、法规和制度建设涉及政府机关、企事业单位的多，而关乎个体的人形成的档案建设和管理的法律、法规和制度少。这些现象的存在致使现实中国家档案资源结构严重失衡，国家层面私人档案信息资源存世数量严重不足，大量宝贵的私人档案信息资源失存——该留的没有留；失有——侥幸留下来的没有被国家掌握和控制；失用——没有充分发挥其价值，为国家经济社会发展和中华民族实现伟大复兴提供基础性的支撑不够。

马克思主义认为，人是社会历史的主体和创造者，人类社会一切活动的根本目的首先是人的发展。这里所说的人，不是抽象的符号，而是一个个现实的具体的个人。党的十九大报告指出，新时代我国社会主要矛盾已经转化为人民日益增长的美好生活需要和不平衡不充分的发展之间的矛盾，必须要坚持以人民为中心的发展思想，不断地促进人的全面发展、推动全体人民共同富裕。按照这一核心思想要求，推动全面加强国家档案信息资源建设，特别是加强国家层面私人档案信息资源体系建设，丰富国家档案资源；调整目前档案资源建设结构的不平衡现象，关注呈现中华民族生生不息、团结奋进的精神风貌来自社会主体人的记录；在尊重其所有者所有权的前提下可以采取合作治理模式加以保护和管理，紧紧依靠人民，充分调动广大人民群众的积极性、主动性和创造性，引导广大人民群众将美好的实践活动记录下来，守护并传承下去，充分发挥其社会价值、文化价值和历史价值，这将使社会文化生活更加丰富多彩，一代一代人形成鲜活而精彩的生活和奋斗的记忆化为一股强大的精神力量，成为中华民族伟大复兴的精彩篇章，激励人们为过上更加美好的生活，多层次弘扬并传承中华文化，使之在建设中华民族共有精神家园中发挥不可估量的作用。

为此，本书提出从国家层面建设私人档案信息资源，构建私人档案信息资源体系，将之纳入国家档案信息资源建设中，从理论上加以深入研究，以完善国家档案信息资源建设，开拓创新，实现以档案为载体的中华民族文化传承，不断提升国家软实力，在全面建成小康社会、加快推进社会主义现代化、实现中华民族伟大复兴中发挥重要作用。

第二节　问题的提出

档案信息资源建设是我国档案工作和档案事业发展的根基，国家层面的档案信息资源在我国《中华人民共和国档案法》（以下简称"档案法"）第二条中有明确规定："本法所称的档案，是指过去和现在的国家机构、社会组织以及个人从事政治、军事、经济、文化、宗教等活动直接形成的对国家和社会有保存价值的各种文字、图表、声像等不同形式的历史记录。"由此可见，国家层面的档案资源是由国家管理的，其主要来源由国家机构、社会组织及个人三部分构成，"个人"在本书称"私人"，有保存价值的私人档案信息资源是国家档案信息资源的重要组成部分，其合法性已经在《档案法》中有所体现。此外，有些省市颁布的地方法规中，也涉及私人档案信息资源的建设相关内容。但在我国国家层面的档案资源建设工作中却未涉及私人的档案信息资源建设。

伴随着国家以人为本，高度关注民生成为政府服务社会的主要目标，2007年国家档案局提出推动建立覆盖人民群众的档案资源体系，并把它作为档案事业的发展方向和目标加以落实。2010年在"十二五"发展规划中提出，在进一步全面完善覆盖人民群众的档案资源体系中坚持以人为本，国家档案信息资源建设要围绕着人来建设，这应该是有史以来的第一次在国家正式文件中出现，由此可以看出档案工作的服务理念发生了重大转变，工作重心和战略部署由国家档案观向社会档案观转变，这意味着档案资源的结构和建设也要随之发生变化。那么问题来了，国家层面建设覆盖人民群众的档案资源体系都包括什么，如何建设，它的构成是什么？等相关问题也回归人们的视线中，很自然会引发人们进一步的思考。

综上所述，档案工作遵循的《档案法》中有关对国家和社会有价值的私人档案保护和管理的内容是在法律的规范范围内的，档案工作中坚持以人为本的目标的确立也是非常明确的。但是一直以来国家层面并没有将私人档案信息资源建设纳入国家档案资源建设中，更缺少对私人档案信息资源体系构建的系统性研究，私人档案信息资源建设大多停留在法律条文上，或是一些相关的政策、意见上，由于缺少顶层设计，各级各类档案馆有关私人档案信息资源建设也仅仅停留在少数名人档案的建设上，公民个体生存与发展状况形成的各种类型档案及其管理基本上处于自然状态，状况十分堪忧。人民群众是历史的创造者，但在国家档案资源中很少能看到来自社会中个体的人，反映社会各界民众社会实践活动和社会生活的档案，反映民众个人生存与发展的档案，因此，在已建设的国家档案资源中实际是存在"档案的空缺"①的，造成宝贵历史记录的流失，这意味着国家层面缺乏对私人档案信息资源的必要关照、指导、服务和控制力，私人档案信息资源的缺失造成这样的结果"不能不说是历史记忆与档案管理的一大憾事"②。

为此，本书从以人为本的视角提出国家层面私人档案信息资源体系的建设，从理论上研究国家层面构建私人档案信息资源体系的依据，并就私人档案信息资源体系的构成、划分，以及法律、法规和制度保障等相关问题进行研究，推动和完善国家档案资源建设，留存和保护珍贵的私人档案，反映个体的人在社会发展中的重要价值和作用，反映全面而真实的历史，传承中华文化，以满足人民对美好生活的向往和不断追求，以档案资源建设为文化载体，讲好中国故事、传播好中国声音，从而更好地强信心、聚民心、暖人心、筑同心。

第三节 研究意义

一 理论意义

中华文明之所以源远流长，成为人类历史上唯一没有中断的文明，是因为以文字为载体的各种文献、档案的留存和传世发挥了巨大作用，这其中官私文献记载，档案及各种资料的互相补充、互相印证对后人探寻中华民族发展的历史脉络、弘扬民族精神、传承民族文化起到了不可替代的作用。私人档案是国家的宝贵资源和财富，但关于这方面的理论研究与其本身的价值、实际需求差距很大，尚存空白，

---

① ［美］弗朗西斯·布劳因：《档案工作者、中介和社会记忆的创建》，晓牧、李音译，《中国档案》2005年第9期。
② 周先超：《不可缺失的历史——微记忆——对微观档案管理的思考》，《档案》2014年第9期。

本书以马克思主义以人为本的理念作为指导思想，综合运用哲学、社会记忆、信息资源管理、档案价值、现代治理等理论，试图从理论上论证国家层面私人档案信息资源体系的构建依据和重要战略意义，研究国家层面私人档案信息资源体系的构成、划分，以及法律、法规和制度保障的依据。本书会进一步丰富和完善我国国家档案资源建设理论、档案学理论，同时可以填补私人档案信息资源体系建设的理论研究空白，从档案视角关照人的存在和发展，对于反映人民群众在我国社会经济发展的贡献力，推动现代国家治理及中华民族文化的守护和文明的传承，将具有极强的理论价值。

二　实践意义

在党的十九大报告中习近平总书记指出："我国社会主要矛盾已经转化为人民日益增长的美好生活需要和不平衡不充分的发展之间的矛盾。"① 因此要"把党的群众路线贯彻到治国理政全部活动之中，把人民对美好生活的向往作为奋斗目标"。国家提出建立覆盖人民群众的档案资源体系，就是以"人民为中心"思想的体现。历史是人民创造的，私人档案是作为社会主体的自然人在社会活动和个人生活中形成的有价值的各种形式的历史记录，反映的是人民群众积极参与各项事务活动，在与国家、社会、自然，以及人与人之间各种关系的互动中形成的鲜活、生动而真实的记录，是国家、社会活动历史样貌的再现，将之纳入国家档案资源建设体系中加以建设，可以充分调动广大人民群众的积极性、主动性和创造性，引导广大人民群众将美好的社会实践活动和社会生活记录下来，守护并传承下去，充分发挥其社会价值、文化价值和历史价值，这将使一代一代人形成鲜活而精彩的生活和奋斗的记忆，化为一股强大的精神力量，激励人们为过上更加美好的生活，实现中华民族的伟大复兴而矢志奋斗。这既是现实国家档案资源建设急需解决的实践发展的需要，也是时代发展到一定社

---

① 习近平：《决胜全面建成小康社会　夺取新时代中国特色社会主义伟大胜利——在中国共产党第十九次全国代表大会上的报告》，人民出版社2017年版，第11页。

会历史阶段的必然要求。

因此，有关国家层面私人档案信息资源体系建设的研究成果，将有效地指导国家开展档案资源建设，使其不再仅仅局限于机构、组织，而是扩展到社会中的每一个人，面向社会大众，即关照到社会中的每一个人，使我国覆盖人民群众的档案资源体系建设更加趋于完善，并从法律、法规、制度和信息化平台建设等方面提供依据和技术支持。同时由于私人档案信息资源体系的建设也将改变现实中我国档案资源长期以来结构单一的局面，增加来自民间、社会体现人的更为生动的档案信息资源，反映全社会不同层次人的社会实践活动和社会生活的真实样貌，最终因关注了社会主体的人，彰显了人的力量，它将与国家机关、社会组织的档案资源共同构成完整的社会记忆，对推动社会的发展，讲好中国故事，引领文化守护和文明的传承，具有极强的实践意义。

第四节　研究的目的、内容和创新点

一　研究的目的

2016年5月17日习近平总书记在哲学社会科学工作座谈会上强调，"要坚持以人民为中心的研究导向，脱离了人民，哲学社会科学就不会有吸引力、感染力、影响力、生命力"。坚持以人民为中心是国家的战略思想，它不是一个抽象的概念，不能只停留在口头上，而应该体现在档案工作特别是档案资源建设的理论研究和具体实践中。国家层面的私人档案信息资源体系建设研究旨在从档案视角关照人的存在和全面发展，将每个个体的人形成的有价值的历史记录纳入国家档案信息资源中加以保护和建设，与国家机关、企业事业单位及各类组织形成的档案资源形成互补格局，填补目前国家层面私人档案信息资源建设的空白，进一步完善国家档案资源的建设，使私人档案信息资源更好地服务于当代人和后代人的物质生活和精神文化生活的需要。关于私人档案的建设和管理在我国《档案法》和国内外不同的理论研究中均有所涉及，但缺少从社会主体人的视角从理论上去研究私人档案的价值，及其在国家档案资源建设中的重要战略意义和作用，更缺少针对性较强的为私人档案信息资源建设和管理而出台的法律、法规和制度设计、制度安排。从国家层面对私人档案信息资源分层次、成体系的建设的系统研究尚存空白，因此，本书的研究在借鉴国内外研究成果的基础上拟拓展国家档案资源建设理论、档案学理论，补充目前理论研究的不足，并试图以此成果推动覆盖人民群众国家档案资源的建设，充实来自民间、社会，体现人的更为生动的私人档案信息资源，改变以往国家档案资源的单一结构，指导并引领现实中社会主体的人将美好的实践活动记录下来，反映人的价值和人民群众创造历史的主体地位，留存、守护并传承下去，以推动社会文化建设和中华文明传承。

二　研究内容

本书以马克思主义哲学，以及习近平"要坚持以人民为中心的研究导向，脱离了人民，哲学社会科学就不会有吸引力、感染力、影响力、生命力"为重要指导思想，研究内容和结论主要包括十个方面。

第一章"绪论"，分析了研究背景、问题的提出，说明了研究目的和研究意义，概述了研究内容及研究方法，总结了创新点，并就研究中涉及的关键术语进行了界定。

第二章详细梳理中外有关私人档案信息资源建设方面的理论研究文献，对研究文献进行主题词、内容及观点归纳和分析研究，以此作为理论研究的基础和来源。

第三章运用哲学、社会学、信息资源管理学、档案学、政治学等相关学科的理论，系统地论述了国家层面以人为主体成体系地建设私人档案信息资源的理论依据，为国家建立覆盖人民群众的档案资源体系打下理论基础。

第四章从人民群众是历史的创造主体；私人档案信息资源是中华民族珍贵的文化财富；私人档案信息资源的现状；以及坚持以人民的利益为中心谋划档案工作，实现国家档案观向社会档案观的重大转变四个方面阐述本书的重大战略价值和重要意义。

第一章 绪论

第五章主要从对相关主体行为具有规范意义的正式规则制定方面，即与私人档案信息资源相关的法规建设情况，以及相关主体的行为选择方面，即相关主体参与私人档案信息资源建设的现状，这两个方面分析我国私人档案信息资源体系建设存在的问题及原因，以作为后续研究的基础。

第六章分析和归纳国外国家层面和社会层面私人档案的建设和管理情况，对其法律规定、管理机构、管理方式、私人档案建设方式等方面的现状做了比较系统的分析和论述，目的是从人类社会的发展脉络中理解不同国家对私人档案建设和管理理念的演进及实践中采取的实际行动，揭示了私人档案信息资源作为人类文化遗产的地位越来越受到各国的重视，对其管理和保护不仅是对一个国家的贡献，也是对人类赖以生存的世界的贡献的重要思想。从而为本书的研究论证提供必要的借鉴和理论、行动支撑。

第七章通过论述国家层面建设私人档案信息资源体系是法律赋予的责任和使命，进而按照作为社会主体人的生命规律、成长规律和社会发展规律，提出私人档案信息资源体系的划分构建，可分为普通大众层、精英骨干层、杰出贡献层，从而实现全民参与的私人档案信息资源体系的建设，并从理论上进一步论述体系构建划分的依据。

第八章阐述私人档案体系建设的总体框架，提出了建设的总目标、原则和具体措施，倡导培育和建设社会形成私人档案信息资源意识；根据私人档案信息资源产生的特性，论证私人档案信息资源的价值体系，包括凭证价值、精神价值、传承价值、社会文化价值、公共利益价值。国家层面需要积极开展制度建设、组织建设、人才队伍建设，不断拓展私人档案信息资源体系建设的资金筹措渠道，加快私人档案信息资源体系信息化平台建设，以确保实现国家层面的私人档案信息资源体系建设的实施。

第九章从法律、体制、行动、效用和资金五个方面论述实现私人档案资源体系建设的保障，包括在国家档案法规体系结构中增补私人档案建设和管理的相关法律、法规、政策，以填补国家法规体系中私人档案管理的空白；提出以建立国家档案部门为核心，联合社会组织、个人和家庭多主体共同建立有效的私人档案管理体制；开展面向全国持续宣传、普及私人档案意识，指导私人档案形成与建档规范；建立国家层面重要私人档案备案登记制度，促进全国范围内私人档案信息资源的形成和管理；推进不同所有权私人档案的差异化开发利用政策的实施，共享文化成果；建立财政激励机制，实现多渠道资金筹措。

第十章设计并搭建了"以指导私人档案信息资源的收集、管理、存储与利用为基本框架"，面向多用户、覆盖全过程的开放式私人档案信息资源共建共享平台。阐述该平台可作为国家开放档案信息资源共享平台的附属系统，最终实现建立私人档案数据充足、符合信息标准、平台功能实用、界面友好且操作便捷、最大限度发挥示范、引领和服务作用的现代私人档案信息资源平台。利用"云存储和云服务"的特性，来打造"低碳经济"私人档案信息资源共享的新模式，通过改变档案资源在获取方式与传播模式上的创新，实现云技术和数字档案资源共享的紧密结合，提高服务系统的兼容性、有效性，实现数字档案信息资源共享和管理上的"云服务"。

三 创新点

1. 本书突破以往多从国家机关和组织层面建设档案资源体系的研究视角，首次从关照社会主体人的视角，探寻私人档案的价值，提出将私人档案信息资源纳入国家档案资源体系建设中，揭示了国家层面私人档案信息资源体系建设的重要价值和重大战略意义。因此，本书的研究比以往的研究具有突破性。

2. 本书系统地论证了国家层面私人档案信息资源体系构建的理论依据，提出国家层面私人档案信息资源作为一个整体分层次加以建设，依据人的成长规律、生命规律和社会发展规律，从关照人的一生的角度，论证了私人档案信息资源体系构建分为普通大众层、精英骨干层、杰出人物贡献层的划分依据，填补了这一领域研究的空白。

3. 本书综合运用哲学、社会学、信息资源管理学、档案学、政治学等跨学科研究理论及方法，提出将私人档案信息资源体系构建放在国家现代化治理的大的框架下，尊重私人档案的特性，联合多主体，采用合作治理模式，实现国家层面私人档案信息资源体系建设的体制创新。

4. 本书从法律、体制、行动、效用、资金五个方面阐述私人档案信息资源体系建设的保障及对策。建议在国家档案法规体系结构中增补私人档案建设管理的相关法律、法规、政策，以填补国家法规体系中私人档案管理的空白；设计并搭建了"以指导私人档案信息资源的收集、管理、存储与利用为基本框架"，面向多用户、覆盖全过程的开放式私人档案信息资源共建共享平台。为各级档案部门开展国家层面私人档案信息资源体系的建设提供参考。

第五节　研究方法

本书综合采用了文献调查、问卷调查和访谈调查、跨学科分析论证、定量和定性结合分析法等多种方法，为国家层面私人档案信息资源体系建设研究打下坚实的基础。

1. 文献调查法。主要用于中外有关私人档案信息理论研究文献及法规资源建设现状数据的收集与分析，对研究文献进行主题词、内容及观点归纳和分析研究，作为本书的理论研究基础；对法规建设现状通过利用相关官方网站收集中央与地方层面发布的与私人档案信息资源建设有关的正式法规文件，并对其数量关系及条款内容进行归类整理分析。

2. 问卷调查法。主要用于民众参与私人档案信息资源体系建设现状数据的收集，即以北京地区为典型调研地区，以普通民众为调研对象，以问卷作为数据收集记录工具，按照科学抽样方法确定调查样本，通过实施问卷调查了解民众参与私人档案信息资源体系建设的行为与意识。

3. 访谈调查法。主要用于相关组织参与私人档案信息资源体系建设现状数据的收集，即通过对档案馆、图书馆、地方史志馆、纪念馆、高校及科研院所、民间公益组织的相关工作负责人进行访谈，以了解相关组织在私人档案信息资源建设方面的参与情况。

4. 跨学科研究法。一是主要用于指导有关私人档案信息资源体系建设现状研究的框架设计，即综合运用档案学、公共管理学及社会学等学科相关理论，指导现状研究的框架设计，确定从对相关主体行为具有规范意义的档案法规的出台情况，以及与私人档案信息资源建设两大类重要主体——民众与相关组织的参与情况来开展现状研究。二是在借鉴国内外研究的基础上，运用哲学、社会学、信息资源管理学、档案学、政治学等学科的相关理论，论述国家层面以人为主体成体系地建设私人档案信息资源的理论依据。

5. 定量与定性结合分析法。主要用于私人档案信息资源体系建设现状、体系构建等研究中结论的推导分析，即在相关理论思路的指导下，以通过文献、问卷与访谈调查等方法收集的数据为基础，以定量与定性相结合的分析思路，推导本书的具体结论。

第六节　关键术语界定

1. 私人档案

作为社会主体的自然人在社会实践活动或个人生活中形成的有价值的各种形式的历史记录，它是社会记忆的重要组成部分。

2. 国家层面的私人档案信息资源

国家层面的私人档案信息资源是作为社会主体的自然人在社会活动中形成的对国家和社会有价值的各种形式的历史记录的总和，其中人们在组织中形成的档案并在国家或相关组织中已明确归档范围的档案信息资源不包括在此列。

私人档案信息资源包括的内容与载体十分广泛，与各类组织产生的记录相比较，既包括书信、日记、回忆录、文稿、笔记、家谱、手稿、证书等文献信息，也包括音频、视频、照片、口述档案等各种载体的档案，还包括个人的微博、博客、微信及各种数字形式形成的档案信息。

3. 国家层面的私人档案信息资源体系

本书将私人档案信息资源划分为普通大众层、精英骨干层、杰出贡献层共三个层次,国家层面按照不同的层次进行制度设计形成一个整体。

国家私人档案信息资源体系既是一个由实体私人档案信息资源构成的国家层面的档案资源总汇,又是一个以强化档案资源国家保护和控制力为核心的国家层面私人档案信息资源建设开发、维护保护、安全保障、利用服务、规划配置等多重功能的国家档案资源实体管理系统。

4. 国家层面的私人档案信息资源体系建设

国家层面的私人档案信息资源的建设是以现代治理理念为指导,以国家档案行政领导机关和部门为(责任主体)核心,联合多元主体力量共同治理,治理是指国家层面从理念、制度、技术实现、组织建设、人力资源建设、资金投入等方面,协同相关主体全方位开展私人档案信息资源建设,进一步完善国家档案资源建设,成为覆盖人民群众档案资源体系的重要组成部分,实现体制创新,以使私人档案信息资源的社会价值、文化价值和历史价值得到充分发挥。

第二章 私人档案研究现状及述评

第一节 文献数据来源与分析

为掌握私人档案信息资源建设的研究现状，以此为基础作为本书研究的理论基础，笔者对相关文献进行了检索和调研，调研的中文数据库包括：CNKI全文数据库、万方数据库、维普资源数据库，调研的外文数据库包括Web of Science，作为数据源，检索日期为2016年6月30日。此外，随着研究的不断推进，笔者也在不断查找新的文献和研究成果作为补充。

本书具体检索策略为，分别以"私人档案""个人档案"为主题或者关键词兼或题名，同时兼顾了"家庭档案""名人档案"，在1984—2016年（CNKI检索时间范围）和1995—2016年（万方数据库与维普资源数据库）的数据进行精确检索。

文献检索分别粗略计算得到CNKI全文数据库数据为："私人档案"文献137篇，"个人档案"文献237篇（含25篇年鉴文献），"家庭档案"1019文献篇（含188篇年鉴文献），"名人档案"文献422篇（含79篇年鉴文献）；万方数据库数据为："私人档案"文献78篇，"个人档案"文献61篇，"家庭档案"274文献篇，"名人档案"文献114篇；维普资源数据库数据为："私人档案"文献113篇，"个人档案"文献52篇，"家庭档案"394文献篇，"名人档案"文献152篇。（文中附上文献时间数量曲线图进行说明，并且每个数据库皆有相应文章的重合，因此分别体现在不同图中）

第二章 私人档案研究现状及述评

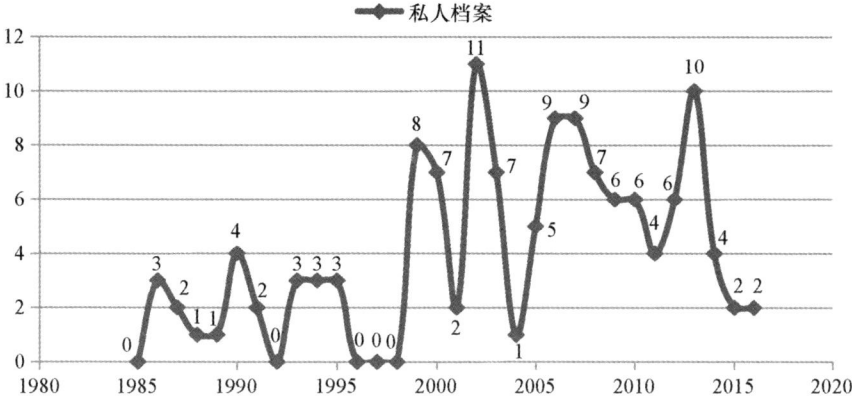

图 2-1 CNKI 全文数据库"私人档案"历年文献数量图

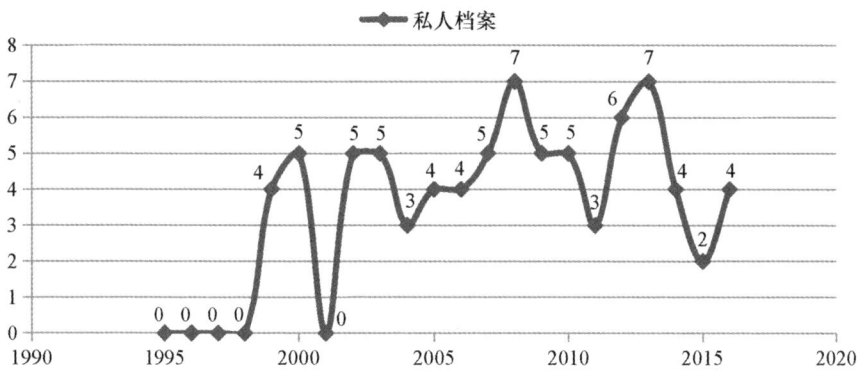

图 2-2 万方数据库"私人档案"历年文献数量图

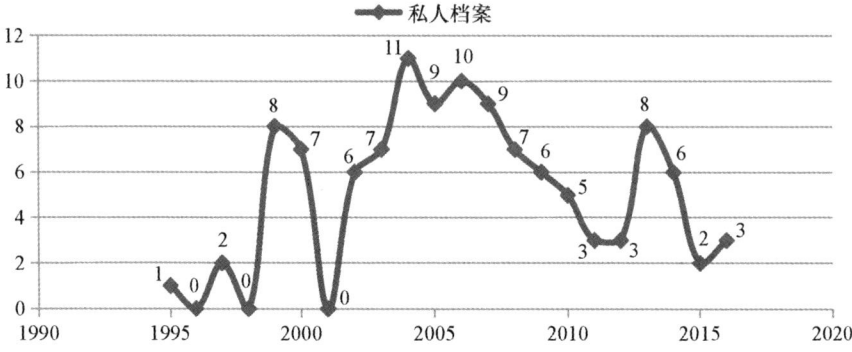

图 2-3 维普资源数据库"私人档案"历年文献数量图

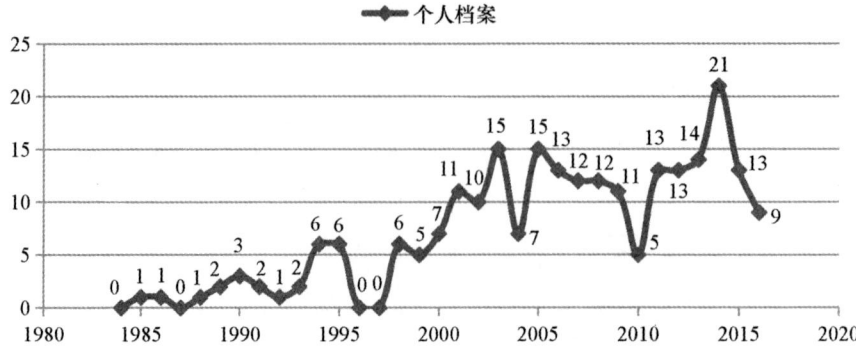

图 2-4 CNKI 全文数据库"个人档案"历年文献数量图

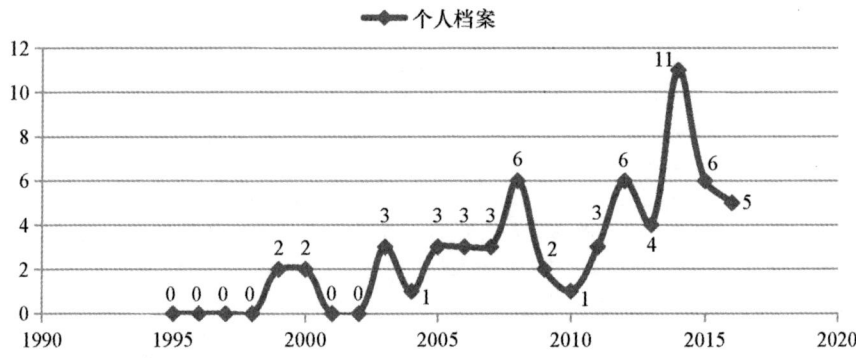

图 2-5 万方数据库"个人档案"历年文献数量图

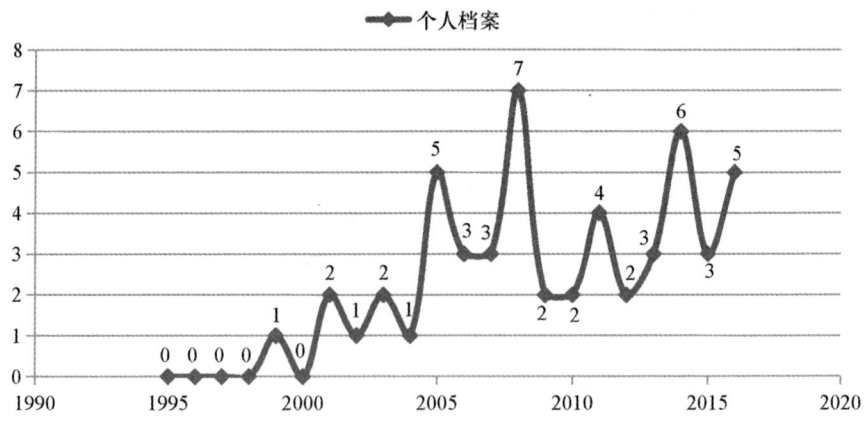

图 2-6 维普资源数据库"个人档案"历年文献数量图

从以上6个图中我们可以看出,"私人档案"("个人档案")历年研究的趋势各有不同。从时间的跨度来说,自1988年《中华人民共和国档案法》颁布并确定了我国存在国家、集体和个人三种档案所有权形式,为私人档案的研究提供了法律依据以来30多年间,学者们从不同的角度和层次对"私人档案"("个人档案")的诸多问题展开了广泛的探讨。

从图2-1到图2-6可知,自2000年之后,"私人档案"("个人档案")的研究逐渐成为热点。以CNKI全文数据库为例,针对以"个人档案"为主题的研究基本上维持在每年10篇左右的文献,并且在2015年达到顶峰21篇;而以"私人档案"为主题的研究主要集中在2002、2004、2006、2007年,之后在2013年又出现一次小高潮。从图2-1、图2-2、图2-3的"私人档案"历年的研究文献数量可以看出,对"私人档案"的研究基本维持在比较高的数量研究水准。虽然学者们更倾向于"个人档案"的说法,但本文为研究的方便,则统一称为"私人档案"。

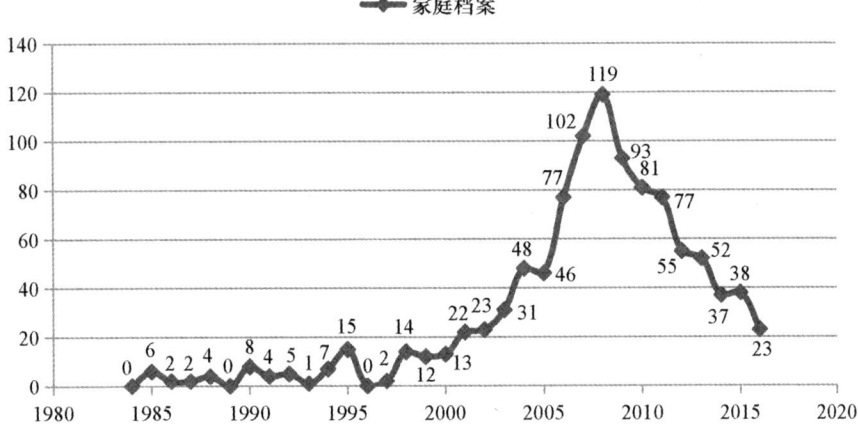

图2-7 CNKI全文数据库"家庭档案"文献数量图

作为由"私人档案"组建出来的"家庭档案"文献的数量是十分惊人的,从图2-7到图2-9的趋势我们发现,自1998年开始,关于"家庭档案"的文献数量呈现上升的趋势,直至2008年左右达到巅峰,之后虽有下降,但是依旧维持在比较高的研究数量。除了我国有家庭建

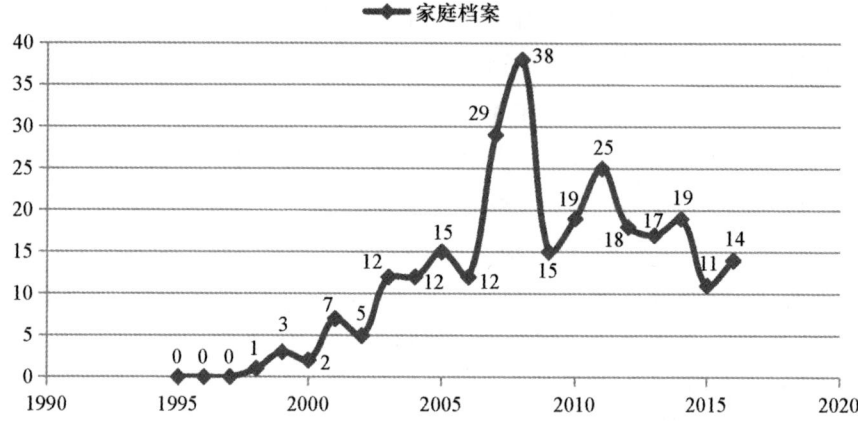

图 2-8　万方数据库"家庭档案"文献数量图

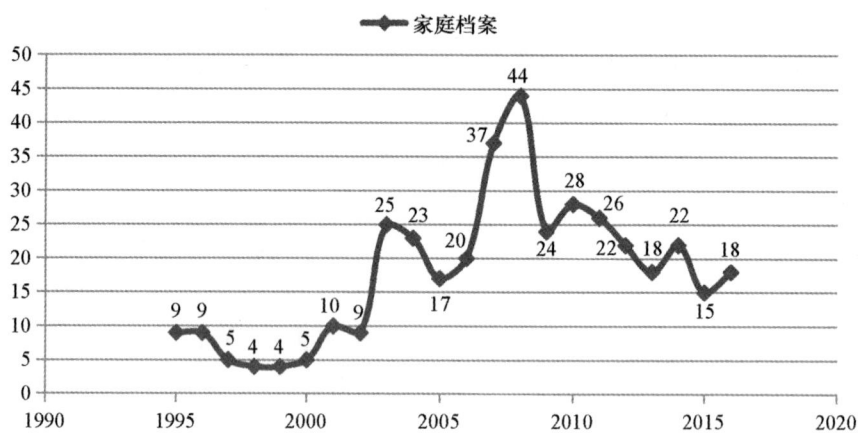

图 2-9　维普资源数据库"家庭档案"文献数量图

档与家庭档案管理的历史传统外，最主要的是2001年全国部分省市家庭档案研讨会在武汉的成功举行，使人们关于家庭档案建立的意识开始普及。2007年国家档案局根据党的十七大精神印发《关于加强民生档案工作的意见》的通知，使作为民生档案一部分的家庭档案进一步提高到国家层面，再加上地方的政策性措施，使"家庭档案"研究的文献数量成为本书研究的其他档案文献数量之最。当然相对其他主题的研究，"家庭档案"文献数量在各地档案年鉴也是最多的。

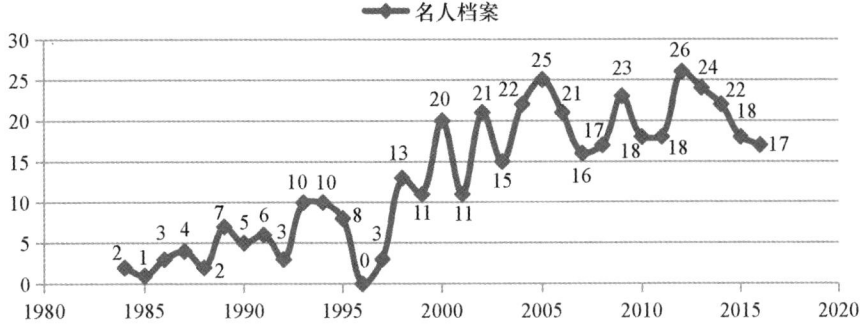

图 2-10　CNKI 全文数据库"名人档案"历年文献数量图

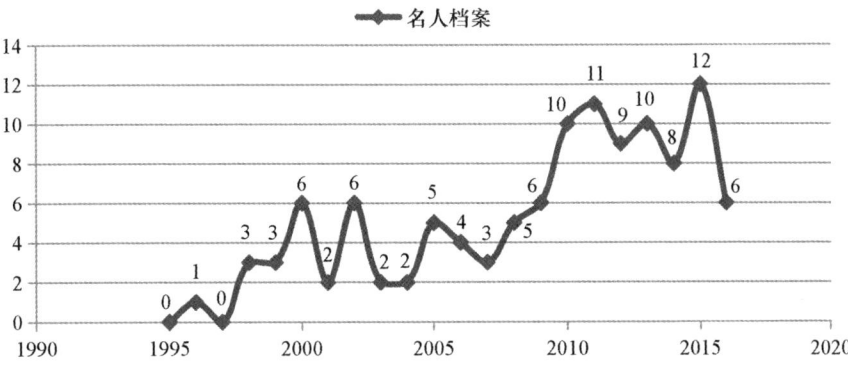

图 2-11　万方数据库"名人档案"历年文献数量图

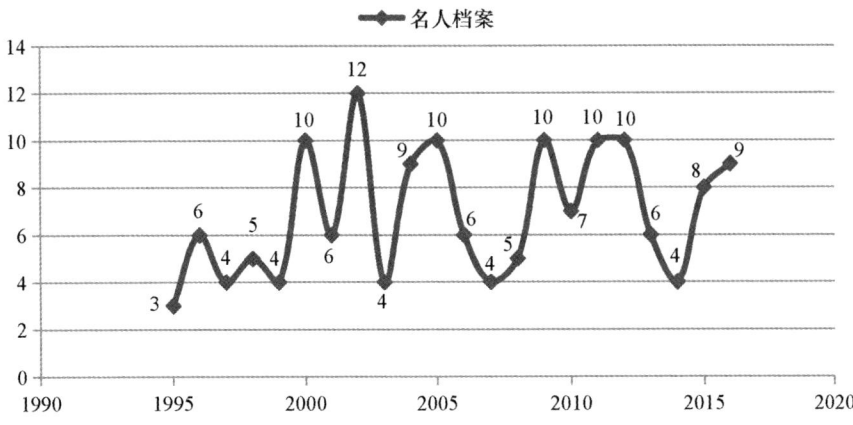

图 2-12　维普资源数据库"名人档案"历年文献数量图

"名人档案"的文献数量也是相对"家庭档案"文献数量之外最多的。根据图2-10我们可以发现,曾经在1993—1995年有一段集中研究"名人档案"的时间。1998年开始,名人档案的研究在稳步上升之后基本上稳定在一定的数量。

第二节 基于关键词对私人档案文献研究的分析

我国从1988年开始实施的《中华人民共和国档案法》,从法律的视角为私人档案的研究提供了依据。关于"私人档案"的界定,私人档案的征集、保管、利用的法规条例的探讨,以及对私人档案的初步认识与框架的搭建,开启了私人档案研究的大门。我国《档案法》第十六条规定,"集体所有的和个人所有的对国家和社会具有保存价值的或者应当保密的档案,档案所有者应当妥善保管",指引了私人档案研究的大方向。1999年《中华人民共和国档案法实施办法》通过国家档案局5号令发布,其中第二条:"属于集体所有、个人所有以及其他不属于国家所有的,由省、自治区、直辖市人民政府档案行政管理部门征得国家档案局同意后确定具体范围。"和第十七条:"属于集体所有、个人所有以及其他不属于国家所有的对国家和社会具有保存价值的或者应当保密的档案,档案所有者可以向各级国家档案馆寄存、捐赠或者出卖。"规定了私人档案的确认范围与档案征集等工作原则。

金琦在《档案馆帮助整理私人档案值得提倡》一文中提出,"建议各地方档案馆都能从聊城档案处主动为张海迪整理私人档案的行动中得到启示,积极主动了解私人档案保存情况,以便在需要时花些人力物力去帮助他们整理"[①],这为私人档案的整理提供了一种可借鉴的经验。罗英在《私人档案及档案馆代管私人档案初探》一文中提道:"由档案馆代为保管私人档案,不失是一个较好的办法,这样,既可加强对这些档案的安全保护工作,又可把这些档案作为国家档案

---

① 金琦:《档案馆帮助整理私人档案值得提倡》,《上海档案》1986年第2期。

的补充，发挥其社会作用。"① 李海英在《私人档案与私人档案管理》一文中则点明："私人档案种类繁多，内容复杂，对其管理主要是私人档案所有者的责任，但是'对国家和社会具有保存价值的或者应当保密的档案'，国家还是要加以管理的。"② 朱国斌在《对外国档案法规关于私人档案立法的研究》一文中则提道："对私人档案立法首先出于对私人档案性质和价值的认识问题，同时还取决于对私人财产的尊重程度（法国档案法对此有明确规定），以及对历史研究价值的兴趣（意大利档案法强调这个内容）等。"③ 刘国荣在《刍议私人档案的社会文化意义》一文中从社会角度提出："正因为私人档案具有社会文化价值，许多人才乐此不疲地形成、积累、珍藏私人档案。"④

以上为2000年以前的私人档案的研究概况，2000年以后的研究则借助万方的知识脉络检索分析中的热词来研究私人档案、个人档案、名人档案、家庭档案的发展趋势。

一 私人档案

通过历年热词的观察与分析，我们基本上可以将私人档案的研究大致分为三个时期：2000—2004年、2005—2010年、2011—2016年，然后根据每个时期的研究背景与特点来说明私人档案研究趋势。

（一）2000—2004年

根据图上热词显示发现，私人档案研究的热词主要集中于"档案管理"与"档案认识"。这个时期的背景：一是2002年中国共产党第十六次代表大会提出全面建设小康社会的战略目标；二是2004年国际第十五届档案大会的主题明确为"档案、记忆与知识"，开启了私人档案与社会记忆研究的热点；三是党的十六大报告中"文化的力量，深深熔铸在民族的生命力、创造力和凝聚力之中"，"在当代中

---

① 罗英：《私人档案及档案馆代管私人档案初探》，《档案学通讯》1993年第5期。
② 李海英：《私人档案与私人档案管理》，《档案学通讯》1994年第2期。
③ 朱国斌：《对外国档案法规关于私人档案立法的研究》，《档案学通讯》1988年第3期。
④ 刘国荣：《刍议私人档案的社会文化意义》，《湖南档案》1999年第6期。

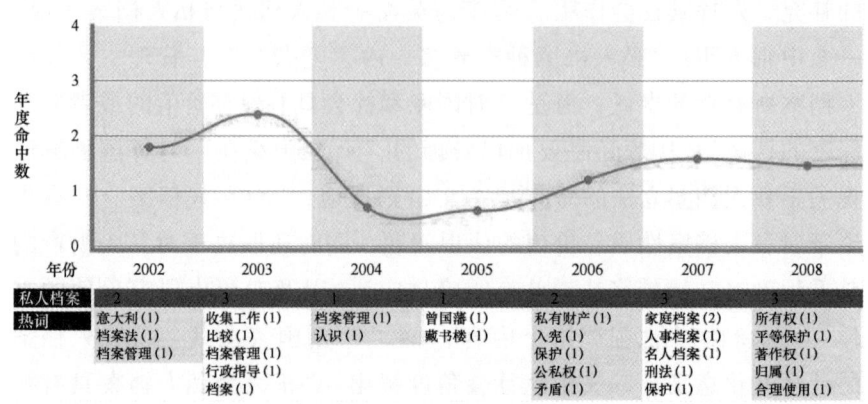

图 2-13 私人档案研究趋势图

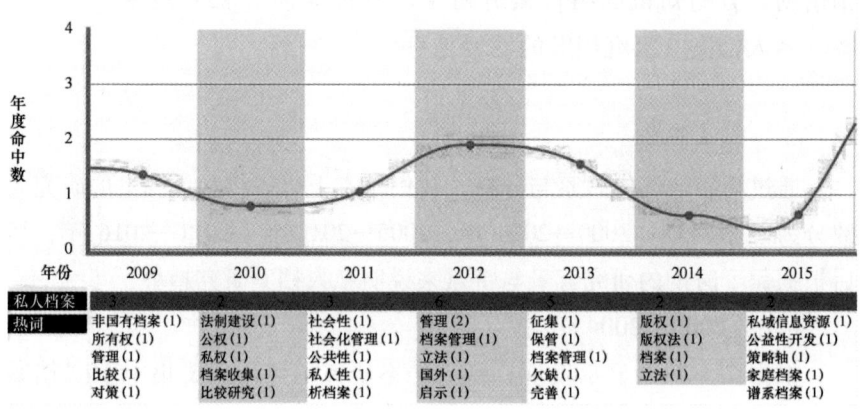

图 2-14 私人档案研究趋势图

国,发展先进文化,就是发展面向现代化、面向世界、面向未来的,民族的科学的大众的社会主义文化,以不断丰富人们的精神世界,增强人们的精神力量"等内容的阐述使档案界对于私人档案的认识又一次出现了变化,出现了研究如何建立民众的档案意识,如何从大众的档案中去提取并丰富当代或者过去的社会情况等文章。

潘连根在《国外私人档案的管理及其启示》一文中提出,"私人档案正日益成为我国档案财富的重要组成部分,并将在社会生活的方方面面发挥其重要作用。然而，我国目前不仅对私人档案的管理十分薄弱，对私人档案的研究也显得十分薄弱，缺乏足够的重视"①。刘维荣在《私人档案管理在欧洲的新动向》一文中提出，"西方国家的档案法规一般没有要求私人档案必须移交给国家档案馆，但为了维护国家利益和个人隐私权，也会采取适当办法给予法律保障"②。张燕在《私人档案管理机制初探》一文中提出，"随着私人档案比重的快速增长，其管理日益引起人们的关注，而它涉及因素的复杂性和实施管理的艰难性在客观上要求突破对私人档案具体管理手段和方式的探讨，将之视为一个复杂的系统工程"③；在《档案中介机构在私人档案管理中的应用》一文中提出，"在这一管理过程中，一方面要注重发挥政府调节机制在私人档案监管及相关权益保障方面的作用；另一方面也应看到市场机制作为在建立社会主义市场经济体制过程中的一项基础性调节机制，对私人档案管理同样是可以发挥作用的"④。柳瑛在《不妨建个"私人档案馆"》一文中给出了建立"私人档案馆"⑤的初步设想。张燕在《析档案行政指导在私人档案管理中的运用》一文中提出，"在加强相关法制建设，并通过一些强制行政方式如行政监督、行政处罚等来推行的同时，还要注意非强制性行政方式在其中的运用"⑥。

这一时期在广东也出现了广东省首家私人档案馆，根据《北京档案》中《广东出现首家私人档案馆》的观点："广东省档案局的态度是明确的，他们打算首先帮助省内有影响力的名人建立家庭档案馆，其中一个目的是给其他有建立家庭档案馆愿望的人以示范。以此提高全社会成员的档案意识，指导人们开展档案活动，并由此发现散存在民间的各种珍贵档案材料，最终丰富国家档案资源。"⑦ 由此可以看

---

① 潘连根：《国外私人档案的管理及其启示》，《浙江档案》2000年第7期。
② 刘维荣：《私人档案管理在欧洲的新动向》，《湖北档案》2004年第Z1期。
③ 张燕：《私人档案管理机制初探》，《档案》2003年第3期。
④ 张燕：《档案中介机构在私人档案管理中的应用》，《山西档案》2003年第2期。
⑤ 柳瑛：《不妨建个"私人档案馆"》，《北京档案》2000年第9期。
⑥ 张燕：《析档案行政指导在私人档案管理中的运用》，《山西档案》2003年第1期。
⑦ 江河：《广东出现首家私人档案馆》，《北京档案》2004年第7期。

出私人档案的研究也得到了国家与地方政府的重视。

(二) 2005—2010 年

通过趋势图发现,这个时期私人档案的研究热词中"法律"与"权利"提到的频率特别高,也囊括了"管理""建设"等热词。这个时期的背景表现在四个方面。一是 2004 年宪法修正案通过,其中修改后的第二十二条强调:"公民的合法的私有财产不受侵犯。""国家依照法律规定保护公民的私有财产权和继承权。""国家为了公共利益的需要,可以依照法律规定对公民的私有财产实行征收或者征用并给予补偿。"二是在 2007 年 10 月 1 日《中华人民共和国物权法》正式实施,由此私人档案研究中的所有权问题、著作权问题、隐私权问题等的研究也成了这个时期的关注点。三是党的十七大报告中"推进文化创新,增强文化发展活力","要充分发挥人民在文化建设中的主体作用,调动广大文化工作者的积极性,更加自觉、更加主动地推动文化大发展大繁荣,在中国特色社会主义的伟大实践中进行文化创造,让人民共享文化发展成果"等文字的阐述,使人们的主体地位得到进一步加强,充分发挥人民的积极性,建设与推动文化发展。同时也在国家层面上强调了人民文化的重要性。四是第十六届档案大会的主题是"档案、治理和发展——描绘未来社会",为国家档案资源建设方面提供了一个很好的视角。

这个时期私人档案研究方面有与"法律与权利"相关的文章。温一东在《从私有财产入宪想到私人档案保护》一文中指出:"随着我国所有制形式的多元化和社会档案意识进一步加强,私人档案作为我国档案财富的重要组成部分,保护私人档案对于保护公民私有财产、保护国家档案财富、保护民族文化财产都有重要意义。"[①] 郑锦霞在《从中法档案法规比较看我国私人档案管理的现状及其对策》一文中指出"对中法档案法规中有关私人档案的规定进行比较,以此发现我国私人档案管理中存在的一些问题,以便我们取长补短,更好地保护

---

① 温一东:《从私有财产入宪想到私人档案保护》,《兰台世界》2006 年第 5 期。

和传承我国的文化财富"①。郑锦霞在《公权与私权的权衡——对私人档案所有权与国家监控权之间冲突的思考》一文中还认为"私人档案作为私人财产,在法律许可范围内可对其所有权进行转让。但是,私人档案实体转让,权利主体发生变更,所有人失去对档案原件的占有、支配,但著作权依然存在,受法律保护"②。覃凤琴在《论私人档案所有权的平等保护》一文中提出:"私人档案作为一种私有财产应在平等保护之列。"③张娟在"《从私人档案法制建设透视公权与私权的博弈》"一文中提出:"限制公权进一步扩张,维护私权利益的有效方法就是以开放的视角吸收借鉴国外相关立法理念和法制手段,理清立法宗旨,保持两者平衡。"④

私人档案研究方面也有与"管理"有关的文章。金慧在《浅析我国私人档案馆体系的构建》一文中提出:"私人档案馆的出现迎合了时代的需求,对于社会主义档案事业的建设影响深远。因此,国家档案馆需建立一套私人档案索引卡片,借此掌握私人档案馆的藏品情况,便于在其需要时提供及时帮助以及更好地保护档案。而政府必须重视私人档案馆在保存民族记忆和人类文明方面的作用,积极主动地对其进行科学化引导,构建科学的私人档案馆体系。"⑤赵琰在《我国私人档案可实现管理模式探讨》一文中提出:"第一,把私人档案纳入国家宏观控制范围,建立一定的登记申报制度。第二,登记申报制度只是使国家掌握了私人档案的具体情况,具体到对私人档案的管理时,应该更多尝试私人档案转化为国有档案,即档案所有权转为国家所有,这样有利于国家有关档案部门对私人档案进行管理。第三,对于不能转化为国家所有的私人档案,鼓励档案所有人实行档案寄

---

① 郑锦霞:《从中法档案法规比较看我国私人档案管理的现状及其对策》,《档案时空》2006年第12期。
② 郑锦霞:《公权与私权的权衡——对私人档案所有权与国家监控权之间冲突的思考》,《北京档案》2007年第2期。
③ 覃凤琴:《论私人档案所有权的平等保护》,《档案管理》2008年第1期。
④ 张娟:《从私人档案法制建设透视公权与私权的博弈》,《山西档案》2010年第5期。
⑤ 金慧:《浅析我国私人档案馆体系的构建》,《云南档案》2008年第11期。

存,即由国家档案管理部门代为保管。第四,建立私人档案管理帮助制度,对于自行保管档案的所有人由国家有关档案部门指定专人定期指导他们的管理活动。第五,对于保管场所的选择问题,可以不拘一格,在国家档案馆内开辟'私人档案库',或者在地方各级综合档案馆设置'私人档案管理中心',条件许可的情况下,也可以允许私人建立私人档案馆,具体的管理由国家有关档案部门给予指导。第六,必须加强私人档案的法制建设,细化私人档案管理条文或制定私人档案的单行法规,以规范私人档案管理。"①

另外,王芹在《我国私人档案研究综评》一文中指出,"随着我国所有制形式的多元化和社会档案意识的进一步增强,私人档案作为国家档案财富的重要组成部分,其数量与日俱增,私人档案的价值与作用也日渐显现出来"②,从私人档案的整体价值上进行研究。

(三) 2011—2016 年

通过趋势图发现,2011—2016 年私人档案研究的热词主要是"管理"与"征集"。这个时刻的背景情况有三点。一是第十七届国际档案大会主题:"可持续性与档案""信任与档案""身份认同与档案",进一步提升了私人档案的社会价值意义。二是 2011 年国家档案局 9 号令公布《各级各类档案馆收集档案范围的规定》,其中第三条内容,"经协商同意,综合档案馆可以收集或代存本行政区内社会组织、集体和民营企事业单位、基层群众自治组织、家庭和个人形成的对国家和社会有利用价值的档案,也可以通过接受捐赠、购买等形式获取",对私人档案的管理给出了国家层面的关注。三是党的十八大报告中"要坚持以人民为中心的创作导向,提高文化产品质量,为人民提供更好更多精神食粮。坚持面向基层、服务群众,加快推进重点文化惠民工程,加大对农村和欠发达地区文化建设的帮扶力度,继续推动公共文化服务设施向社会免费开放","推进公民道德建设工程,弘扬真善美、贬斥假恶丑,引导人们自觉履行法

---

① 赵琰:《我国私人档案可实现管理模式探讨》,《中国档案》2007 年第 11 期。
② 王芹:《我国私人档案研究综评》,《档案学通讯》2005 年第 5 期。

定义务、社会责任、家庭责任,营造劳动光荣、创造伟大的社会氛围,培育知荣辱、讲正气、作奉献、促和谐的良好风尚"等内容的阐述使档案界对于私人档案的认知又有了一个新高度,将私人档案资源建设作为一项惠民的工程去做,作为一项有利于社会发展的全新事业去做。

于恬在《浅析我国私人档案管理体制之完善》一文中提出:"对私有档案的管理本质体现为公共性与私人性的博弈,只有妥善处理好档案管理过程中公共和私人利益的冲突,才能实现私人档案的合法化、最优化管理。"[1] 李淑媛在《关于我国私人档案的立法研究》一文中提出:"私人档案作为私人或私有企事业单位在私务活动中形成的以及通过合法途径获得的属于私人所有的档案,是国家档案信息资源的重要组成部分,因其权属的特殊性与利用的复杂性,决定了对私人档案的管理必须通过法律的手段来实现与维护。"[2] 尚蓉、尚岑在《我国私人档案馆建设研究综述》一文中提出:"收集的档案主要是为党政机关服务,针对私人的档案虽然也有涉猎,但是所占比重偏小,私人档案馆的数量则更加少。"[3] 张世林在《我国私人档案所有权法律研究》一文中提出:"私人档案所有权建立在中华人民共和国《宪法》《民法通则》《物权法》和《档案法》等相关法律的基础上,私人档案所有权的确认是研究私人档案理论与实践问题的逻辑起点。"[4]

二 个人档案

通过对个人档案研究趋势中的热词分析,可以发现个人档案的文献研究主要集中于某个领域的个人档案的建立、管理与开发等实践操作,单纯的个人档案理论研究相对少一点,而对于文献的理解必须借助个人档案的理论性文章。

关于个人档案研究的主要热词是"法律权利"和"管理",关

---

[1] 于恬:《浅析我国私人档案管理体制之完善》,《兰台世界》2011年第8期。
[2] 李淑媛:《关于我国私人档案的立法研究》,《法制博览》2012年第8期。
[3] 尚蓉、尚岑:《我国私人档案馆建设研究综述》,《兰台世界》2016年第3期。
[4] 张世林:《我国私人档案所有权法律研究》,《档案学通讯》2013年第3期。

国家层面的私人档案信息资源体系建设研究

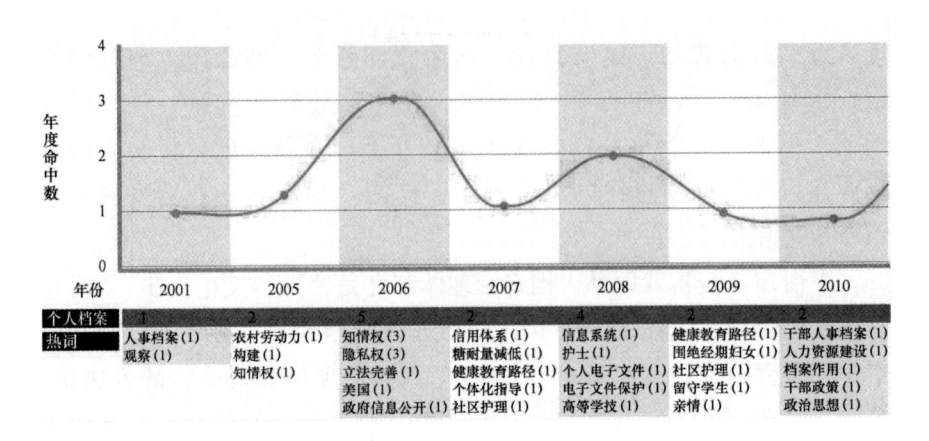

图 2-15 个人档案的研究趋势图

年份	2001	2005	2006	2007	2008	2009	2010
个人档案热词	1	2	2	2	4	2	2
	人事档案(1)	农村劳动力(1)	知情权(3)	信用体系(1)	信息系统(1)	健康教育路径(1)	干部人事档案(1)
	观察(1)	构建(1)	隐私权(1)	糖耐量减低(1)	护士(1)	围绝经期妇女(1)	人力资源建设(1)
		知情权(1)	立法完善(1)	健康教育路径(1)	个人电子文件(1)	社区护理(1)	档案作用(1)
			美国(1)	个体化指导(1)	电子文件保护(1)	留守学生(1)	干部政策(1)
			政府信息公开(1)	社区护理(1)	高等学校(1)	亲情(1)	政治思想(1)

图 2-15 个人档案的研究趋势图

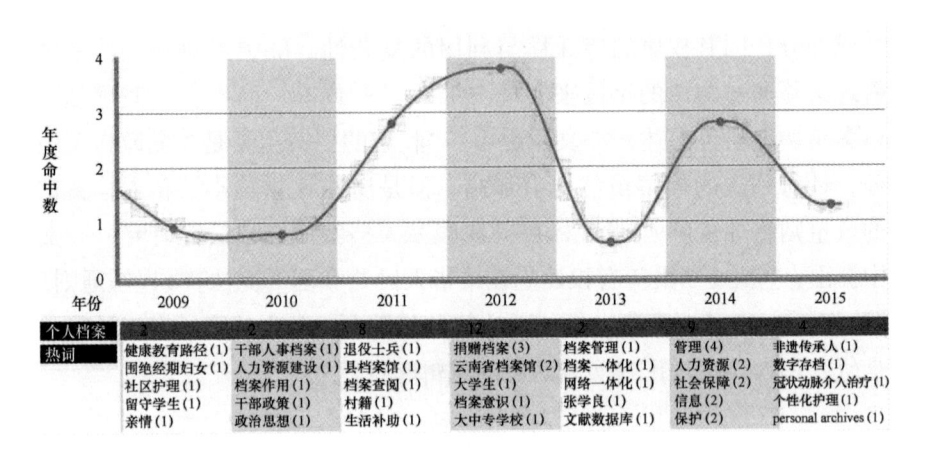

年份	2009	2010	2011	2012	2013	2014	2015
个人档案热词	3	2	8	12	2	9	4
	健康教育路径(1)	干部人事档案(1)	退役士兵(1)	捐赠档案(3)	档案管理(1)	管理(4)	非遗传承人(1)
	围绝经期妇女(1)	人力资源建设(1)	县档案馆(2)	云南省档案馆(2)	档案一体化(1)	人力资源(2)	数字存档(1)
	社区护理(1)	档案作用(1)	档案查阅(1)	大学生(1)	网络一体化(1)	社会保障(1)	冠状动脉介入治疗(1)
	留守学生(1)	干部政策(1)	村籍(1)	档案意识(1)	张学良(1)	信息(2)	个性化护理(1)
	亲情(1)	政治思想(1)	生活补助(1)	大中专学校(1)	文献数据库(1)	保护(2)	personal archives(1)

图 2-16 个人档案的研究趋势图

于"法律权利"的文章集中在"知情权"。事实上由于个人档案包括个人户籍档案、个人人事档案、个人健康档案等方方面面，因此涉及个人档案就会牵涉不同的法律依据。比如，郑艳丽在《关于个人档案知情权问题的思考》一文中提出："处理好这些问题（个人档案知情权问题）将有利于保证人事档案的真实完整和科学管理，维护了当事人的合法权益。"[①] 万检新、盛劲松在《个人档案知情权

---
① 郑艳丽：《关于个人档案知情权问题的思考》，《档案学通讯》2005 年第 3 期。

保护的逻辑起点及立法完善》一文中提出："知情权是基本人权之一。本人对个人档案内容有知情权，而且是公民隐私权的应有之义。"① 张馨元在《用人单位扣留个人档案法律问题分析》一文中则单一地从人事档案的角度阐述个人档案相关的法律问题。②

对于个人档案的管理，不同的文献从不同的角度进行了阐述。比如，袁佳在《现代化进程中建立我国个人档案价值评估机制的研究》一文中提到"在分析我国现有的个人档案管理模式基础上，探讨目前我国个人档案管理中存在的问题及不足，运用科学的方法建立我国个人档案价值评估机制，在增强个人档案管理意识的同时，加强制度保障，通过多种渠道的协同管理，最大化地实现个人档案的社会价值"③，从评估价值角度进行探究。宋熙东、杜庆坪在《我国农村劳动力个人档案的双重构建》一文中则以构建角度来探讨④。曹湛芳、黄思茹在《个人档案管理探索与研究》一文中针对的是个人档案管理存在的一系列问题，如人事档案内容失真、人事档案管理不稳定、人事档案材料不全、户籍管理混乱等问题进行探讨和研究，并就完善个人档案管理制度、加强个人档案管理的基础设施建设、提高档案管理人员素质、采用信息化管理等方面进行了阐述。⑤夏莲春在《个人档案保存策略国内外发展趋势研究》一文中针对个人档案的保存进行研究。⑥ 师宝玉在《公民个人档案一体化管理研究》一文中为档案的管理开启了新的模式，文章提出："在借鉴'一站式电子政务'的基础上，从内部机制和外部机制建设两方面，提

---

① 万检新、盛劲松：《个人档案知情权保护的逻辑起点及立法完善》，《浙江青年专修学院学报》2006年第1期。

② 参见张馨元《用人单位扣留个人档案法律问题分析》，《兰台世界》2013年第17期。

③ 袁佳：《现代化进程中建立我国个人档案价值评估机制的研究》，《黑龙江科技信息》2014年第30期。

④ 参见宋熙东、杜庆坪《我国农村劳动力个人档案的双重构建》，《山西档案》2005年第6期。

⑤ 参见曹湛芳、黄思茹《个人档案管理探索与研究》，《经济与社会发展》2014年第3期。

⑥ 参见夏莲春《个人档案保存策略国内外发展趋势研究》，《商》2016年第30期。

出了构建公民个人档案一体化管理平台,实行网络一体化管理的设想。"① 张娟、李仪在《个人档案信息共享的规制措施研究——以应对档案管理数字化建设下的信息安全风险为视角》一文中提出:"个人档案信息的效用能够通过共享得到发挥。在档案管理数字化建设背景下,虽然信息共享的效率有所提高但是信息安全的基本要素真实性、保密性与可用性等也面临被破坏的风险,共享活动的开展因而受阻。我国宜立足于档案管理与建设的实情并借鉴欧美经验,通过立法来规制共享者的行为,从而改变其任意共享信息的不良偏好,促使其在完善自身管理并确保安全的前提下进行有序的共享。"②

三 名人档案

透过名人档案研究文献中热词的出现频率发现,关于"校园、医院、海洋、中医"等名词不同程度地出现,显示出了不同研究领域对于名人档案的建设,而"征集、管理、建设"等热词的研究则体现了名人档案建设中对相关条例、制度与原则的关注度。

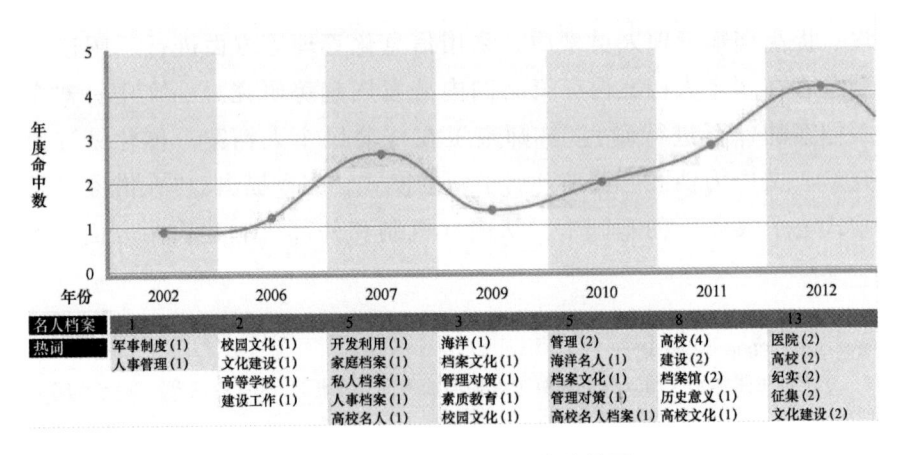

年份	2002	2006	2007	2009	2010	2011	2012
名人档案	1	2	5	3	5	8	13
热词	军事制度(1) 人事管理(1)	校园文化(1) 文化建设(1) 高等学校(1)	开发利用(1) 家庭档案(1) 私人档案(1) 人事档案(1) 建设工作(1) 高校名人(1)	海洋(1) 档案文化(1) 管理对策(1) 素质教育(1) 校园文化(1)	管理(2) 海洋名人(1) 档案文化(1) 管理对策(1) 高校名人档案(1)	高校(4) 建设(2) 档案馆(1) 历史意义(1) 高校文化(1)	医院(2) 高校(2) 纪实(1) 征集(1) 文化建设(2)

图 2-17 名人档案的研究趋势图

---

① 师宝玉:《公民个人档案一体化管理研究》,《商丘师范学院学报》2013 年第 8 期。
② 张娟、李仪:《个人档案信息共享的规制措施研究——以应对档案管理数字化建设下的信息安全风险为视角》,《档案与建设》2015 年第 3 期。

第二章 私人档案研究现状及述评

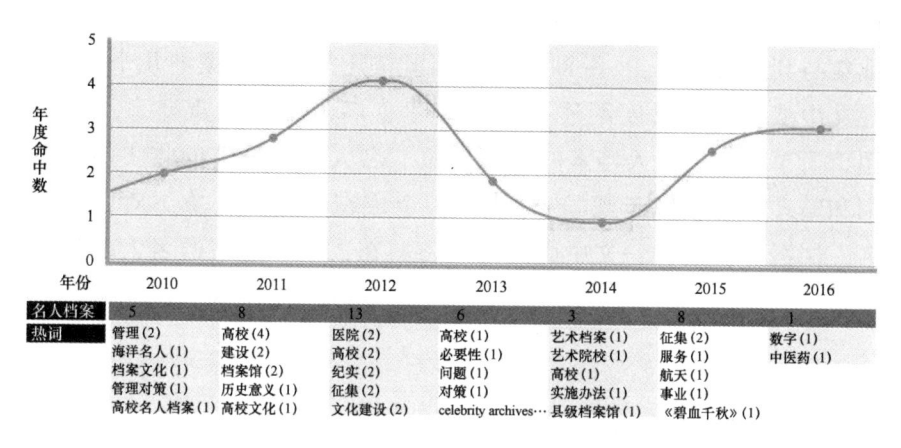

年份	2010	2011	2012	2013	2014	2015	2016
名人档案	5	8	13	6	3	8	1
热词	管理(2)	高校(4)	医院(2)	高校(1)	艺术档案	征集	数字(1)
	海洋名人(1)	建设(2)	高校(2)	必要性(1)	艺术院校	服务	中医药(1)
	档案文化(1)	档案馆(2)	纪实(1)	问题(1)	高校(1)	航天	
	管理对策(1)	历史意义(1)	征集	对策(1)	实施办法(1)	事业(1)	
	高校名人档案(1)	高校文化(1)	文化建设(1)	celebrity archives…	县级档案馆	《碧血千秋》(1)	

图2-18 名人档案的研究趋势图

钟湘楷在《名人建档工作的再思考》一文中提出:"名人档案的建立,不仅丰富了馆(室)藏,从一个侧面体现了党尊重知识、尊重人才方针政策的落实,而且当我们整理和利用他们的档案时,不时地感到每一个名人全宗材料就像一本生动的人生教科书,给人以莫大的教育和启迪。"① 余焙晔在《县级档案馆征集名人档案存在的误区及对策》一文中则有针对性地对地方性名人档案进行征集研究。② 罗学玲在《关于名人档案建设若干问题的探讨》一文中指出:"名人档案工作中存在齐全率和原始性不达标、藏多于用等问题,应创新工作思路,采取相应的措施和对策,做好名人档案建设工作。"③ 刘德宝在《探讨县级档案馆对名人档案的征集和利用》一文中则针对县级档案馆加强名人档案建设的必要性,对名人建档的地域要求、征集对象范围、征集内容、征集形式及利用方面进行了探讨。④ 靳书花、赵林涛在《地方档案馆名人档案征集和利用工作

---

① 钟湘楷:《名人建档工作的再思考》,《文献工作研究》1997年第4期。
② 参见余焙晔《县级档案馆征集名人档案存在的误区及对策》,《浙江档案》1998年第7期。
③ 罗学玲:《关于名人档案建设若干问题的探讨》,《价值工程》2013年第23期。
④ 参见刘德宝《探讨县级档案馆对名人档案的征集和利用》,《卷宗》2014年第3期。

研究》一文中以桐乡市档案馆为例进行了地方档案馆对名人档案的征集与利用的探讨。① 祝淑芹在《档案馆建立名人档案的几个问题》一文中从广义的角度阐述了档案馆建立名人档案的重要意义和作用，简单介绍了名人档案的建档对象、名人档案材料的收集归档范围和整理的方法及步骤。② 路颖、种金成在《数字环境下对中医药名人档案的研究》一文中则对某一领域在数字环境下的名人档案进行研究。③

四　家庭档案

根据对家庭档案趋势图中的热词分析我们发现，热词出现的概率很平均，分别从概念、分类、建立、归档、管理、价值、作用、功能和意义等不同的角度来诠释家庭档案的重要性。那么对家庭档案的研究则需按照文献的时代走向进行分析。

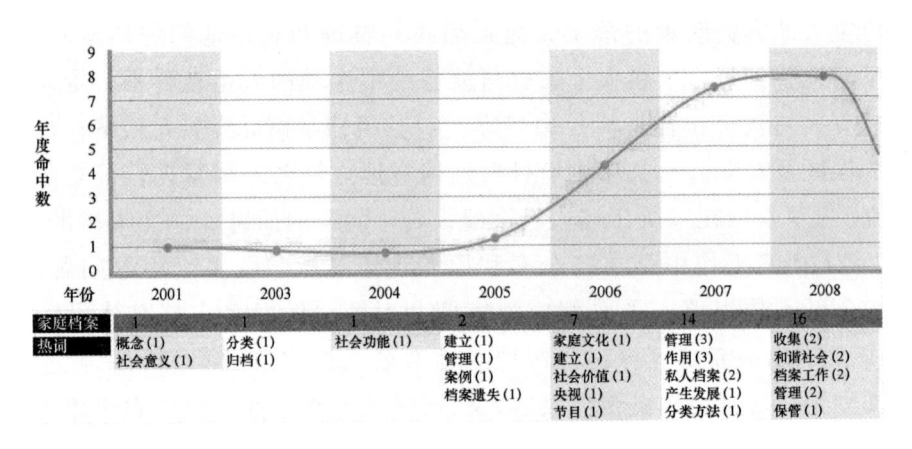

家庭档案	1	1	1	2	7	14	16
热词	概念(1) 社会意义(1)	分类(1) 归档(1)	社会功能(1)	建立(1) 管理(1) 案例(1) 档案遗失(1)	家庭文化(1) 建立(1) 社会价值(1) 央视(1) 节目(1)	管理(3) 作用(3) 私人档案(2) 产生发展(1) 分类方法(1)	收集(2) 和谐社会(2) 档案工作(2) 管理(2) 保管(1)

图 2 - 19　家庭档案的研究趋势图

---

① 参见靳书花、赵林涛《地方档案馆名人档案征集和利用工作研究》，《兰台世界》2015 年第 8 期。
② 参见祝淑芹《档案馆建立名人档案的几个问题》，《才智》2011 年第 25 期。
③ 参见路颖、种金成《数字环境下对中医药名人档案的研究》，《中国管理信息化》2016 年第 2 期。

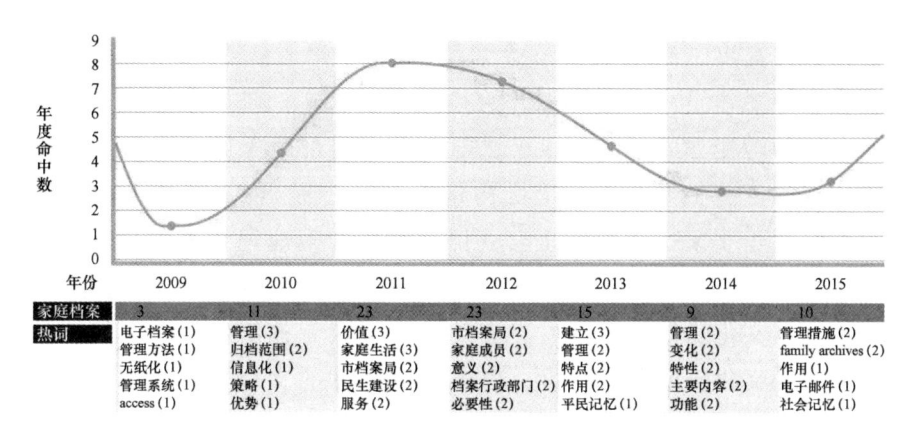

家庭档案	3	11	23	23	15	9	10
热词	电子档案(1)	管理(3)	价值(3)	市档案局(2)	建立(3)	管理(2)	管理措施(2)
	管理方法(1)	归档范围(2)	家庭生活(3)	家庭成员(2)	管理(2)	变化(2)	family archives(2)
	无纸化(1)	信息化(1)	市档案局(2)	意义(2)	特点(2)	特性(2)	作用(1)
	管理系统(1)	策略(1)	民生建设(1)	档案行政部门(1)	作用(1)	主要内容(1)	电子邮件(1)
	access(1)	优势(1)	服务(1)	必要性(1)	平民记忆(1)	功能(1)	社会记忆(1)

图 2-20 家庭档案的研究趋势图

2004年《中国档案报》在沈阳召开家庭工作座谈会，时任国家档案局局长毛福民从教育、查考、传承、陶冶和宣传五个方面畅谈了家庭档案的作用。2005年根据山西档案记述，平遥建起首家红色家庭档案馆。相涛在《家庭档案信息资源的开发与利用》一文中不仅强调了家庭档案的开发与利用的解决对策，而且把家庭档案作为信息资源提了出来；2006年中共中央一号文件中提到"开展和谐家庭、和谐村组、和谐村镇创建活动"，"树立先进的思想观念和良好的道德风尚，提倡科学健康的生活方式，在农村形成文明向上的社会风貌"①，从而引出了"和谐家庭档案"的相关活动开展。冯惠玲在《家庭建档的双向意义》一文中提出："家庭建档具有为平民保存历史和提高社会档案意识两个方面的意义。为平民保存历史有助于社会历史的完整和公众对社会的认同，从而促进社会和谐；提高社会档案意识有助于公众关注档案事业并参与国家档案资源建设。"② 莎菲在《我国家庭建档若干问题的思考》一文中则针对家庭建档档案行政管理部门该不该管、如何处理家庭档案中的隐私问题、家庭档案的

---

① 相涛：《家庭档案信息资源的开发与利用途径》，《兰台世界》2006年第2期。
② 冯惠玲：《家庭建档的双向意义》，《档案学通讯》2007年第5期。

立法问题、家庭档案是该藏于官还是藏于民等，进行了比较深入的探讨，并提出了相应的改革意见和建议。① 冯春莲在《积极推动家庭电子档案建设》一文中则开始关注电子档这一对档案建设具有重大影响的转变方式。② 2010 年沈阳开通国内首个家庭网站；同年鲁志华在《家庭档案与平民记忆构建》一文中提出："应该大力倡导普通家庭建立家庭档案。让家庭档案信息准确地记录平民记忆、反映平民历史。"③ 任越、杨桂明在《档案双元价值视阈下家庭档案的价值及其文化功能探析》一文中以"档案双元价值理论对家庭档案所蕴含的文化价值进行解读，提出家庭档案的文化记录、教育、传承与传播功能，并从档案工具价值和信息价值两个层面阐述了其文化功能的实现路径"④。王灿刚在《国家档案馆家庭档案保管存在的问题与解决对策》一文中分析了家庭档案的特点，系统地总结了国家档案馆在收集、整理、鉴定、保管、开放利用家庭档案中存在的主要问题，并针对性地提出了保管家庭档案的思路及对策。⑤ 王亦飞在《互联网背景下家庭档案文化资源开发利用的探索》一文中依托互联网来探索家庭档案文化资源的开发利用。⑥ 刘谦谦、倪丽娟在《基于档案价值认知的家庭档案社会功能实现动力机制研究》一文中则强调了家庭档案的社会功能，文章提出："家庭档案社会功能的实现要构建外部动力和内部动力共同作用的联动机制。深入探究和合理构建家庭档案社会功能实现的动力机制，有利于家庭档案健康、持续、稳定地发挥社会功能。"⑦

---

① 参见沙菲《我国家庭建档若干问题的思考》，《档案管理》2009 年第 1 期。
② 参见冯春莲《积极推动家庭电子档案建设》，《陕西档案》2009 年第 5 期。
③ 鲁志华：《家庭档案与平民记忆构建》，《湖北档案》2010 年第 10 期。
④ 任越、杨桂明：《档案双元价值视阈下家庭档案的价值及其文化功能探析》，《档案学通讯》2014 年第 6 期。
⑤ 参见王灿刚《国家档案馆家庭档案保管存在的问题与解决对策》，《科技情报开发与经济》2015 年第 23 期。
⑥ 参见王亦飞《互联网背景下家庭档案文化资源开发利用的探索》，《办公室业务》2016 年第 10 期。
⑦ 刘谦谦、倪丽娟：《基于档案价值认知的家庭档案社会功能实现动力机制研究》，《档案与建设》2016 年第 9 期。

第三节 私人档案学术研究趋势分析

学术研究趋势图以 CNKI 全文数据库为数据来源，分别以"私人档案""个人档案""名人档案""家庭档案"为搜索词得到趋势图：

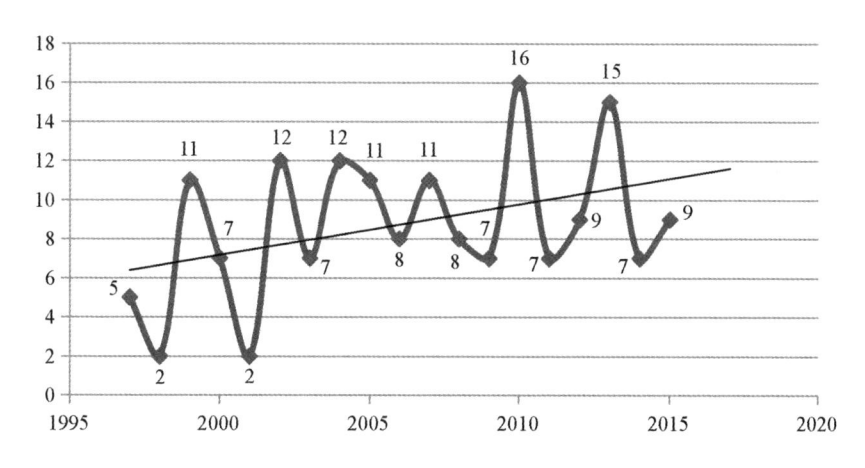

图 2-21 私人档案学术研究趋势图

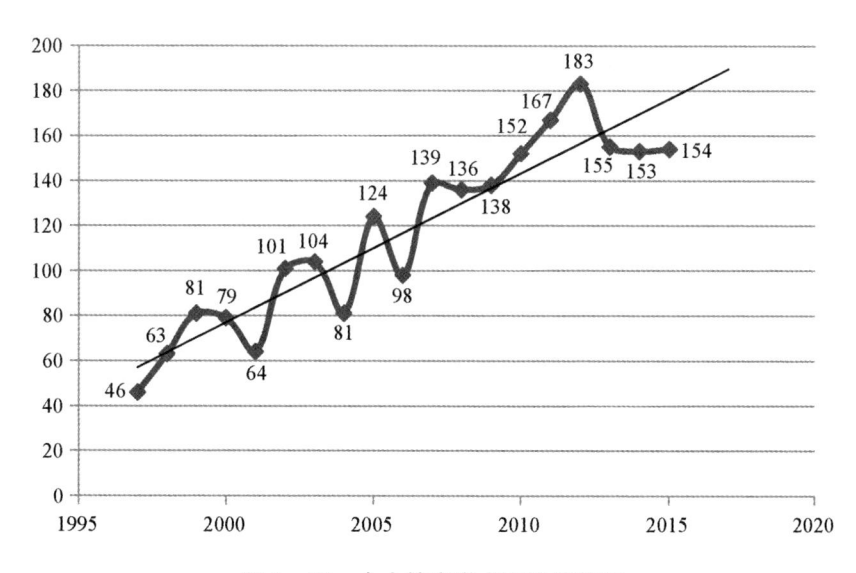

图 2-22 个人档案学术研究趋势图

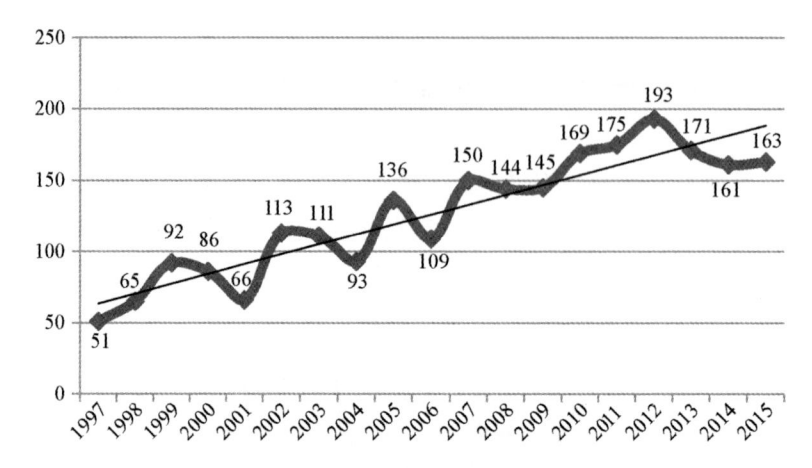

图 2-23　私人档案总体学术研究趋势图

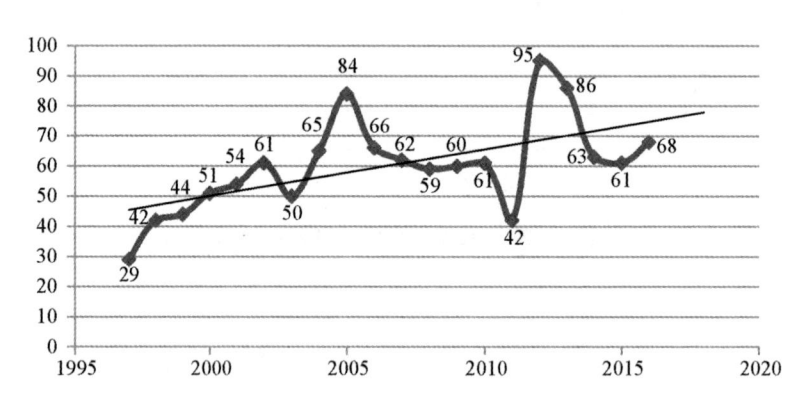

图 2-24　名人档案学术研究趋势图

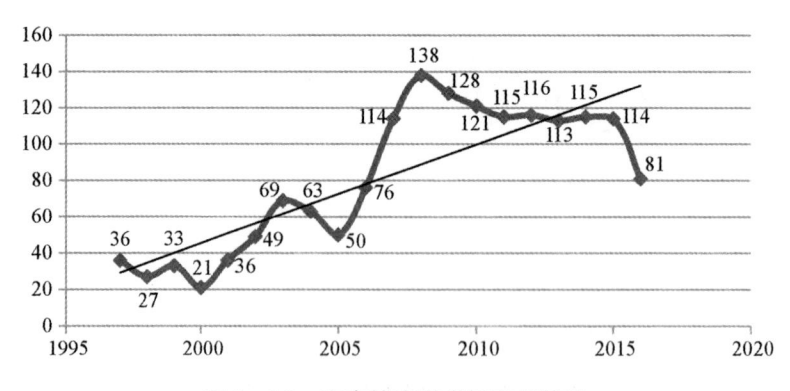

图 2-25　家庭档案学术研究趋势图

由图 2-21 至图 2-25 可知，私人档案、个人档案、名人档案、家庭档案的学术研究总体呈上升趋势，由此可以看出人们对私人档案的研究依旧处于探索发展期。随着人们对私人档案的日益关注和私人档案的定位提高到国家层面实施建设，私人档案的研究将会迎来一波新的热潮。

第四节 国外私人档案研究

关于私人档案国家层面的建设研究：南非学者 Francis Garaba 在《东部和南部非洲解放运动遗产记录的公共领域管理》研究报告中提出："研究报告建议，由于其国家遗产重要性，这些档案应该退出私人保管，并由各国家档案机构管理，以造福后代。"① 强调重要档案可以收归国家进行管理。韩国学者 Moonsoo Hyun 的文章则根据显示调查研究发现：对日常生活档案和社区档案的日益增长的兴趣导致在私营部门建立小规模档案。他们还调查了韩国小型私人档案馆档案的描述情况，特别是在收集方面，分析了四个适用于外国档案馆网络的描述性信息，而这些研究的目的是探索描述性信息如何能在私人档案中参与档案网络的互操作性，并提供了组织私人和社区档案网络建设的方向，给出了一些在韩国的私人和社区存档网络（PCAN）中共享描述信息的建议。② 韩国学者 Yuk Hye-In、Kim Yong、Jang Jun-Kab 提出"'档案村'（基本以村为单位，私营公司参与记录）的管理计划，以保护重要的私人记录和档案"③。韩国学者 Kim Jihyun 则通过对美

---

① Francis Garaba, "Towards Public Domain Management of Liberation Movement Heritage Records in Eastern and Southern Africa", *African Journal of Library, Archives and Information Science*, June, 2012.

② 参见 Moonsoo Hyun, "A Study on Sharing Descriptive Information for Establishing Private and Community Archive Network", *Journal of Records Management & Archives Society of Korea*, Vol. 13, No. 3, December, 2013。

③ Yuk Hye-In, Kim Yong, Jang Jun-Kab, "A Study on the Methods to Manage Private Records Utilizing AtoM (Access to Memory): Focused on 'Archive Village'", *Journal of the Korean BIBLIA Society for library and Information Science*, Vol. 26, No. 2, June, 2015.

国、加拿大和澳大利亚的州/省档案中获取私人记录有关的政策和指南的研究，给韩国公共档案馆收集私人记录提供了以下建议：确定与某一地区特征相关的私人记录的收集区；确定获取方法，包括捐赠或存款，并建立程序，以转让所有权，包括版权、访问限制和处置记录的协议；发展区域内相关机构之间的合作。[①] 加拿大首席档案管理员 R. Fisher 则从捐赠者的角度考量，提出："捐助者的作用值得更大的探究，捐赠者为档案过程引入了动态元素，带来了他们自己的价值观、想法和兴趣。"[②] 这也为档案征集提供了一个很好的视角去做这方面的文章。关于连接各方档案的软件系统波兰什切青大学人员 Anna Sobczak 介绍了德国巴登-符腾堡国家档案馆开发的软件数字仓库，以评估、获取、管理、描述和提供不同类型的电子记录的访问和长期保存，它的运用为进一步开发该系统并将其提供给其他国家档案馆及小型公共或私人档案馆，提出了若干新的合作可能性。

关于个人档案数字化方面的研究：英国人 Peter Williams、Jeremy Leighton、John Ian Rowland 在文章中提出："从个人数字档案的角度来看，个人信息管理是一个令人惊讶的研究不足的领域，提出的模型采用档案信息生命周期方法（从计算机科学、信息管理、档案和记录管理的现有文献中的关键概念被引出和合成，以创建一个连贯的文档生命周期叙述），以试图应用和促进面向档案的个人信息管理。"[③] 美国北卡罗来纳大学信息与图书馆学院研究学者 Amber L. Cushing 提出："档案社区成员和个人信息管理成员之间的未来合作可能有助于解决

---

① 参见 Jihyun Kim, "An Analysis of Policies on the Acquisition of Private Records at State/Provincial Archives in the U. S. , Canada, and Australia", *Journal of Records Management & Archives Society of Korea*, Vol. 14, No. 3, August, 2014。

② Anna Sobczak, "Public Cloud Archives: Dream or Reality?", *Canadian Journal of Information and Library Science*, Vol. 39, No. 2, June, 2015。

③ Peter Williams, Jeremy Leighton, John Ian Rowland, "The personal curation of digital objects: A lifecycle approach", *Aslib Proceedings: new information perspectives*, Vol. 61, No. 4, June, 2009.

个人数字归档的挑战。"① 加利福尼亚大学研究学者 C. Maltzahn、A. Jhala、M Mateas、J Whitehead 根据人们对档案安全问题的考量，提出了"私人数字数据归档维护管理的游戏化"②。波多黎各大学研究员 Chloé S. Georas 探讨了档案利益在广义上带来的挑战：日常生活痕迹留在了私人公司控制的社交网络上，阐述了是否应该为了未来的利益而归档社交网络并提出了一个政策思想实验来帮助解决这些问题，即由国会图书馆建立公共利益导向的网络记忆项目，用于归档社会网络的建议。③

关于家庭档案方面：英国格拉斯哥妇女图书馆研究员 Hannah Little 针对档案和身份之间的联系提到档案可以是自我表达的一部分，而家谱档案不仅可以表达自我，而且可以追根溯源连接到过去，并强调如果进一步理解档案在当代西方社会中的作用，对这种系谱讲故事中档案的想象和表演方面的探索是很重要的。④ 英国学者 Gilbert Cockton、Dave Kirk、Abigail Sellen 和 Richard Banks 则在数字家庭档案馆研究的基础上引入了"价值地图"⑤［"价值地图"通过在设计和人类价值观之间形成明确的关联，支持设计为链接。开发了两种支持以价值为中心的设计资源：一种用于组织现场材料（值得参考），另一种用于简化价值图结构（用户体验框架）］，即设计和人类价值观之间形成明确关联的地图形式的方案用以满足用户在数字家庭档案馆的体验。

---

① Amber L. Cushing, "Highlighting the archives perspective in the personal digital archiving discussion", *Library Hi Tech*, Vol. 28, Issue 2, June, 2010.

② C. Maltzahn, A. Jhala, M. Mateas, J. Whitehead, "Gamification of private digital data archive management", *International Workshop on Gamification for Information Retrieval*, April, 2014.

③ 参见 Chloé S. Georas, "Networked Memory Project: A Policy Thought Experiment for the Archiving of Social Networks by the Library of Congress of the United States", *Laws*, September, 2014。

④ 参见 Hannah Little, "Identifying the genealogical self", *Archival Science*, November, 2011。

⑤ Gilbert Cockton, Dave Kirk, Abigail Sellen, Richard Banks, "Evolving and augmenting worth mapping for family archives", *British Computer Society Conference on Human-Computer Interaction*, January, 2009.

关于社区档案方面：英国学者 Tait Elizabeth、MacLeod Marsaili、Beel David、Wallace Claire、Mellish Chris、Taylor Stuart 则通过案例即以某地人民参与其地区遗产的一种流行方式——整理和管理不同类型的文化形式和资源的社区举措为例，探讨社区数字档案如何提供扩大参与文化活动的范围，以及调查这些举措的可持续性。[①] 英国学者 Dr Andrew Flinn 则研究社区存档运动，探索其根源、其多样性和当前的发展，并确定其对国家档案遗产可能产生的影响，特别是关于当代社区档案资料遗产的许多缺口和漏洞，并审查这些影响对主流专业提出的一些机会和挑战。[②] 韩国学者 Choi、Jae Hee 通过分析"当下历史"和档案之间的相互关系，提出了英格兰的记录管理的整体潮汐。[③] 他分析了在历史研讨会期刊上发表的文章，发现文章作者使用了公共记录和私人记录，如报纸、日记、信件和口头记录，并且各种类型的社区档案最近在英国蓬勃发展，这为评估当下历史记录提供了一种新土壤。

第五节 国内国家层面关于私人档案信息资源研究的核心观点辑要

一 关于"私人档案"概念的阐述

关于"私人档案"的概念已有多个学者阐述，国内比较具有代表性的如黄项飞指出："私人档案是指私营企业事业单位以及公民个人在私人事务活动中形成的和通过继承、赠送等合法途径获得的档

[①] 参见 Tait Elizabeth, MacLeod Marsaili, Beel David, Wallace Claire, Mellish Chris, Taylor Stuart, "Linking to the past: an analysis of community digital heritage initiatives", *Aslib Proceedings: New Information Perspectives*, Vol. 65, Issue 6, November, 2013。

[②] 参见 Dr Andrew Flinn, "Community Histories, Community Archives: Some Opportunities and Challenges1", *Archives and Records*, October, 2007。

[③] 参见 Choi, Jae Hee, "Reciprocal Relation between 'History from Below' and Archives: with Reference to the History Workshop Movement in England", *Journal of the Korean BIBLIA Society for library and Information Science*, Vol. 25, No. 3, September, 2014。

案。"① 丁华东提出:"公民个人、家庭(家族)、私营企事业单位在私人事务活动中形成的和通过合法途径所获取的档案。"② 陈琼认为:"私人档案是指由个人或非国家(政府)机构、组织形成和(或)占有的档案。"③ 赵家文、李逻辑则认为:"私人档案即私人所有的档案,有时也称私有档案,它与公有档案或国有档案或公共档案相对而言。凡不由国家提供经费的单位和个人形成的档案及政府官员在非公务活动中形成的档案,均称为私人档案。"④

综上所述,从私人档案的形成主体,或私人档案的来源视角考察可以分为两个层面:一个是来源于非国家(非政府)的,或非官方、私营的组织,即组织层面的私人档案;另一个是来源于公民个人、家庭,或是私人,即私人层面的私人档案。针对其来源的不同决定了建设和管理私人档案信息资源所具有的独特价值和重要意义,本书主要研究来源于私人层面的档案资源,称为"私人档案"。

二 明确"国家档案资源"的概念,明确私人(个人)档案是国家档案信息资源的重要组成部分

2002年时任国家档案局局长毛福民在《中国档案》第2期发表的《以"三个代表"为指导,全面加强国家档案资源建设》一文中,从档案资源的角度,提出要加强国家档案资源建设。文中指出"国家档案资源,是指过去和现在的国家机构、社会组织和个人在社会活动中形成的对国家和社会有保存价值的档案的总和"⑤。这里明确提出了"国家档案资源"的概念,并指出国家档案资源包括私人档案信息资源。由此可以看出"国家档案资源"概念的阐述与《档案法》的精神相一致,许多学者论文中关于"国家档案资源"内涵的阐述

---

① 黄项飞:《设置私人档案管理中心的设想》,《山西档案》1995年第3期。
② 丁华东:《私人档案的社会性及其管理》,《档案与建设》1999年第3期。
③ 陈琼:《各国私人档案管理法规研究》,《档案学通讯》2003年第6期。
④ 赵家文、李逻辑:《私人档案立法保护之我见》,《中国档案》2004年第3期。
⑤ 毛福民:《以"三个代表"为指导,全面加强国家档案资源建设》,《中国档案》2002年第2期。

也与此基本一致。"国家档案资源建设是以建立一个门类齐全、结构合理、管理科学、能为社会主义现代化建设有效服务的、具有中国特色的档案资源体系为目的,依据国家有关法律法规开展的档案积累、移交、接收、整理、档案资源开发利用等一系列档案工作。"①

毛福民在该文中进一步指出我国国家档案资源建设的体系是:"我国形成了以各级各类档案室为基础、各级国家档案馆为主体、其他档案所有者为补充的建设格局和构造体系。"② 可见理论上不仅明确了国家档案资源体系的构成,而且有了新的突破,国家档案资源体系的构成,不再仅仅以国家机构即党和政府形成的文件为主体,其他档案所有者为补充来构建,已经作为国家档案资源体系建设的一个组成部分,因此,可以进一步地理解为个人产生并归个人所有的私人档案信息资源建设是包含在国家档案信息资源体系建设之中的。据此,作为全国档案事业的领导机构——国家档案局对于纳入国家档案资源体系的档案资源,都应加强建设和有效管理,私人档案资源也应该包括在该体系建设之中,这是确定无疑的,但目前国家对私人档案信息资源的管理和建设还存在很多空白。

冯惠玲教授提出:"与一些国家的档案馆相比,我国档案馆藏的官方色彩更重一些,把档案馆办成公众喜爱的、对公众有用的科学文化事业机构,需要变革传统的档案收集与鉴定模式,为此,国家综合档案馆馆藏资源不应局限于党政机关或事业单位的记录,而应兼顾社会、国家、家庭、个人四个层次。国家综合档案馆档案资源建设除满足社会、国家需要以外,还要考虑家庭、个人的需要。"③

三 国家档案资源的体系构成格局中包括私人档案资源的建设

毛福民指出:"加强和完善国家档案资源建设,是为了适应社会

---

① 毛福民:《以"三个代表"为指导,全面加强国家档案资源建设》,《中国档案》2002年第2期。
② 毛福民:《以"三个代表"为指导,全面加强国家档案管理建设》,《中国档案》2002年第2期。
③ 冯惠玲:《论档案馆的"亲民"战略》,《档案学研究》2005年第1期。

主义现代化建设不同层面的需要。其他档案所有者是国家档案资源建设的有机组成部分。由于各种原因，还有不少对国家和社会具有保存价值的档案散存在档案馆和档案室之外，包括散失在社会上、个人所有的珍贵档案，如名人手稿、家谱及反映重大历史事件的档案、照片等，这些也是国家档案资源的组成部分。对于这部分档案资源，要采取有力的监控手段，明确其分布及保管状况；对其中特别珍贵的部分，积极创造条件，将其纳入国家管理范围内。"[1]

傅华等提出："国家档案资源是需要由国家管理的全部档案资源。"[2] 这里也强调了国家档案资源并不是从所有权角度诠释的，而是强调纳入国家档案资源的国家的控制力，非常明确地提出了在国家档案资源的建设中应该包括个人档案资源的建设。他们在文中进一步论证了，随着我国社会主义市场经济的逐步建立，国家加强了对私有财产所有权的保护，国家承认个人对于档案的所有权，并在《档案法》中加强了对"个人所有的档案"的管理。随着个人活动向我国社会各个方面的延伸，个人活动中产生的许多档案已经具有了"国家意义"。但现实中存在越来越多的具有国家和社会保存价值的私人档案没有得到切实有效的管理，为了提高国家档案资源的质量，有必要对档案馆接收档案的范围做出改变，为此，他们提出选择一个正确的国家档案资源建设指导思想，实施一个合适的国家档案资源建设策略，在国家档案资源增长和物质条件改善之间找到一个适当的平衡。[3]

四 应加强个人所有的"具有国家意义"的私人档案信息资源建设

黄存勋教授指出："国家档案资源理念所强调的'保存价值'，既是针对国家机构而言的，更是针对其他社会组织和广大公众而言的，这与我国档案法所称档案的价值内涵是完全一致的，反映了一种

---

[1] 毛福民：《以"三个代表"为指导，全面加强国家档案管理建设》，《中国档案》2002年第2期。
[2] 傅华、冯惠玲：《国家档案资源建设》，《档案学通讯》2005年第5期。
[3] 参见傅华、冯惠玲《国家档案资源建设》，《档案学通讯》2005年第5期。

立足全社会、面向全社会的，社会本位、公众本位的价值观。"① 冯惠玲教授指出档案馆要有亲近民众的思想观念，要"从'官本位'思想转变为'民本位'思想，历史是人民创造的，记录历史的社会记忆也是人民创造的，本应属于人民，成为民众共同的社会财富，增强馆藏档案的社会性并不意味社会记录的泛档案化，'价值'仍然是档案馆馆藏档案的灵魂，值得审视的是如何把价值主体从'国家'转向'社会'。档案工作者必须改变原有的观念、职业认知和情感，树立以民为本、为民服务的'民本位思想'②"。

2007年时任国家档案局局长杨冬权提出建立覆盖人民群众的档案资源体系，"要改变过去'重物轻人、重事轻人'的档案价值观念，树立'人的档案最重要'的观念，让档案资源体系能够覆盖最广大的人民群众"③。他说："这里的人民群众，指的是所有的城乡居民，指的是最广大的人民群众，没有身份地位之别和高低贵贱之分。档案资源体系应该覆盖所有被档案记载过的人，否则，有的人在档案资源中就是空白。"④

以上可以看出在国家档案信息资源的构建上无论以社会为本位，还是以人民大众为本位，其实质都是要遵从在社会的发展中以人民大众为主体的价值观来建设国家层面的档案信息资源。

五 从"社会记忆观""'大档案'观"视角，构建国家档案信息资源

20世纪90年代，联合国教科文组织与国际档案理事会共同制定了以拯救档案史料为主要内容的"世界记忆工程"，并提出了档案是人类的共同记忆的论点。1992年在加拿大蒙特利尔召开的第十二届

---

① 黄存勋：《论国家档案资源建设的理念与体制创新》，《档案学通讯》2004年第2期。
② 冯惠玲：《论档案馆的"亲民"战略》，《档案学研究》2005年第1期。
③ 杨冬权：《在浙江省档案工作服务民生座谈会上的讲话》，《中国档案》2007年第10期。
④ 杨冬权：《以科学发展观为指导，推动档案事业更好地科学发展并为科学发展服务》，《中国档案》2009年第1期。

国际档案大会上,加拿大提出了"社会记忆"的观点,倡导把档案视为一个机构、个人、国家乃至社会的记忆。① 1996 年第十三届国际档案大会上,特里·库克(Terry Cook)指出:"在普通公民看来,档案不仅要涉及政府的职责和保护公民的个人权益,而且更多的还应为他们提供根源感、地方感和集体记忆。"②

2000 年第十四届国际档案大会上胡安·卡洛斯(Juan Carlos)在开幕式讲话中指出"档案馆是保存人类记忆的各种表现形式,是保存社会记忆、个人记忆的最权威的场所"③。

2001 年 11 月由中国人民大学主办的"中国首届档案学博士论坛国际学术研讨会",其主题便是"21 世纪的社会记忆"。冯惠玲教授指出:"本次论坛的主题'21 世纪的社会记忆'既注释了档案事业一如既往的历史职责,更表达了档案学者对未来严肃而认真的思考。"④ 至此,"社会记忆观"的引入,使档案、档案工作和档案学研究领域不断扩展,档案成为社会记忆的重要组成部分得到广泛认同。"现代记忆更是一个有机的生命维度,是人类用以感知现今这个迅速前行的世界的一系列激励工具。"⑤

丁华东指出:"社会记忆观把我们引入档案学研究的新领域,更注重从档案与社会情境的关系中来看待档案及其管理现象。这必然要求我们审视和调整我们传统的档案政策,使之有利于所有的人。档案可视为原生态记忆或本源性记忆。记忆有不同的结构和类型,从主体角度解析社会记忆主体层次结构可以分为:国家记忆—组织记忆—个

---

① 参见黄霄羽《外国档案管理学》,中国人民大学出版社 2008 年版。
② [加拿大]特里·库克:《1898 年〈荷兰手册〉出版以来档案理论与实践的相互影响》,载国家档案局、中央档案馆编《第十三届国际档案大会报告集》,中国档案出版社 1997 年版,第 94 页。
③ [西班牙]胡安·卡洛斯:《第十四届国际档案大会上致词》,载《第十四届国际档案大会文集》,中国档案出版社 2002 年版,第 7—8 页。
④ 冯惠玲:《序》,载《21 世纪的社会记忆——中国首届档案学博士论坛文集》,中国人民大学出版社 2001 年版,第 12 页。
⑤ [加拿大]特里·库克:《四个范式:欧洲档案学的观念和战略的变化》,李音译,《档案学研究》2011 年第 3 期。

体记忆，个体记忆是个人在生产生活中形成的档案记录，个体记忆具有社会性。"①

刘亚秋指出，"个体记忆中蕴含着丰富的思维记忆。在权力关系上并不全然是集体记忆支配个体记忆，两者在很多情况下表现为共谋关系。个体完全具备一种主体性，即从集体记忆中获取资源，来讨论个体的历史问题，或者从个体记忆中获取资源，去修正集体记忆的舆论"②。

李莎指出，"社会大众参与构造的社会记忆才是全面真实的社会记忆。档案资源作为社会记忆建构中重要的记忆素材，在对其进行建设的过程中不能在强化一个层面的社会记忆时有意或无意地弱化另一个层面的社会记忆③"。

总之，档案是社会的产物，是社会记忆的重要组成部分。社会记忆中不能缺少来自私人的历史记录，从社会记忆视角来研究档案及其管理，意味着"从历史的角度狭义地构建过去转向根据社会记忆广义地构建过去"④，"社会记忆观把我们引入档案学研究的新领域，更加注重从档案与社会情境的关系中来看待档案及其管理现象。这必然要求我们审视和调整我们传统的档案政策，使之有利于所有的人"⑤。

六 建设形成主体多元的国家档案信息资源

王国振提出，"必须用'大档案'思维建设档案资源，即建立形成主体多元化，档案内容、载体形式、利用方式多样化的资源体系。从范围上冲破综合档案馆主要收集保存'国家所有的''归国家管理的'机关、团体、企事业单位形成的档案的界限，把各种社会组织和

---

① 丁华东：《论档案记忆的结构与特点》，《浙江档案》2013年第5期。
② 刘亚秋：《从集体记忆到个体记忆对社会记忆研究的一个反思》，《社会》2010年第5期。
③ 李莎：《基于社会记忆视域的微观档案馆藏建设》，《档案》2006年第5期。
④ [美] 弗朗西斯·布劳因：《档案工作者、中介和社会记忆的创建》，晓牧、季音译，《中国档案》2001年第9期。
⑤ 丁华东：《社会记忆与档案学研究的拓展》，《中国档案》2006年第9期。

个人形成的历史记录纳入档案资源体系，摈弃重名人而轻普通群众的文化现象"①。薛匡勇提出档案馆的档案资源不再仅仅聚焦于政府的文件，也不再仅仅聚焦于产生文件与形成机构的联系，以及机构的使命、职能和业务活动，"不再局限在国家—政权—重要人物—宏观历史阐述—资政"②，同时还有来自社会的不同类型的个体、群体产生的真实记录，这些记录展示了每个人生命的记忆和价值，既有官方的政府文件，也有来自名人、普通人生活的点点滴滴，来展示各自社会中鲜活的、世俗的，又带着强烈的人性色彩的历史。

王萍提出私人档案具有私人的属性，因而带有私人身份属性的档案资源的构建，与民众没有距离感，缩短了民众对社会的认知，由此会推动民众对社会的认知。③

七　国家法律法规中涉及私人档案信息资源的管理规定

私人档案的形成者是个人，或者是非国有组织，具有私有属性，私人意义的档案在我国是受法律保护的。例如我国《宪法》第十三条明确规定"公民的合法的私有财产不受侵犯"，宪法进一步明确对于各种财产形态予以平等保护，反映了财产权作为一项基本人权正在逐步为全社会所认同，它具有里程碑的意义，意味着公民的私有财产获得了宪法的确认与保障，使公民拥有了更广阔的经济活动空间。从宏观上讲，整个国家国民经济的持续、健康、稳定地发展必定离不开对私有财产基本的保护。

私有财产权是指自然人或法人为满足自己的生活或生产需要而获得或拥有的财产的全部权利，财产权本身还包括消费财产、享受财产以及单纯持有财产的权利。财产权实质上指物权，它是以所有权为核心建立起来的。如《民法通则》第七十五条第一款规定："公民的个人财产，包括公民的合法收入、房屋、储蓄、生活用品、文物、图书

---

① 王国振：《省级综合档案馆整合档案资源的思考》，《中国档案》2010年第9期。
② 薛匡勇：《现代档案观研究》，《档案学通讯》2006年第2期。
③ 参见王萍《基于文化认同视角的体制外档案资源建设思考》，《档案学通讯》2013年第1期。

资料、林木、牲畜和法律允许公民所有的生产资料以及其他合法财产。"从这个意义上看私人档案很多属于私有财产，是受法律保护的。在这种意义上，对财产的占有、使用、收益和处分的权能被看成一种"自由权利"。私有财产权是公民的基本权利，它与生命权、自由权一起被并称为公民的三大基本权利，按照本书的概念"私人档案"理所当然受到《宪法》的保护。

在我国档案法规中，虽然没有明确使用"私人档案"的概念，但是有关于"个人档案""个人所有档案"的阐述和规定，如《档案法》第二条规定："本法所称的档案，是指过去和现在的国家机构、社会组织以及个人从事政治、军事、经济、科学、技术、文化、宗教等活动直接形成的对国家和社会有保存价值的各种文字、图表、声像等不同形式的历史记录。"个人档案包括其中，受到法律的保护。此外，如《档案法》第十六条："集体所有的和个人所有的对国家和社会具有保存价值的或者应当保密的档案，档案所有者应当妥善保管。对于保管条件恶劣或者其他原因被认为可能导致档案严重损毁和不安全的，国家档案行政管理部门有权采取代为保管等确保档案完整和安全的措施；必要时，可以收购或者征购。前款所列档案，档案所有者可以向国家档案馆寄存或者出卖。严禁卖给、赠送给外国人或者外国组织。向国家捐赠档案的，档案馆应当予以奖励。"第二十一条："向档案馆移交、捐赠、寄存档案的单位和个人，对其档案享有优先利用权，并可对其档案中不宜向社会开放的部分提出限制利用的意见，档案馆应当维护他们的合法权益。"第二十二条："集体所有的和个人所有的档案，档案的所有者有权公布，但必须遵守国家有关规定，不得损害国家安全和利益，不得侵犯他人的合法权益。"第二十五条："携运禁止出境的档案或者其复制件出境的，由海关予以没收，可以并处罚款；并将没收的档案或者其复制件移交档案行政管理部门；构成犯罪的，依法追究刑事责任。"

无论个人档案，还是个人所有的档案，其意义都与来自公共组织的档案存在区别，因而在管理上档案法律也有相应的规定，这说明私人意义的档案是在档案法中涉及的，法律上对私人档案的尊重和保护，不仅是在法律中显示其制度化与合法化，更重要的是肯定了公民个体独立人格的价值与尊严，体现了对人的尊重。

但是关于在国家层面如何主动积极地去建设私人档案信息资源却缺少明确的规定，这意味着私人档案同公共档案一样都是国家文化遗产不可或缺的重要组成部分的思想观念还需要加强。因此，国家层面上需要从法律上加强对私人档案信息资源的建设和保护，这有助于在全社会形成保护私人档案的基本价值观，从保护人类文明的高度为私人档案信息资源建设提供良好的法律环境。

总之，国家层面的私人档案信息资源的建设问题已经引起各界的普遍关注，进入当代学者和档案业务部门领导、档案工作者理论研究的视野中，体现了对记录历史功能的档案从组织扩展到个人，这是对人类个体的尊重。作为承载和传播社会记忆的私人档案信息资源不应仅仅是国家档案信息资源的补充，更是通过私人档案信息资源的建设，与我国已形成的档案资源能够形成互补互证互构互动的新局面。从国家层面建设私人档案信息资源与中国共产党提出"以人为本"的思想是完全一致的。从目前的研究中可以看出，在研究国家文化遗产、社会档案资源建设时，私人档案资源的建设虽然包含其中，但是尚没有作为一个专题或是主题进行深入研究，更没有形成体系，但现实中利用私人档案的现象却非常普遍，比如无论是历史作品、文学作品、纪录片，还是重大活动中利用私人档案呈现历史、表达历史的现象已十分普遍。这充分表明社会的需求是旺盛的，多元叙述是十分重要的历史印证，历史再现和历史表达中从来没有将私人档案排除在外，这就引发我们进行思考，事实上，国家的文化建设中、社会的发展需求中、人民群众的生存和发展中都十分重视私人档案中所呈现的历史记录，私人档案已经成为一个国家不可替代的重要历史记录。

第六节 国外国家和社会层面关于私人档案研究及开展建设的核心观点辑要

档案学理论产生于19世纪的欧洲，从最初对档案馆、登记室的研究成果如《怎样才算一个完美的登记室》及 1898 年缪勒（Mueller）、斐斯（Phaeus）、福罗英（Froying）的《档案整理与编目手册》等研究成果看，档案学学科产生的研究成果最初也是聚焦于体现在对为机关、组织服务的研究成果，但是随着各国社会的发展和变化，新技术的涌现及应用，后现代主义思潮的影响等多种因素的推动，这种局面逐渐发生了变化，档案学术研究中关注私人档案，并将私人档案纳入档案理论研究的状况发生了很大的转变，这些理论、理念也不断丰富和完善，推动着档案学学科理论的发展。

一 20 世纪 50 年代以前，最初的档案原则理论与实践强烈地偏重于国家

从 19 世纪档案学学科开始建立至 20 世纪 50 年代以前，大多数欧洲档案馆都忠于 19 世纪的概念，即档案馆收藏的主要是国家职能部门产生的文件。例如，法国档案学院的 R. H. 鲍蒂埃教授（R. H. Bautier）曾对欧洲国家做了一个问卷调查，在他的调查报告中指出，直到 1950 年，大多数欧洲档案馆都忠于 19 世纪部分被详细描述的概念，即忠于国家职能部门产生的文件，是一个政府档案工作者的第一任务，即使不是唯一的任务，也是主要的任务，而不属于公共文件的文件则"被抛弃在与公共档案库房不直接相关的图书馆和文化机构里"①。"最初的档案原则阐述也强烈地偏重于国家，传统的档案观与档案馆和档案工作者业已形成的顽固偏见相呼应，即为主流文化和当权者服务。这种做法让官方叙述占有特权，却忽视了社会中的个人和群体的记录，忽视了他们与国家之间的相互作用和对国家的影响。"②

---

① ［加拿大］特里·库克：《四个范式：欧洲档案学的观念和战略的变化》，李音译，《档案学研究》2011 年第 3 期。

② 参见［加拿大］T. 库克《铭记未来——档案在建构社会记忆中的作用》，李音译，《档案学通讯》2002 年第 2 期。

二　20世纪50年代至70年代，档案理论由国家观向社会观、多元观转向，承认多元叙事的相互依存

20世纪50年代至70年代，国外档案实践和理论均发生了很大的变化。实践中"档案馆藏、档案活动、档案业务开始更直接地反映社会，呈现社会的复杂性、多样化及偶然性。其焦点在于既记录国家，也记录公民；既记录中心，也记录边缘；既记录主流声音，也记录异见声音；既记录国家政策，也记录文化表达。存在许多个真相、许多种声音、许多的认识，以及许多的故事。理论上从以国家为基础的司法行政档案话语转向以更广的公共政策和公共利用为基础的社会文化档案话语即从一个国家理论发展到一种全社会的理论"[①]。例如"20世纪70年代以来美国档案学家出版的系列丛书全套12本的书名都包括档案和手稿，档案学者将手稿与档案管理放在一起进行研究和论述，而在这之前私人文件管理为手稿管理，是不属于档案工作范畴的"[②]。20世纪70年代，《档案术语词典》将私人文件/档案定义为"非官方性质的机关、团体、组织所形成或非官方来源的文件/档案"。此外，档案鉴定、挑选的依据不再是预测历史研究趋势或历史学阐述的价值，而是以档案工作者对值得作为文献记忆保存的那些社会特性和特征的研究为基础，去反映社会自身的功能和活动。"档案范式已跨越四个阶段：从司法遗产到文化记忆到社会认同再到社会社区建档。结果是，档案工作者的身份已从被动的保管者相继转型为积极的中介人、社会活动家、社区推动者。档案思想的焦点从证据依次转向记忆、认同、社会。正如更广范围的知识潮流已从前现代相继转变到现代、后现代、当代。档案是关于塑造和分享记忆的，借助记忆，社会群体找到认同并由此获得力量。社会/社区档案在职业档案人员的帮助下，关心其自身的文件，将有助于冲破主流与边缘之间的障碍，把现在及过去的所谓主要的和次要的叙事整合在一起，在数字

[①] ［加拿大］特里·库克：《1898年〈荷兰手册〉出版以来档案理论与实践的相互影响》，李音译，载国家档案局、中央档案馆编《第十三届国际档案大会报告集》，中国档案出版社1997年版，第143—176页。

[②] 冯惠玲、张辑哲：《档案学概论》，中国人民大学出版社2006年版，第230页。

互联网络化世界（在这个世界，边缘不再对社会运行假定有任何意义）承认这些叙事的相互依存。"① 这主要是因为："一个国家是由多元文化和族群组成的，而反映这一发展变化的历史也应该是多元的和丰富多彩的。"②

三 20世纪70年代末至80年代以后，"档案"概念不断扩大，"总体档案"概念逐渐形成

"总体档案"概念的提出最具有代表性的是加拿大。加拿大致力于人类全部档案遗产的保护，提出档案收集战略，形成"总体档案"的概念，档案的价值鉴定也尊崇多元化。"总体档案"概念的形成也经历了一个过程，例如1905年加拿大档案馆馆长A.道蒂博士（A. Doughty）曾直接请求总理指出，"政治目标和文化目标之间的联系，以巩固联邦并使长期彼此疏远的人民渐渐形成一个国家"③。1950年至1970年"档案"概念发生了变化，从政府扩大到非公共组织、集体、经济企业、家族和个人。档案工作者把他的责任放大到全部档案历史遗产，而不考虑它的时间、材料和法定地位。这就形成了清晰的"总体档案"的概念。加拿大的"总体档案"概念包括四个方面的内容：（1）征集与档案馆的权限范围相关的所有类型的档案材料，包括公共的和私人的档案材料；（2）所有类型的档案材料都可以被征集，包括手稿、地图、图画、照片、录音、动画和其他视听材料及计算机文件；（3）提出人类活动的所有主题应该由一个与它的地区权限相一致的库房所覆盖；（4）从文件形成之时就关注文件，保证整个"生命周期"中文件的有效管理，使加拿大生活的每一方面都得到充分的记录。

---

① ［加拿大］特里·库克《四个范式：欧洲档案学的观念和战略的变化》，李音译，《档案学研究》2011年第3期。

② ［加拿大］T·库克《铭记未来——档案在建构社会记忆中的作用》，李音译，《档案学通讯》2002年第2期。

③ ［加拿大］特里·库克：《四个范式：欧洲档案学的观念和战略的变化》，李音译，《档案学研究》2011年第3期。

基于此，一方面，理论上"总体档案"的概念于1982年在加拿大公共档案馆的使命中更清晰地表达出来，即有系统地保护加拿大国家重要的政府和私人文件，以方便加拿大政府有效和高效地运转；方便对加拿大经历的所有方面的历史研究；方便权利的保护；方便扩大建立在作为国家收藏记忆的档案基础上的国家身份感。另一方面加拿大的实践表明了总体档案体系的好处是更加全球化。① 总体档案作为一种收集战略和可实施的政策具有包容性。②

这个"系统的国家收集计划"，旨在"定位并获得于国家重要的私人手稿"。第一方面，阻止公民和团体破坏重要的档案，过去这种破坏档案的行为使历史上留下了许多空白；第二方面，通过与公众以及各种协会、团体协作保护档案文件。③

总之，总体档案在理论上使档案的保护从历史研究、保护权利上升为国家身份，实践上通过"系统的国家收集计划"的实施加强国家对重要私人手稿的管控，避免随意处理和破坏使历史留下空白。

四　数字时代，个人信息存档成为一个重要的研究领域，民众参与式建构历史成为可能

随着人类步入信息社会，信息技术发展突飞猛进，尤其是网络的应用，方便了人们对信息资源的利用，满足了人们对于信息资源的需求。数字技术把过去和现在联系在一起，社交网络的流行使大量个人信息和活动记录都产生在社交网站上。周耀林教授等指出："个人信息进行存档和管理成为一个重要的研究前沿。"④

---

① 参见［加拿大］威尔弗莱德·艾·史密斯《总体档案：加拿大的经验》，丁媚编译，《档案学通讯》2001年第4期。
② 参见 Francis Xavier Blouin, Jr. and William G. Rosenberg, eds., "Archives, documentation, and institutions of social memory: essays from the Sawyer Seminar", *University of Michigan Press*, Vol. 11, Issue 4, Fall, 2010。
③ 参见 R. S. Gordon, "The Protocol of SNAP: Demarcation of Acquisition Fields", *The Canadian Archivist*, April, 1973。
④ 周耀林、赵跃：《个人存档研究热点与前沿的知识图谱分析》，《档案学研究》2014年第3期。

（1）1971 年爱荷华州立大学历史系的 Walter Rundell 教授在 American Archivist 上发表了"Personal Data From University Archives"一文，他讨论了个人记录的归属问题。认为大学档案馆要对反映大学生活真实影像的材料的收集、处理、保存、公开提供指导。[1]

（2）20 世纪 90 年代中期以来，随着信息与网络技术的发展，人们在工作和生活中形成了越来越多的电子文档、数字照片、音视频材料，使用电子邮件、社交媒体等形成了大量的个人记录，利用网络每个人都能够成为他或她自己的出版人、作者、摄影师、电影制作人、音乐录制艺术家，以及档案工作者。每个人都在建立在线档案，参与式建构历史已经成为现实。这些对个人具有重要价值，对社会亦是重要的精神财富的档案的保存、利用及长期保存的安全问题受到关注。一些商家也看到了人们的需求，于是一些管理个人信息的软件不断被研制开发。2006 年，微软公司的 Catherine C. Marshall 等撰文探讨个人数字档案的长期保存和利用，认为尽管个人数字档案（照片、电子文档等）变得容易存储和获取，但其更容易丢失，人们大量有价值的档案材料再也无法找回。[2]

档案工作者的职业角色也由此发生变化，特里·库克提出："在这个新的数字世界，职业档案工作者应该成为辅导员、宣传员、教练员，鼓励作为社会参与过程的建档工作，没有必要把所有的档案产品收集到我们的档案馆。""档案工作者不再是被动的中立的继承遗产的守护者，而是集体（或是社会）记忆的塑造者。"[3] 例如美国国会图书馆设立了个人存档的专题网页，为大众提供数码照片、音频、视

---

[1] 参见 Walter Rundell, "Personal Data from University Archives", American Archivist, Vol. 34, No. 2, April, 1971。

[2] 参见 Catherine C. Marshall, Sara Bly, Francoise Brun-Cottan, "The longterm fate of our digital belongings: toward aser-vice model for personal archives", Archiving Conference, Society for Imaging Science and Tech-nology, January, 2007。

[3] ［加拿大］特里·库克：《四个范式：欧洲档案学的观念和战略的变化》，李音译，《档案学研究》2011 年第 3 期。

频、电子邮件、电子文稿、网页等常见数字材料存档的基本知识和技巧。①

综上所述，从理论的发展，到立法的保护，再到世界承认数字互联网络化这些叙事的相互依存，是实践推动理论发展的一种必然趋势。国家遗产实际是体现国家权力保护下的国家的遗产，私人档案受到尊重，一方面是对所有权的尊重，另一方面纳入国家遗产范围下是对私人档案进行保护和管理的尊重，使国家的权威在不改变其所有权的前提下，实现了对私人档案行使的监控权。法制化是档案包括私人档案管理的必然趋势，完善对私人档案的立法，使其走向法制化管理的轨道。无论发达国家还是发展中国家，都继承各自历史传统，从不同的国情出发，普遍地重视和加强档案立法建设。现实中随着计算机的普及、互联网的迅速发展、随身终端手机的普及，人们对信息的捕捉、记录、保存的需求更加强烈，个人信息的存在和记录成为一种不可忽视的力量。这引发了档案界、计算机科学、信息安全等领域的学者的广泛关注和研究，因此，社会的发展需求是推动数字时代私人档案信息资源建设的根本动力。

五 档案立法中对私人档案同样予以立法保护，并且将之引申为国家历史文化遗产的保护

1970 年法国档案学院的 R. H. 鲍蒂埃指出，对档案立法的最近调查结果显示表明"事实上，每个国家都采纳了相同的立法，即立法中包含了公共档案的管理和私人档案的保管"，例如，"其重点放在保护公共档案库房里的国家档案遗产，并以某种方式保护私人档案"。② 从这一调查中得到的结论是在各国的档案立法中都将私人档案纳入档案法的规范下。比较具有代表性的，例如：1912 年加拿大就已通过的《加拿大公共档案馆法案》，首次对"档案"给出了明确

---

① 参见 Library of congress, "personal Archiving", http://www.digitalpreservation.gov//personalarchiving/index.html。
② ［加拿大］威尔弗莱德·艾·史密斯：《总体档案：加拿大的经验》，丁媚编译，《档案学通讯》2001 年第 4 期。

的定义，它强调历史意义大于机构的价值；相比于文件所拥有的信息量，其载体、形式和来源都没那么重要了。《法案》中写到，公共档案馆应该包括政府文件、记录，以及其他任何类型、任何性质的具有历史价值的物品。1979 年法国颁布的《法兰西共和国档案法》（简称法国《档案法》）中规定："私人档案是任何自然人或法人，任何私人机构或部门，在自身活动中产生或收到的文件整体，不管其形成日期、形式和制成材料。"① 2004 年法国将《档案法》纳入《遗产法典》，使之成为《遗产法典（第二卷：档案馆）》；2008 年，该法又被重新修订。② （1）法国档案概念中将私人档案列入其中加以规定，如，档案是所有自然人和法人活动中产生或接收的，无论其产生时间、保存地点、存在形式、载体状态，所有文件的统称。（2）私人档案的定义使用排除法来定义："符合档案的定义，但不在公共档案范围内的其他所有档案的统称。"③ （3）对公共档案和私人档案统一立法，私人档案单列一章，详述了如何在不改变其所有权的前提下，行使国家对其的监控权利，管理中采取不同的管理办法。对私人档案的概念、收集、保存和保护单独进行规定。例如法国在私人档案的部分里，着重针对"经国家档案部门认定的具有公共价值的私人档案"的管理问题，这类对国家有历史价值的私人档案，在其所有权不变的前提下应受国家监管。它的买卖、转让等问题必须提前十五天报备国家档案馆，同时，未经国家档案机构许可，任何人不可以对其进行修改或窜改，法律规定允许这类私人档案可短期出境。采用注册形式，不改变其所有权。但是，注册之后国家有权对其行踪进行掌控，确保了国家对遗产的整体监控。此外，刑罚的范围既涉及公共档案，也同时涉及对国家有价值的私人档案，例如，经国家归档后的私人档

---

① 中国档案学会对外联络部、《档案学通讯》编辑部：《外国档案法规选编》，档案出版社 1983 年版，第 136 页。
② 参见王玉珏《遗产保护体系下的档案立法：法国〈遗产法典（第二卷：档案馆）〉解读》，《档案学通讯》2016 年第 4 期。
③ 参见王玉珏《遗产保护体系下的档案立法：法国〈遗产法典（第二卷：档案馆）〉解读》，《档案学通讯》2016 年第 4 期。

案的拥有者，私自转让或销毁其持有的私人档案，将被处以3年有期徒刑和45000欧元的罚款（Article，L214-6）等，通过加强惩罚措施，确保档案遗产的安全。明确了公共档案和私人档案不同的处理方式。总之，私人档案纳入国家文化遗产的范畴，在国家的权力下实施强有力的保护。①

---

① 参见周耀林《法国文化遗产保护高等教育探析》，《湖北大学成人教育学院学报》2006年第6期。

第三章　国家层面私人档案信息资源体系建设的理论基础

关于我国政府机关、社会组织形成的档案作为国家重要的档案资源加以建设的研究，特别是有关其社会价值、历史价值和文化价值的理论研究非常丰富，但是来自社会主体人产生的私人档案作为一种有价值的档案信息资源，从国家层面加以建设的研究目前尚存在空白。时代是思想之母，实践是理论之源，随着社会的发展和技术的推动，人的民主意识和主体地位不断提升，私人档案信息的存在和记录成为一种不可忽视的力量，参与式建构历史成为可能，实践的发展推动国家层面的私人档案信息资源建设需要从理论上加以深入研究。作为社会人参与社会或在社会中承担的角色是多元的，其影响力也是多方面的，因此，对于私人档案信息资源建设的理论基础，也应该从多学科的视角加以诠释。本书尝试从哲学、社会学、信息资源管理学、档案学、政治学等视角出发，阐述和分析私人档案作为一种重要的信息资源，从国家层面加以建设的理论基础。

第一节　以人为本的哲学理论基础

一　关于人的理解

私人档案的关键词涉及的是"人"。人是什么？我们应该从什么视角去认识和诠释他呢？早在古代，我国先贤就有对人的经典记述，如《礼记》中有言，"人者，其天地之德，阴阳之交，鬼神之会，五行之秀也"，它表达了由于人有这种来自本原的力量，所以人能够探究天地万物的奥秘，寻找其真理，能够在探寻思考中表达存在的意义，能够在心灵深处把握这个世界的本质，体验人生，这就是人的意义和价值。马克思认为："人是本质、是人的全部活动和全部状况的基础。"① 离开了这个基础就不可能理解现实的历史。创造历史的，是人，现实的、活生生的人。历史是人的活动的历史，离开现实存在的人的活动，也就无所谓历史。"历史不过是追求着自己目的的人的活动而已。"② 在马克思看来，历史是人的历史，而且是现实的、活生生的人的历史。历史作为客观过程并不具有目的性，但历史的客观过程又存在于现实的人的活动之中，是由追求人目的的现实的人的活动构成的，因此人是不应该被忽视的，档案正是人们在追求目的的现实活动中形成的各种形式的记录，反映和揭示的正是人的物质世界和精神世界——是人的本质揭示的一个方面。关注历史就是关注人，在关注人的全部活动中所生成的各种形式的有价值的记录中，人们可以更清楚地认识自我，反映和揭示人的本质，从这个意义上理解，私人档案的力量和作用是不容忽视的。私人记录就是记录在时代变迁、世事波折的背景下，人们所度过和经历的平淡、艰辛、欢乐、幸福并有精神守持的记录，让人们从中感到了平实亲切、本真的美好，以及生生不息的繁衍和奋斗历程。如果这些有关来自个体记忆的私人档案被有意识地建设并存留下来，将"能够为明天而工作，保证记忆的连续性，也就意味着把我们自己装入向未来发射的弹道内"③。这样，人们才会清楚我是谁，我从哪里来，我到哪里去，才能从"认识自我"到"实现自我"，实现人的全面发展。

二 人与社会的关系

社会是人的集合体，人是社会的人，人离不开社会，社会制约着人的存在，规定着人的属性。德国社会学家齐美尔认为，个人之间是

---

① 《马克思恩格斯文集》第1卷，人民出版社2009年版，第295页。
② 《马克思恩格斯文集》第1卷，人民出版社2009年版，第295页。
③ 刘越男：《加拿大国家档案馆档案的鉴定工作》，《档案与建设》1998年第12期。

处在不断地互相作用过程之中的，由个人的互相作用而联系起来的网络就是社会。从这个问题出发，人们都不能绕过著名的哲学三问——我是谁？我从哪里来？要到哪里去？人类各种有形的记录都在解释人是谁，从哪里来？只有知道了从哪里来，才能知道自己要往哪里去。从个人角度形成的各种形式的记录的留存、聚合叠加在一起，清晰地反映的就是一个相互联系起来的社会，也会自然而深刻地打上时代的烙印，因为人的历史发展与社会历史发展的阶段是一致的，因此，私人档案很自然地打上了不同社会发展阶段和时代的烙印，真切地反映着人的不同发展状态和社会的发展水平。

如果从哲学内涵考察，可以感知到，"以人为本中的'人'应包括：类存在意义上的人、社会群体意义上的人、具有独立的人格和个性的个人以及一切中国特色社会主义事业的建设者和劳动者"[1]。而私人档案正是记录和反映作为在社会群体中的具有独立人格和个性的人，以及一切中国特色社会主义事业的建设者和劳动者在参与社会活动和交往中的生存和发展状况，它记录着人平凡、琐碎而又多姿多彩的真实生活的样貌，它反映了人的生活、人的思想和人的经历过程。正如历史学家汤因比（Toynbee）所说："'有多少人，就有多少种思想。'每一个人都必须为自己辩护。"[2] 从这个意义上说，国家层面的私人档案信息资源体系的建设正是遵循以人为本的价值理念，体现人与人的关系，既要注重杰出贡献者的记录，也要关注普通大众和精英骨干产生的私人记录。因此，国家层面的私人档案信息资源体系建设坚持以人为本是具有哲学思想基础的。

三 国家层面私人档案信息资源体系建设真切地反映了以人为本

第一，相对于人对人的依赖、人对物的依赖而言，以人为本将人作为主体。私人档案是社会主体的自然人在社会活动中产生的有价值

---

[1] 韩庆祥：《解读"以人为本"》，《光明日报》2004年4月27日。
[2] [英] 汤因比：《论汤因比——汤因比与厄本对话录》，王少如、沈晓红译，上海三联书店1989年版，第180页。

的历史记录，相对于公共档案而言，以人为主体成体系地建设私人档案信息资源，会更加突出地反映个体的人与国家、社会、自然，以及人与人之间的关系，反映人生存和生活的意义，人的自由，人的全面发展的轨迹和状态，突出具有独立个性的人，以及一切中国特色社会主义事业的建设者和劳动者在创造历史中的价值和作用。以往国家档案资源建设更多的是反映组织、机构的发展以及职能的履行，即以"事"为中心的历史发展轨迹，难以全面真实地反映在社会发展中个体的人的主体性、人的思想和情感的真切表达。但随着社会的发展和技术的推动，特别是人民民主意识的提高，人民群众作为参与历史发展、创造的主体和价值主体能够得到统一，这也与习近平所指出的"坚持历史创造主体与价值主体的统一"，"坚持人民主体地位，不断实现好、维护好、发展好最广大人民根本利益，使发展成果更多更公平惠及全体人民"，这一思想恰恰是"以人为本"思想的重要落实，也是社会进步和文明曙光对每个人的照耀，它将促进人的健康发展，进而也会对社会发展产生着积极的影响和推动。因而国家层面构建并实施私人档案信息资源体系建设，将之纳入国家档案资源的建设中，让它在国家档案资源中将能够充分彰显人民群众参与历史发展和作为创造的主体和价值主体的统一，以弥补私人档案信息资源在以往国家档案资源建设中的缺失和不足，使"以人为本"思想在档案工作中得到充分体现和落实。

第二，相对于人被边缘化而言，"以人为本"将人看作一切事物的前提、最终的本质和根据。在以往我国国家档案资源建设中，存在着将人边缘化的倾向，更多地注重机构、注重政府履行职能过程中档案资源的建设，重"事"不重人，现在看来，这实则是缺乏"以人为本"的意识和对人的关怀，当然，这也是受制于我国经济社会发展阶段性的体现，是与社会一定的历史发展阶段相一致的。随着社会经济政治的发展，当今档案理论从国家档案观向社会档案观转变，就是将人作为一切事物的前提、最终的本质和根据，将社会中每个个体的人作为对象，从作为社会主体人的观念和人的维度出发，将"事"与人联系起来，全面建设国家档案信息资源，满足社会和人发展的需求，其呈现的是人是一切活动的主体和承担者，客观上要求明确把人理解为一切事物的根本和本质。国家层面的私人档案信息资源体系的构建就是从社会主体人的观念和人的维度出发，人与"事"完美地融合在一起，充分显示和表达历史的丰富性，这应该成为国家档案资源建设价值观实现重大转变的哲学思想基础，也为私人档案建设提供了理论支撑。

第三，相对于人作为手段而言，"以人为本"将人作为目的。以往一段时期我们往往较多地关注人以外的世界，而对人本身的世界关注不够，特别是对人的心灵所依关注不够，认为人总是为人之外的某种东西而存在，而不是为自己而存在。马克思说："意识在任何时候都只能是被意识到了的存在，而人们的存在就是他们的现实生活过程。"① 人类认识所能达到的只能是人类世界，即人类生活本身。人的生活世界就是由不断地追求着的实践活动、为着实现某种创造性价值目的的实践活动所构成的过程。社会的不断发展要求关注人的生活世界，关注人本身的生存和发展的命运，关注人们内在心灵的呼唤，这就是人类文明发展的重要标志。

私人档案更多地表达和反映了私人个体的情感和内心世界，"过去的事件只存活于档案记录和人类记忆之中"②。国家层面建设私人档案信息资源体系就是回归人的本质，全面和真实地记录和展现人的生活世界、人的内在心灵和情感，是对不断追求着的实践活动及为着实现某种创造性价值目的的实践活动所构成的过程的揭示。例如，由南非前总统纳尔逊·曼德拉（Nelson Mandela）的私人原始档案构成的《与自己对话》一书就是这种思想的体现，这本书在全球以21种语言和版本陆续出版，书中的私人档案包含日记、信件、演说、便条、草稿及个人思考笔记等，据说其中所有的手稿都未加任何删改。透过曼德拉未曾面世的私人档案，如狱中笔记、书信和谈话录音等，

---

① 《马克思恩格斯选集》第1卷，人民出版社2012年版，第152页。
② ［加拿大］特里·库克：《记录现代社会与档案鉴定》，李音摘译，《档案学研究》2012年第4期。

揭示了一个普通人的挣扎与反抗,在磨难中的坚持与斗争。在1994年出版的自传中,他曾形容,"这些手稿是一面镜子,人们能从中看到一个有血有肉的曼德拉"。曼德拉基金会负责人Verne Harris表示,这本书比其自传《漫漫自由路》更私人化,它向人们展示的,并不是作为圣人或者偶像的曼德拉,而是一个真实的人。正如曼德拉所言:"这些文档揭示了我的人生点滴,也揭示了与我一起生活的人的点点滴滴。"① 通过私人档案关注人的生活世界,关注人本身的生存和发展的命运,关注人的内在心灵和情感,进而关怀世界和人类的终极命运,凸显人的主体性,这应该是国家层面建设私人档案信息资源体系的价值体现。

第二节 社会记忆理论

一 集体记忆与个体记忆

社会记忆的研究首推法国社会学家哈布瓦赫(Habouac),自1925年他在《记忆的社会框架》一文中提出"集体记忆"(collective memory)以来,作为一种社会性存在的集体记忆开始被关注。此外,他在《论集体记忆》中阐发的关于社会记忆的一些经典词语和相关理论的研究内容,也被很多研究者反复引用,如集体记忆和个体记忆等,他一方面强调记忆的集体性,另一方面又强调了个体记忆的复杂性,以及他对个体记忆臣服于集体记忆框架之下的社会事实的担忧。他在"集体记忆"这一概念中指出,记忆发生在社会中并且经由个体所属的外在群体唤起,这种基于当下对过去意象的重新建构就构成了集体记忆。哈布瓦赫进一步指出"尽管集体记忆是在一个由人们构成的聚合体中存续着,并且从其基础中汲取力量,但也只是作为群体成员的个体才进行记忆"②。可见,在社会中集体记忆与个体记忆总

---

① [南非]纳尔逊·曼德拉:《与自己对话》,王旭译,中信出版社2011年版,第3—5页。
② [法]莫里斯·哈布瓦赫:《论集体记忆》,毕然、郭金华译,上海人民出版社2002年版,第39页。

是相伴而生的，实际是你中有我、我中有你，彼此相互依存、相互映照。这些观点对其后从事社会记忆研究的学者具有决定性的影响。陶宇指出："一个社会记忆是什么，如何记忆，映现社会的内在机能，彰显着时代的气质，甚至预示着未来的命运。从这个意义上讲，社会记忆不仅仅是历史的，同时也是政治的、社会的、文化的。也正因此，社会记忆受到不同学科的关注，成为极富学术生命力的研究领域。"① 社会记忆理论可以为国家层面私人档案信息资源体系的建设提供理论支撑。

二 档案记忆观纳入社会记忆观念理论框架

社会记忆受到档案学研究领域的关注是在 1950 年第一届国际档案大会上，国际档案事理会第二任主席、法国国家档案局局长夏尔·布莱邦（Charles Brabant）指出："档案是一个国家、省、行政机关的记忆，档案馆保存的是一个国家最宝贵的东西，即一个国家的历史证据和作为国家灵魂的材料。"② 档案是最宝贵的作为历史证据和伴有灵魂的记忆。"记忆"成为档案界的一个重要概念的提出是在 20 世纪 90 年代以后，1992 年联合国教科文组织倡议并实施了"世界记忆工程"项目，它的目的是实施联合国教科文组织宪章中规定的保护和保管世界文化遗产的任务，促进文化遗产利用的民主化，提高人们对文献遗产的重要性和保管的必要性的认识。我国世界记忆工程国家委员会于 1995 年成立，时任国家档案局副局长、中央档案馆副馆长郭树银曾担任中国世界记忆工程全国委员会的主席。世界记忆工程关注的是文献遗产，具体讲就是手稿、图书馆和档案馆保存的任何介质的珍贵文件，以及口述历史的记录等。这些被称为文献遗产的手稿、珍贵文件、口述历史记录本身就是珍贵的档案，被纳入世界记忆工程范围加以保护和保管，成为人类共有的文化遗产。至此，档案向人类敞开

---

① 陶宇：《时空的镜像：社会记忆的理论谱系与研究推进》，《长春工业大学学报》（社会科学版）2012 年第 5 期。

② 黄坤坊：《第一届国际档案大会》（连载一），《档案》1995 年第 1 期。

并显示了它记忆的原生性特征,这种珍贵的特征缘于档案是社会活动的直接记录、原始记录,是构建社会记忆的重要组成部分,档案记忆观从此逐渐为档案学界所重视。1996年在我国召开的第十三届国际档案大会上,"档案记忆"成为理论热点。2000年在西班牙召开的第十四届国际档案大会上,西班牙国王胡安·卡洛斯在开幕式讲话中指出:"档案馆是保存人类记忆的各种表现形式,是保存社会记忆、个人记忆的最权威场所。"① 2001年11月由中国人民大学主办的"中国首届档案学博士论坛国际学术研讨会",其主题便是"21世纪的社会记忆"。冯惠玲教授指出:"本次论坛的主题'21世纪的社会记忆'既注释了档案事业一如既往的历史职责,更表达了档案学者对未来严肃而认真的思考。"② 2004年在奥地利召开的第十五届国际档案大会的主题更是直接地指向记忆,从"档案、记忆与知识"这一主题中可以看出,全世界的档案工作者正逐渐把档案记忆——社会记忆观念纳入理论框架和实践范畴加以研究和实践,从档案工作角度越来越自觉地参与到社会记忆的建构、维护与传承中,并将其视为重要的职业责任和使命。社会记忆观的引入,使档案、档案工作和档案学研究领域不断扩展,档案成为社会记忆的重要组成部分得到广泛认同,社会记忆观也逐渐成为档案学科的理论基础。

三 社会记忆中不能缺少作为个体记忆的私人档案

社会记忆本身应该是多层次、多维度的,私人档案属于个体记忆,它从个体视角看待世界、诠释世界,并把所感所思所想记录下来,由此形成的记忆是社会记忆的重要组成部分,彰显了人的主体性对社会各项活动的参与、认识及表达,因此它同样参与着社会记忆的构建。丁华东教授指出社会记忆分为不同的类型,"由主体的分层出发,针对档案记忆的形成者,我们可以大体划分为国家记

---

① [西班牙]胡安·卡洛斯:《第十四届国际档案大会上致词》,载《第十四届国际档案大会文集》,中国档案出版社2002年版,第7—8页。
② 冯惠玲:《21世纪的社会记忆——中国首届档案学博士论坛文集序》,中国人民大学出版社2001年版,第12页。

忆、组织记忆和个体记忆。国家记忆是各级国家机关在国家管理活动中形成的档案记录；组织记忆是社会各类组织在社会生产和管理活动中形成的档案记录；个体记忆是个人在生产生活中形成的档案记录"①。因此，从主体分层出发，国家记忆、组织记忆是社会记忆的一部分，但不是全部，它还应该包括来自社会主体的普通大众记忆、精英骨干记忆和杰出贡献者记忆——构成了私人档案信息资源体系的全部记忆，它可以从个体的人的视角将参与社会实践活动的认识和思考记录下来，以日记、笔记、书信、报告等文献材料，再与照片、录音、录像融合，利用现代化各种技术手段，形成、制作成电子文件或数字形式的各种多媒体档案呈现于社会，成为社会记忆的重要组成部分，因此可以说，国家记忆、组织记忆和个体记忆反映的是不同的社会主体的记忆，他们相互依存、相互印证，缺一不可。加拿大档案学者特里·库克指出："档案被视为关于过去、历史、遗产、文化，关于个人根脉和家族关系，以及关于我们是谁的被建构的记忆，它们连接着过去，使我们得以窥见人类共同的轨迹。"② 从这个意义上说，档案作为社会记忆中最有力的原生态的信息资源，应该是能够反映整个社会主体的社会存在，"残缺"的记忆绝不是一种理想的存在状态。

但是一直以来，私人档案在构建社会记忆中的作用是被忽视的，特别是在国家档案资源构建中存在着严重的缺失。张宏指出："从新中国成立初期到'新时期'以前的主流叙事行为是一种自觉的且为主流意识形态话语所规范的象征行为。"③ 这种思想同样存在于国家档案信息资源的构建上，私人档案之所以一直没有在国家层面的档案资源建设中占有一席之地，是因为掩藏在其后的是错综复杂的社会历史背景，代表了各种社会意志，正是在这样的背景及意志的指导与要求下，受当时主流价值观和权力的约束，造成了私人档案信息资源在

---

① 丁华东：《论档案记忆的结构与特点》，《浙江档案》2013年第5期。
② [加拿大] 特里·库克：《四个范式：欧洲档案学的观念和战略的变化》，李音译，《档案学研究》2011年第3期。
③ 张宏：《新时期小说中的苦难叙事》，中国传媒大学出版社2009年版，第13页。

国家档案资源构建中缺失的境况。

新时期伴随着国家、社会观念的不断转化，尤其当私人化的记忆以文本的形态呈现时，"正是社会学的想象力启发我们'将私人生活中的个人困扰与社会变迁和历史制度建立关联'，从而增进对整个社会的认识和解读的时刻到了"①。私人档案将个人、家庭与国家、社会紧密地联系起来，深刻地记录并反映社会主体的每个人、每个家庭与国家、社会休戚与共的情怀、责任和使命，"修身、齐家、治国、平天下"，是社会主体关系有机结合的最好写照，是国家治理的重要基础。刘亚秋指出，"个体记忆中蕴含着丰富的思维记忆。在权力关系上并不全然是集体记忆支配个体记忆，两者在很多情况下表现为共谋关系。个体完全具备一种主体性，即从集体记忆中获取资源，来讨论个体的历史问题，或者从个体记忆中获取资源，去修正集体记忆的舆论"②。私人档案的丰富性、主体性、互补性和不可替代性彰显了个体记忆的特性。

正如巴斯迪安和亚历山大（Ben Alexander）在他们的新书《社会档案：记忆的塑造》中所言，"档案是关于塑造和分享记忆的，借助记忆，社会群体找到认同并由此获得力量"③。私人档案作为个体记忆在建构社会记忆中重要且不可替代的记忆，不仅能够与其他社会主体的记忆融合在一起共同构建完整的社会记忆，还能起到互补互证互动的重要作用。

正因为如此，私人档案的个体记忆特性明确显现出其参与构筑社会记忆和历史的重要价值和社会作用。社会记忆理论为国家层面私人档案信息资源体系的构建提供了重要的理论基础。

---

① 周永康、李甜甜：《记忆的微光：社会记忆中的个体记忆》，《名作欣赏》2015年第18期。

② 刘亚秋：《从集体记忆到个体记忆对社会记忆研究的一个反思》，《社会》2010年第5期。

③ ［加拿大］特里·库克：《四个范式：欧洲档案学的观念和战略的变化》，李音译，《档案学研究》2011年第3期。

第三节　信息资源管理理论

一　信息资源管理理论的缘起

信息资源管理是最初应用于政府部门的文书管理领域和工商行业的企业管理领域，20世纪70年代末80年代初，在美国首先发展起来，然后逐渐在全球传播开来的一种应用理论。① 1979年曾担任美国联邦日常文书工作委员会信息管理研究指导者的霍顿（F. W. Horton）率先提出了"信息资源管理"概念，他指出，"信息资源从本质上说是一种信息，它不同于信息源，可以说万物皆是信息源（信息资源本身也是一种高纯度的信息源）但唯有可利用的信息才构成信息资源"。"信息资源管理属于资源管理，是把资源管理的概念拓展应用于数据、信息和知识的管理上的结果。"② 这里他强调了作为资源的信息的价值在于它的有用性或可利用性。之后的许多学者研究也基本沿袭了这一观点和认识，而且还进一步深化。我国学者20世纪80年代末开始研究关注和研究信息资源管理问题，代表人物是卢泰宏和孟广均，他们合作推出的"信息资源管理专集"，对国外信息资源管理研究进行了全面系统的评价，被学界称为我国信息资源管理研究的里程碑式的文集。关于"信息资源管理"的定义有很多种，本书采用信息资源管理是："指管理者为达到预定的目标，运用现代化的管理手段和管理方法，探索信息资源在经济活动和其他活动中的利用规律，并依据这些规律对信息资源进行组织、规划、协调、配置和控制的活动。"③

信息资源管理有狭义和广义之分。狭义的信息资源管理是指对信息本身即信息内容实施管理的过程。广义的信息资源管理是指对信息内容及与信息内容相关的资源如设备、设施、技术、投资、信息人员

---

① 参见孟广均等《信息资源管理导论》，科学出版社2003年版。
② 孟广均等：《信息资源管理导论》，科学出版社2003年版，第41—50页。
③ 张凯：《信息资源管理》，清华大学出版社2005年版，第12—13页。

等进行管理的过程。本书主要是研究国家层面信息资源体系的建设所开展的一系列相关活动,比如计划、组织、协调、控制等,应该属于狭义信息资源管理范畴。

二 私人档案符合信息资源的构成要素

一般认为信息资源从本质上说是一种信息,是一种附加了人类劳动的信息,与公共档案相对而言,个人档案即本书所称"私人档案",是指作为社会主体的个人在社会活动中形成的有价值的各种载体的历史记录,它是一种附加了人类劳动的信息,它的内容与载体十分广泛,与各类组织产生的公共档案相比较,有自己的特性,既包括书信、日记、回忆录、文稿、笔记、家谱、手稿、证书、账册等文献信息,也包括纸张、音频、视频、照片、口述档案等各种载体的档案,还包括个人的微博、博客、微信以及各种以数字形式形成的档案信息。这些私人档案信息是人在社会活动中的智力活动并以符号形式产生的各种形式的记录,因而也就形成了记录内容丰富且类型多样的档案信息。"信息资源由信息、人、符号、载体四种基本要素构成"①,私人档案信息作为信息的一种,符合信息资源的构成要素,因此也可以将私人档案信息称为私人档案信息资源。

三 国家层面私人档案信息资源建设属于宏观管理活动

私人档案信息资源是从个体的人的视角在记录个人生活的同时,也记录和反映社会的变迁,承载、展现、传播着社会文化,总体上侧重于反映社会生活的微观层面,属于社会信息的一种,"社会信息是人类社会活动的重要资源,是社会构成要素和演化动力的重要部分"②。私人档案作为社会信息资源,需要人对之进行规划、组织、协调、控制,进而充分发挥私人档案信息资源的价值和作用。人们"普遍认为没有组织的信息不再是一种资源,因此需要加强对信息的

---

① 孟广均等:《信息资源管理导论》,科学出版社2003年版,第41—50页。
② 孟广均等:《信息资源管理导论》,科学出版社2003年版,第41—50页。

管理"①，从这个意义上来讲需要对私人档案进行建设，档案信息资源的建设属于管理活动，信息资源管理活动作为一种普遍的人类活动，在国家政府的宏观层面，信息资源管理活动主要体现为政策、法规主导的调控管理。

本书提出国家层面建设私人档案信息资源体系，就是国家加强私人档案信息资源管理的重要方面，国家从宏观方面主要围绕私人档案信息资源进行分层建设，既包括信息资源本身的建设，也包括围绕信息资源分层构建过程中而采取的一系列计划、组织、协调、控制与服务等管理要素的参与，两者共同构成私人档案信息资源体系，从而实现私人档案信息资源的建设和有效管理。国家从宏观角度协调私人档案信息资源与形成者，以及个人与国家、社会的关系，需要国家档案行政管理部门制定统一的规划、法律法规、制度，组织落实以及采用相关的技术手段实施建设，以保护和完善私人档案信息资源体系的构建，使之纳入国家档案资源的建设中，作为一种推动经济社会发展的资源，充分发挥其作为社会信息的历史价值、社会价值和文化价值。因此，信息资源管理理论为国家层面的私人档案信息资源体系的建设提供了重要的理论支撑。

第四节　档案价值理论

一　私人档案具有档案的共同价值形态

档案的价值主要是指档案对人的有用性的关系。档案的原始记录性是其本质属性，私人档案是在社会活动中产生的，它的产生首先是为个人的需要而形成，主要是为个人所使用，但作为社会的人在参与社会活动中，又与社会形成了千丝万缕的联系而形成了档案，哈布瓦认为，个人记忆是社会决定的，只有在社会中人们才能获取他们的记忆，也只有在社会中人们才能回忆，认同其回忆以及使记忆找到自己的位置。因此，私人档案不仅仅表现为私有、私用，也常常体现了它

---

① 孟广均：《关于情报、工程、信息业》，《情报业务研究》1985 年第 1 期。

的社会性的一面，个体的记录本身就是参与社会、融入社会的印记及表达，即不仅仅体现为个人的在场和存在感，也同时需要与家人、朋友分享，需要向社会、向外界表达，需要珍贵的资源也能为社会、国家所用的情怀，同时社会、国家也需要将个体的认知和记录，融入社会，以体现不同历史阶段的个体与社会、与国家的互动，丰富和完善已有的档案信息资源体系。从价值形态上看，私人档案除具有档案这一事物的共同的价值形态，如原始凭证价值和情报参考价值以外，还有一些自身显露的独特价值能够作为其有用性的价值判断基础和理论依据。

二 私人档案具有人文价值

私人档案的有用性比较突出的表现是一种具有人文价值的资源，"人文资源的一个基本特征，是它反映着人的思想、知识、能力和行为甚至感情和愿望，具有鲜明无形的精神性质，在生产过程中主要是用来增加产品的文化和知识的附加值"[①]。私人档案的形成带有人的思想、情感、愿望的表达，蕴含着心灵和个性特征，它与党和政府机关形成的公务、公共文件内在规定性的要求相比具有截然不同的特征，例如陈墨指出："个人记忆中不仅可提供公共历史信息，更多的是有关个人生活、情感经历、心灵历程、社会关联、语言特性、个性心理、身体状况乃至记忆方式、记忆能力、表述方式和表述能力等多方面的信息。个人记忆可以提供人类生活的丰富数据和信息，是包括历史信息在内的广义的人文资源。"[②] 各种类型、载体的私人档案，其表达的不仅仅是载体和工具的自身价值，更重要的是通过物质表象表达出的"精神灵魂"的人文价值，这种人文价值是私人档案内在的根本价值，体现了文化内涵，也正是这种人文价值与组织机构形成的公共档案、集体记忆的不同特征，显示的历史价值、社会价值、文化价值、知识价值等都包含于人文价值之中，也正是这种富有思想、

---

① 王子平、冯百侠、徐静珍：《资源论》，河北科学技术出版社2001年版，第22页。
② 陈墨：《口述历史：个人记忆与人类个体记忆库》，《当代电影》2012年第11期。

情感、心灵和个性特征的私人档案，凸显了其在国家档案资源构建中的特色和重要价值，弥补了人们在国家的档案资源建设中寻找、感受思想和情感的认同以及心灵慰藉和交流的不足，例如"加拿大安大略省档案馆馆藏中民间和私人档案全宗多达4000多个，与政府机构档案的全宗数量基本持平，而且文件数量也在馆藏档案占相当的比重，馆藏档案多元而丰富"①。从这一点也可以看出，私人档案信息资源与国家已建设的公共档案"和而不同"、相得益彰正是其人文价值的彰显和独具魅力的特色所在。

三 私人档案的价值体现在连续性

私人档案的有用性在于它的连续性。档案资源的连续性使人们对于一事物的了解得以全面而深入。这一点谢伦伯格（Thodore Rooserve Schellenberg）在《现代档案——原则与技术》中有所提及，"他提出詹金逊认为对于档案的特性来说实质性的要素是同档案的保管有关。只有在不间断的保管这一事实得以成立——至少是对于这一事实'合理推断'得以成立的条件下，积累起来的文件才能称为档案"②。持续的积累和保存是私人档案价值的体现，私人档案信息资源若能够体现其连续性的积累和保存，将会使其价值更大。例如，河北一位普通农民连续48年写日记，反映了我国48年来，不同社会发展阶段农村政策的更迭对现实的影响以及农民的生存状况；又比如关注和反映老科学家一生的成长过程而形成的档案，都显露出这种连续的积累形成的私人档案包含的价值是其他信息资源无法替代的。从另一个侧面也反映出，关于私人档案信息资源的价值判断，不能简单地按照主体人在社会中的地位的高低来简单衡量其价值的大小，而需要持续地多维度、多视角、多层面，即以多元观去考察私人档案信息资源的价值，纳入国家档案资源建设的私人档案信息资源成体系地建设将使其持续

---

① 于晓庆：《加拿大、美国档案工作印象及启示》，《档案与建设》2012年第12期。
② ［美］T. R. 谢伦伯格：《现代档案——原则与技术》，黄坤坊译，档案出版社1983年版，第19—20页。

性得到保障。

四 私人档案的价值体现在稀缺性

私人档案的有用性还表现为它的稀缺性。稀缺性是资源的基本特征。在国家档案资源建设中私人档案资源一直是缺失的，仅有很少的名人档案被收集和建立了名人档案全宗，在对各综合档案馆的调研中，名人档案占馆藏量的比例很少很少，除了名人档案以外，其他普通大众的档案更是空缺。作为私人档案信息资源在国家档案资源以往的建设中确实是稀缺的，虽然也有的私人档案是在图书馆、文化馆、民间组织或个人手中保存，但这些单位、组织或个人收集保存下来的这类档案数量也很少，相对于体量较大的私人档案信息资源而言，其在档案馆或相关机构中存世量极为稀少，例如上海图书馆是中国家谱保存数量最多的单位，现有1949年以前的家谱11700种，近10万册；中国人民大学图书馆的家书也仅仅4万件书信，这与我国作为人口大国及各个不同时期产生的各种类型的私人档案信息资源数量相比显得极不相称，所以可以说私人档案是珍贵稀有的档案信息资源。

这种稀缺性的存在具有一定的相对性，主要是传统的档案资源建设中体现的国家档案观过于强调国家，所处的历史阶段更加注重政府、机构，而忽视了人的主体作用和发展需要，因此可以说是受思想观念、社会历史发展阶段的限制而造成的短缺。对私人档案信息资源建设长期的放任和忽视，造成了对国家和社会具有价值的私人档案的失存、失有和失控状况的存在。在新的历史条件下，通过符合时代发展的新的档案观、资源观、档案记忆观的建立，国家需要重新认识私人档案信息资源的价值，建立相应的法律法规、制度及投入人、财、物，并加以落实，相信将会彻底改变私人档案信息资源在国家档案资源建设中的稀缺状态。

五 私人档案的价值体现在使用的连带性

私人档案的有用性还表现为它的使用的连带性。"资源使用的连带性是指不同资源形态之间在使用上互相连带、互相制约的关系。"①即认识资源的价值，需要将各种资源形态放到资源体系中加以综合考察。这是因为，现实社会发展中产生的资源，都是以具体形式存在并发挥着作用的，它们之间不仅存在着密切的联系，在发挥作用的过程中，也是相互依存和互相制约的。档案资源是在社会活动中产生的，人是社会关系的总和，私人档案信息资源是在国家和社会的历史大背景下产生的，尽管来自国家机关、社会组织、个人的不同档案资源都是相对独立的，有着各自具体的存在形式和功能，但他们在使用上表现出的连带关系、制约关系会影响其价值的发挥却是不可忽视和否认的。政府机关及各组织形成的档案资源是一个国家的重要档案资源，具有宏观性，显而易见是不可替代的；私人档案虽然更侧重于细节的表达和描述，具有微观性，但同样是不可替代的，两者的价值体现是宏观为微观提供了大的历史场景和基本条件，微观是在宏观大的格局背景下的具体表达，宏观需要微观细节的生动表达和展现，宏观与微观相互连带、相互依存，相互补充，相互印证和互动，否则，也会影响和制约两者的价值实现。从这个意义出发，来自国家机关、社会组织和个人社会活动中形成的有价值的历史记录构成的国家档案资源才能真正彰显一个国家档案的价值所在。总之，从以上价值的认识中可以看出私人档案与国家、社会的关系是密不可分的，是相互依存的关系，它体现的社会性，以及涉及的公共利益也是显而易见的。因此，价值理论为国家层面的私人档案信息资源体系的建设提供了重要的理论支撑。

第五节　治理理论

一　治理理论是国家治理的元理论

治理理论是公共服务领域引入多元主体共同参与的依据，它强调在公共领域和社会管理中引入多种主体的共同参与，通过多元主体的

---

① 王子平、冯百侠、徐静珍：《资源论》，河北科学技术出版社2001年版，第31页。

合作与协调，实现公共资源的优化配置和公共利益的最大化。党的十八届三中全会，将大社会管理改为社会治理，体现在理念、目标、主体、手段与过程上的本质差别，与传统社会管理相比，社会治理的逻辑是以政府为主体，以法治为根本，通过多方参与和协商互动，寻求社会事务的"善治"。

治理理论作为国家治理的元理论，从学理上讲，是一套用于解释现代国家和社会结构之间的关系及其变化特征的规范性分析框架。"治理是其核心概念"，全球治理委员会将其界定为："治理是各种公共的或私人的个人和机构管理其共同事务的诸多方式的总和，它是使相互冲突的或不同的利益得以调和并且采取联合行动的持续的过程；这既包括有权迫使人们服从的正式制度和规则，也包括各种人们同意或以为符合其利益的非正式的制度安排。"① 因此，根据治理理论，国家治理是现代国家和社会的一种新型关系，二者在互动博弈的基础上形成对社会事务的"协作共治"。

习近平总书记指出：我国致力于推进国家治理体系和治理能力现代化，一方面，推进国家治理体系和治理能力现代化，就是要适应时代变化，既改革不适应实践发展要求的体制机制、法律法规，又不断构建新的体制机制、法律法规，使各种制度更加科学、完善，实现党、国家和社会各项事务的治理制度化、规范化、程序化；另一方面，这又是完善和发展中国特色社会主义制度的必然要求，是实现社会主义现代化的应有之义。②

二 国家层面的私人档案信息资源体系建设即实施国家治理

国家层面的私人档案信息资源体系建设的主题词是"国家"。政治学意义上的国家，指的是现代民族国家建构，它是一种拥有治理整个社会的权力的国家机构，在一定的领土内拥有外部和内部的主权，

---

① 张再生：《公民参与社会管理创新的机制与对策研究》，《理论探讨》2012年第5期。
② 参见习近平《切实把思想统一到党的十八届三中全会精神上来》，《人民日报》2014年1月1日。

政府是其主要标志，狭义的国家定义与政府同义。① 本书所论国家层面的私人档案信息资源体系建设中的国家，主要取狭义之国家定义，即政府，具体是指我国档案行政领导机关——国家档案局，根据《档案法》第六条规定"国家档案行政管理部门主管全国档案事业，对全国的档案事业实行统筹规划，组织协调，统一制度，监督和指导"。《档案法》赋予了国家档案局管理全国档案事务的职责，个人产生的具有国家和社会价值的私人档案是属于《档案法》的法定档案范围的，档案行政管理部门依法享有对其进行监控和服务的权力，不能因其监管和服务的难度大，就放弃对其监管和服务的权力，致使私人档案失存、失有、失控。这就要求档案行政管理部门要依法承担起对私人档案的监管和服务职责，把重要的有价值的私人档案纳入法制化监管和服务范围。国家建设私人档案信息资源，并将之纳入国家档案资源规划建设中，是法律赋予的以国家档案局为主导建设私人档案信息资源体系的责任和使命。由于私人档案来源广泛且多样，即档案形成的主体涉及的范围较广且复杂，当然这其中毫无疑问的是私人档案的形成者个人是主体，以及由于各种历史原因还包括与私人档案形成者利益相关的人、组织和目前已经将私人档案作为藏品的图书馆、博物馆、高校、科研院所以及一些社会文化组织或个人等。基于这样的一种现实情况，私人档案的私人属性及其来源多主体的复杂关系，决定了私人档案的管理不同于国家所有的公共档案的管理，私人档案信息资源体系的建设，在尊重其私有特性及多主体的基础上，国家采取治理的方式更加适应私人档案信息资源本身的特性，也更加符合时代的发展要求。

在现代国家治理体系下，国家的治理并不同于自主的管理，而是需要通过政府联合多主体依据相应的法律、法规、制度和协商、合作加以治理。依据治理理论，私人档案信息资源体系建设国家层面的治理包括两层含义：一层是针对私人档案私有性、广泛性的特点以及现存的状态，以国家档案局为主导，联合包括私人档案形成者个人在内

---

① 参见逄锦剧、陶得麟等《马克思主义基本原理概论》，高等教育出版社2007年版。

的多主体参与协商、合作的共治方式；另一层是国家层面的治理是以法律、法规、政策、制度以及组织、技术和服务等手段为保障，从而实现国家层面对私人档案信息资源体系的治理。这样治理的结果是国家不仅为私人档案信息资源的建设提供了有益的生态环境，同时也能够通过保护使其充分发挥并实现价值。例如，从前文中可以看到加拿大提出了"总体档案"的概念，其核心是档案从政府扩大到非公共组织、集体、经济企业、家族和个人。档案工作者在合作治理中把他的责任放大到全部档案历史遗产，使加拿大生活的每一方面都得到充分的记录。在1982年加拿大公共档案馆的使命中更清晰地表达出来，有系统地保护加拿大国家重要的政府和私人文件，这个"系统的国家收集计划"，旨在"定位并获得于国家重要的私人手稿"。第一方面，阻止公民和团体破坏重要的档案，过去这种破坏档案的行为使历史上留下了许多空白；第二方面，通过与公众以及各种协会、团体协作保护档案文件。[①] 加拿大在国家合作治理中体现了包括私人档案在内的总体档案的建设，其做法是值得借鉴的。

新的环境下，我国档案资源建设在治理理论的指导下，实施国家治理，国家档案局将私人档案信息资源体系纳入国家档案资源建设中，成为覆盖人民群众档案资源体系的重要组成部分，进一步完善了国家档案资源建设，充分发挥了私人档案信息资源在国家、社会和个人工作、生活和发展中的作用和价值，实现了国家文化遗产的保护。这是在国家现代化治理体系下，国家档案局汇聚、联合社会各方力量尝试探索国家档案资源建设的一种体制创新，即从单一的档案部门业务协同，拓展到跨领域和跨部门的社会管理协商合作共治，具有一定的包容性和开放性，它跳出了国家档案资源建设思维的窠臼，治理理论成为新时代档案资源建设实现国家治理重大改革的理论基础。

---

① 参见 R. S. Gordon, "The Protocol of SNAP: Demarcation of Acquisition Fields", *The Canadian Archivist*, April, 1973。

第四章　我国国家层面私人档案信息资源体系建设的重大战略价值

第一节　体现了人民群众是历史创造者的主体地位,同时是实现中国梦伟大进程中人的创造价值、作用和轨迹的统一

马克思在《政治经济学批判》导言中指出:"主体是人,客体是自然,这总是一样的,这里已经出现了统一。"① 马克思主义唯物史观的根本原理强调,人民群众是历史发展的动力、主体。人民群众既是创造社会物质财富和精神财富的动力、主体,也是进行社会变革的动力、主体。"坚持以人民为中心","民为邦本,本固邦宁",人民群众是历史的创造者,是推动历史发展和社会进步的永恒主体和实践动力,坚持"以人民为中心"的发展就是坚持人民的主体地位。作为现实的每个人,他们在实现中国梦伟大实践活动中既是积极的参与者、主动的创造者,也是创造成果的惠及者,更是创造与成果的忠实记录者、见证者、传播者和传承者。他们是社会的主体,作为社会主体的每个人的生命都有不可替代的独特价值,特别是每个人在参与社会的发展和社会的创造中所形成的各种形式的私人档案同样具有不可替代的独特价值,个体记忆价值的丰富性,远非公共历史及其口碑史料所能涵盖的。意大利作家卡尔维诺(Calvino)指出:"我们是什

---

① 《马克思恩格斯选集》第 2 卷,人民出版社 1995 年版,第 3 页。

么?我们中的每一个人又是什么?是经历、信息、知识和幻想的一种组合,每一个人都是一本百科辞典、一个图书馆、一份物品清单、一本包括了各种风格的集锦。"① 在复杂多变的世界中个体记录的呈现,带着环境和时代所赋予的特有烙印,极为具体、极为丰富,又极具典型性。因此,汇集了来自社会各个层次的私人档案而构建的私人档案信息资源体系,是国家从最广大人民群众的需要出发,建构覆盖社会主体各层级的人在社会活动中形成的历史记录;是从社会主体的视角记载和反映社会个体的人在追求中国梦的伟大实践中,参与创造物质财富和精神财富和参与新时代的社会变革的过程中,从多元视角记录下来所呈现的各种形式的历史记录和真实样貌,将深刻地反映每个人、每个家庭生存和发展的状况,实现中国梦的夙愿、追求和创造,以及他们与国家、社会发展休戚与共的紧密关联,在这一过程和关联中体现了每个人存在的真正价值和真正意义。国家层面将有价值的私人档案信息资源汇聚在一起加以建设,它将作为一个重要的精神财富留给社会,它可以超越每个个体的生命存在,不仅能够成为丰富的社会记忆、思想文化资源,成为国人振兴民族精神、增强文化自信,实现中国梦的伟大实践的精神动力,更能形成文化认同、社会认同,将之传承下去,助力一代又一代中华儿女为实现中国梦而坚持不懈地奋斗。

因此,私人档案的重要价值和作用是通过私人档案的记录来真切地反映在中国共产党和政府的领导下,人民群众作为主体参与创造、发展的点点滴滴汇聚在一起的奋斗历程,以及所分享的成果和所获得的惠泽。伟大的事业不仅需要来自党和政府各组织宏观层面的真实的档案记录,同时也呼唤来自微观层面个人的涓滴般的档案记录,它将超越个体生命的存在,以档案方式实现文化的守护和文明的传承。因此,从国家层面来建设私人档案信息资源体系本身,就是对人民群众是历史创造主体的坚持和维护,它

---

① [意]伊塔洛·卡尔维诺:《美国讲稿》,萧天佑译,译林出版社2012年版,第118—119页。

能够在中华民族伟大复兴的中国梦进程中实现历史创造主体与价值主体的完美统一。

第二节 私人档案信息资源是中华民族宝贵的文化财富

中华文明向来把人作为文明的核心，作为国家档案的行政领导部门——国家档案局负有监督指导全国档案工作的责任和使命，在这样一个时代里要利用一切资源，包括私人档案信息资源充分发挥其文化资源的价值，服务中华民族伟大复兴的中国梦。私人档案是人们在社会活动和生活中形成各种形式的真实记录，是从社会主体人的维度的关照，其中付出了人们大量的劳动，带有强烈的私人情感和思想特征，"发挥着感激和忠诚的作用，因而是连接共同体的纽带"[①]，带有中华民族独特的文化标识，是社会文化的根基，是一个国家不可替代的宝贵的文化资源，也是中华民族文化软实力的积淀。每个人离不开他所处的时代和地域，具有不同的精神追求，私人档案能够以时空为坐标从微观视角以小见大，以传播中华文明精要、弘扬民族文化精神为目的，从"小切口、大背景，小故事、大道理，小人物、大主题，小细节、大情感"的角度，起到以文化人，唤醒良知的作用。它更可以超越时空，代代相传，凝聚中国力量——中国各族人民大团结的力量，实现中国梦，为中华民族的生存和发展强基固本，乃至成为人类社会发展所依托的不可或缺的精神动力和文化财富。

正视私人档案信息资源蕴含的信息价值和文化价值，也就认识到了国家层面建设私人档案信息资源体系的重要价值所在。

---

① 郭景萍：《社会记忆：一种社会再生产的情感力量》，《学习与实践》2006年第10期。

第三节　对国家和社会有重要价值的私人档案信息资源存世数量严重不足，极为稀缺，这部分资源愈显弥足珍贵

在信息社会中，信息资源在一定意义上已经成为社会生产力发展所必需的核心资源。社会的发展、经济的增长已经从资本、土地和劳动扩展到技术、知识和信息。信息作为一种可以无限利用的生产要素，能够产生递增收益、拓展增长源泉，促进经济社会的可持续发展。私人档案作为一种社会信息同样具有信息资源属性，它代表了中华各民族人民在中国共产党的领导下，生生不息地繁衍、发展的真实记录，这是人民大众自己产生的资源，在数量上和规模上举足轻重，在反映社会活动全貌上更是不可或缺，它的价值将给人类回忆过去、理解当下，走向更美好的未来，带来精神动力和增值效益。在新时代，人民的需要已经从物质文化需求发展到对美好生活的需要，特别是在数字时代，"公民拥有新的力量和新的声音，他们借助各种令人兴奋并具有潜在档案性的新数字社会媒体，留下了人类生活和人类生存意义的足迹"[①]。正像习近平总书记强调的"站在九百六十多万平方公里的广袤土地上……拥有十三亿多中国人民聚合的磅礴之力"，因此，覆盖人民群众的私人档案信息资源体量应该是非常庞大的，但是受历史传统和社会经济政治发展阶段等诸多因素影响，国家层面的私人档案信息资源建设受到忽视，长期失于建设，致使国家档案资源体系一直存在结构性缺陷，即"重公轻私、重事轻人，重官轻民、重宏观轻微观"。私人档案信息资源失存、失用、失控现象严重，存世数量严重不足、极为稀缺，这就使得私人档案信息资源更加弥足珍贵，建设私人档案信息资源体系更具备国家层面的战略价值。

---

① ［加拿大］特里·库克：《四个范式：欧洲档案学的观念和战略的变化》，李音译，《档案学研究》2011年第3期。

第四节　坚持以人民的利益为中心谋划档案工作，是实现国家档案观向社会档案观的重大转变

新时期国家档案局在"十三五"发展规划中提出继续实施"以人为本、服务为先、安全第一"战略，深入推进"三个体系"建设，加快完善档案治理体系、提升档案治理能力，为夺取全面建成小康社会决胜阶段的伟大胜利作出积极贡献。这为新的形势下国家建立覆盖人民群众的档案信息资源体系进一步指明了方向。国家层面的档案信息资源建设在价值取向和理念方面充分体现"以人为本、服务为先、安全第一"。从本质上说，国家档案信息资源建设是"以人民的利益为中心"，围绕着人来建设档案信息资源，档案工作的服务理念也发生了重大转变，工作重心和战略部署由国家档案观向社会档案观转变。

私人档案是作为社会主体的自然人在社会活动或个人活动中形成的有价值的各种形式的历史记录，是宝贵的档案信息资源，理应纳入国家的档案资源建设规划中加以建设。虽然我国公共档案信息资源体系建设较为完备，但私人档案信息资源体系的建设仍存在很大缺失，在以往的国家档案信息资源建设中已经关注到名人档案的建设，但是非常零散且不系统，覆盖面也非常窄，无法覆盖和反映与广大人民群众生存和发展息息相关的档案，普通大众层面的档案建设更是存在一定的空白，这种局面不利于社会记忆的保存、文化的守护和文明的传承，不利于大众对国家和社会的认同，更不利于国家对有重要价值的私人档案信息资源的有效掌控。因此，"我们需要想方设法把自我满足的封闭的档案界转变成与当代社会同步，对社会有益，并具有活力的档案界"[①]。

---

① [加拿大] 特里·库克：《四个范式：欧洲档案学的观念和战略的变化》，李音译，《档案学研究》2011年第3期。

新时代，新气象，习近平指出："我们要牢记人民对美好生活的向往就是我们的奋斗目标，坚持以人民为中心的发展思想，努力抓好保障和改善民生各项工作，不断增强人民的获得感、幸福感、安全感，不断推进全体人民共同富裕。"国家层面私人档案信息资源体系的建立，是以人为本，以尊重作为社会主体的每个个体人的存在价值为前提，关照和尊重每个人在社会中印记留存的权利，从而实现人的目的和发展的需要。这实际上就是坚持从人民利益出发来谋划档案资源建设，尊重私人档案形成者和相关利益者的权利，形成以国家档案局为主导，联合藏有私人档案的组织、个人，包括私人档案形成者个人等多主体参与的战略联盟，创新建立私人档案信息资源体系建设的体制和机制，使之纳入国家档案资源建设中，开展法律法规及制度建设治理，根据不同层次的需求提供引领和服务，使全体民众在思想和行动上真正认识到自主生成和有效管理自身社会实践活动与生活中形成的档案，不仅有助于提升工作与生活质量，丰富人生意义，还可以成为国家档案信息资源的重要组成部分，汇聚成精神动力，代代相传，传播文化和文明，增强国家、社会、民族的认同。档案工作要面向社会、服务大众，最直接地融入最广大人民群众的工作与生活之中，使人民群众真正感觉到档案工作是一项属于人民，为人民服务的科学文化事业，这是新时期档案工作的创新。

国家层面加强私人档案信息资源体系的建设也与中国共产党立党为公、执政为民，始终坚持人民的利益高于一切的指导思想相契合，因此，国家层面建设私人档案信息资源体系意义重大，具有战略价值。

第五章　国内私人档案信息资源体系建设的现状

本章主要从两个方面来讨论国家层面私人档案信息资源体系建设的现状：一是在相关主体行为具有规范意义的正式规则制定方面，即与私人档案信息资源相关的法规建设情况；二是在相关主体的行为选择方面，即相关主体参与私人档案信息资源建设的现状，这里的相关行为主体既包括个人，也包括组织。

第一节　私人档案信息资源法规建设的现状

2011年6月，国家档案局根据《中华人民共和国立法法》（以下简称"立法法"）规定，在1992年发布的方案的基础上，对新时期档案法规体系的建设进行了重新谋划，发布了新的《国家档案法规体系方案》。新方案规定国家档案法规体系是以《中华人民共和国档案法》（以下简称"档案法"）为核心，由符合《立法法》规定的若干有关档案工作的法律、行政法规、地方性法规和规章构成的相互联系、相互协调的统一体。共分为四个层次。第一层次：档案法律。由全国人民代表大会及其常务委员会制定，并由国家主席签署主席令予以公布。主要有《中华人民共和国档案法》及刑法、民法等基本法律和其他专门法律中涉及档案的内容或条款。第二层次：档案行政法规、党内法规和军事法规。档案行政法规由国务院依据宪法和法律制定，并由总理签署国务院令予以公布。档案党内法规由中国共产党中央机关发布。档案军事法规由中央军事委员会根据宪法和法律制定，并予以公布。第三层次：地方性档案法规。由省、自治区、直辖市以及较大的市的人民代表大会及其常务委员会根据本行政区域内的具体情况和实际需要制定。第四层次：档案规章，包括国务院部门档案规章和地方政府档案规章。前者由国家档案局依据法定权限制定或者国家档案局与国务院其他专业主管机关或者部门联合制定。后者由省、自治区、直辖市和较大的市的人民政府依据法定权限制定。

根据施行范围的不同，我们把以上四类档案法规划分为国家与地方两个层面，前者包括档案法规体系中的第一、第二个层次及第四个层次中的国务院部门档案规章；后者则包括第三个层次和第四个层次中的地方政府档案规章。

一 国家层面私人档案信息资源法规建设的情况

1. 目前国家层面未出台与私人档案有关的专门法规，已颁布的正式法规文件中也没有明确使用"私人档案"这一概念

目前国家层面已出台的档案法规共有42部，其中属于法律层次的有1部，即《档案法》；属于行政法规、军事法规层次的有5部，即《中华人民共和国档案法实施办法》（以下简称"档案法实施办法"）、《机关档案工作条例》、《科学技术档案工作条例》、《干部档案工作条例》、《中国人民解放军档案条例》；属于部门规章的有36部，即《档案执法监督检查工作暂行规定》《档案行政许可程序规定》《档案行政处罚程序暂行规定》《档案馆工作通则》《各级国家档案馆收集档案范围的规定》《各级国家档案馆开放档案办法》《各级国家档案馆馆藏档案解密和划分控制使用范围的暂行规定》《外国组织和个人利用外国档案试行办法》《档案工作中国家秘密及其密级具体范围的规定》《档案专业技术人员继续教育暂行规定》《机关文件材料归档范围和文书档案保管期限规定》《国家档案局关于档案期刊、书籍及音像制品管理暂行办法》《国家重点建设项目档案管理登记办法》《电子公文归档管理暂行办法》《国有企业资产与产权变动档案处置暂行办法》《外商投资企业档案管理暂行规定》《会计档案管理办法》《城市建设档案归属与流向暂行办法》《城市建设档案管

理规定》《城建档案利用管理暂行规定》《城市地下管线工程档案管理办法》《开发区档案管理暂行规定》《开发利用科学技术档案信息资源暂行办法》《开发利用科技档案所经济效益计算方法的规定（试行）》《高等学校档案管理办法》《社会保险业务档案管理规定（试行）》《婚姻登记档案管理办法》《艺术档案管理办法》《电影艺术档案管理规定》《乡镇档案工作试行办法》《畜禽标识和养殖档案管理办法》《环境保护档案管理办法》《标准档案管理办法》《审计机关审计档案工作准则》《民间组织登记档案管理办法》。在这42项档案法规中，没有一项是有关私人档案的专门法规，也没有一项使用了"私人档案"这一概念。

2. 在国家法规体系中具有核心地位的《档案法》明确将与"私人档案"概念密切相关的对象纳入了档案法律关系客体的范畴

虽然在我国国家层面现已发布的所有正式法规文件中，都没有使用"私人档案"这一概念，但作为国家档案法规体系核心的《档案法》在界定"档案"概念时，明确将与"私人档案"概念密切相关的对象包含于其中。1987年颁布、1996年修订通过的《档案法》在总则第二条明确指出"本法所称档案"，包括"个人从事政治、军事、经济、科学、技术、文化、宗教等活动直接形成的对国家和社会有保存价值的各种文字、图表、声像等不同形式的历史记录"。

作为个人活动的历史记录，私人档案信息资源的具体类型有很多，其中还包括手稿、书信、日记等。《中华人民共和国文物保护法》总则第二条第四点将"具有历史、艺术、科学价值的手稿和图书资料"列入了文物的范畴，这部分类型的私人档案中有些因其具有重要的历史、艺术、科学价值，兼具档案与文物双重性质。对此，《档案法》第十二条规定，"博物馆、图书馆、纪念馆等单位保存的文物、图书资料同时是档案的，可以按照法律和行政法规的规定，由上述单位自行管理"。

3. 国家层面相关档案法规对私人档案信息资源的保管、流转、收集、开放利用方面已经做出了一定的规定

目前国家层面出台的与私人档案信息资源建设相关的档案法规主

要有以下五部：《档案法》（1987年颁布，1996年修订），《档案法实施办法》（1990年颁布，1999年修订），《档案馆工作通则》（1983年），《各级各类档案馆收集档案范围的规定》（2011年颁布）和《各级国家档案馆开放档案办法》（1991年颁布）。其中《档案法》对私人档案信息资源的保管、流转、开放利用等方面做了原则性的规定，后面三部法规则在部分内容上对相关规定进行了细化。

在保管方面，《档案法》明确提出了"个人所有的对国家和社会具有保存价值或者应当保密的档案"必须妥善保管的要求，以及个人所有者不能满足安全保管要求时档案行政部门将采取的措施。《档案法》第十六条规定"个人所有的对国家和社会具有保存价值的或者应当保密的档案，档案所有者应当妥善保管"，并且"对于保管条件恶劣或者其他原因被认为可能导致档案严重损毁和不安全的，国家档案行政管理部门有权采取代为保管等确保档案完整和安全的措施；必要时，可以收购或者征购"。

私人档案信息资源的流转主要指私人档案信息资源以所有权为基础的相关管理权限的转移。在流转方面，《档案法》及《档案法实施办法》除规定了个人所有的对国家和社会具有保存价值的或者应当保密的档案得不到妥善保管的情况下，其所有者相关权限发生变化以外，还对个人所有者主动变更权利关系的情况做出的规定。《档案法实施办法》第十七条规定，其档案所有者"可以向各级国家档案馆寄存、捐赠或者出卖"，但"严禁倒卖牟利，严禁私自卖给外国人"，其原件和复制件都"禁止私自携运出境"。《档案法》第十六条规定"向国家捐赠档案的"个人，"档案馆应当予以奖励"。2011年11月国家档案局公布的《各级各类档案馆收集档案范围的规定》（简称"9号令"）则第一次将"国家综合档案馆主动收集私人档案"的流转方式写入了中央层面的正式文件。"9号令"第三条规定"经协商同意，综合档案馆可以收集或代存本行政区家庭和个人形成的对国家和社会有利用价值的档案"。除此之外，"9号令"还明确将私人档案中的部分内容，即"新中国成立前的著名人物的档案"列入了综合档案馆收集的范围。

在开放利用方面,《档案法》第二十一条规定"向档案馆移交、捐赠、寄存档案的单位和个人,对其档案享有优先利用权,并可对其档案中不宜向社会开放的部分提出限制利用的意见,档案馆应当维护他们的合法权益"。《各级国家档案馆开放档案办法》第四条规定"各级国家档案馆的寄存档案是否开放,由寄存者或其合法继承者决定"。《档案法实施办法》第二十四条规定"个人所有的对国家和社会具有保存价值的档案,其所有者向社会公布时,应当遵守国家有关保密的规定,不得损害国家的、社会的、集体的和其他公民的利益"。

4.《档案法实施办法》将私人档案具体范围的确定权赋予了省级行政单位的档案行政部门

《档案法实施办法》总则第二条规定:"《档案法》第二条所称对国家和社会有保存价值的档案,属于国家所有的,由国家档案局会同国家有关部门确定具体范围;属于集体所有、个人所有以及其他不属于国家所有的,由省、自治区、直辖市人民政府档案行政管理部门征得国家档案局同意后确定具体范围。"

二 地方层面私人档案信息资源法规建设的情况

1. 地方层面亦没有出台关于私人档案的专门法规,地方法规中具有核心地位的法规文件对"档案"的界定以及对私人档案信息资源的一般管理规定的内容基本与国家层面的法规相同

在地方层面,我国除港澳台以外的31个省级行政区划单位中,几乎都以《档案法》及其配套法规《档案法实施办法》为依据,结合当地实际制定了适用于本省(市或自治区)的具有地方档案法规体系核心地位的法规文件——"档案条例""档案管理条例""档案工作条例""档案管理办法""档案法实施办法"。虽然法规文件的名称不太统一,但这些地方层面的档案法规在界定"档案"概念时,其措辞与《档案法》中的表述几乎完全一致,甚或就是照搬《档案法》中的原文;其对"私人档案信息资源"保管、流转以及开放利用的规定内容也与中央国家层面的法规基本相同。国家层面与地方层面的高度一致,这与我国一直以来坚持的"统一领导、分级管理"

档案工作原则有着紧密联系。

表 5－1　省级行政单位地方法规体系核心法规的制定情况表

序号	省级行政单位	地方	制定时间	最后修订时间
1	北京市	《北京市实施〈中华人民共和国档案法〉办法》	1998 年	2001 年
2	天津市	《天津市档案管理条例》	1996 年	2005 年
3	河北省	《河北省档案工作条例》	1995 年	2002 年
4	山西省	《山西省档案管理条例》	2000 年	2007 年
5	内蒙古自治区	《内蒙古自治区档案条例》	1999 年	2007 年
6	辽宁省	《辽宁省档案条例》	1997 年	2006 年
7	吉林省	《吉林省档案条例》	1998 年	2004 年
8	黑龙江省	《黑龙江省档案管理条例》	1999 年	2015 年
9	上海市	《上海市档案条例》	1995 年	2010 年
10	江苏省	《江苏省档案管理条例》	1998 年	2003 年
11	浙江省	《浙江省实施〈中华人民共和国档案法〉办法》	1998 年	2014 年
12	安徽省	《安徽省档案条例》	1997 年	2004 年
13	福建省	《福建省档案条例》	2002 年	
14	江西省	《江西省档案管理条例》	2001 年	
15	山东省	《山东省档案条例》	2004 年	
16	河南省	《河南省档案管理条例》	2002 年	2004 年
17	湖北省	《湖北省档案管理条例》	1998 年	2004 年
18	湖南省	《湖南省档案管理条例》	1998 年	2004 年
19	广东省	《广东省档案条例》	1998 年	2007 年
20	广西壮族自治区	《广西壮族自治区档案管理条例》	1999 年	2007 年
21	海南省	《海南省档案管理办法》	1998 年	2004 年
22	重庆市	《重庆市实施〈中华人民共和国档案法〉办法》	1998 年	2010 年
23	四川省	《四川省〈中华人民共和国档案法〉实施办法》	1996 年	2009 年
24	贵州省	《贵州省档案条例》	2001 年	2004 年

续表

序号	省级行政单位	地方	制定时间	最后修订时间
25	云南省	《云南省档案条例》	1997年	2007年
26	西藏自治区	《西藏自治区实施〈中华人民共和国档案法〉办法》	2010年	2013年
27	陕西省	《陕西省档案条例》	1997年	2009年
28	甘肃省	《甘肃省档案条例》	1997年	2009年
29	青海省	《青海省实施〈中华人民共和国档案法〉办法》	2002年	
30	宁夏回族自治区	《宁夏回族自治区档案条例》	2001年	2015年
31	新疆维吾尔自治区	《新疆维吾尔自治区实施〈中华人民共和国档案法〉办法》	1999年	2005年

2. 对于私人档案信息资源中的重要组成部分——名人档案信息资源，地方层面的法规建设比国家层面更加积极

（1）地方层面的法规关注名人档案信息资源建设的时间更早，迄今已有约42%的省级行政单位针对"名人档案"出台了专门的管理办法

早在国家档案局2011年"9号令"出台前，1996年广东省就已就名人档案的管理问题制定了专门的法规。在2011年以前，共有11个省级行政单位出台了有关名人档案的专门法规。迄今为止，在全国31个省级行政区划单位中，共有13个先后出台了专门的名人档案相关管理办法（详见下表）。

表5-2　　　　　省级行政单位名人档案管理办法表

序号	省级行政单位	制度名称	颁布年份
1	广东省	《广东省名人档案管理办法》	1996
2	上海市	《上海市著名人物档案管理暂行办法》	1998
3	宁夏回族自治区	《宁夏回族自治区著名人物档案征集管理办法》	1999
4	山东省	《山东省著名人物档案管理办法》	2003

续表

序号	省级行政单位	制度名称	颁布年份
5	湖南省	《湖南省档案馆著名人物档案征收暂行办法》	2004
6	云南省	《云南省名人档案管理办法（试行）》	2006
7	河北省	《河北省著名人物档案收集管理办法》	2006
8	黑龙江省	《黑龙江省名人档案管理办法》	2006
9	陕西省	《陕西省著名人物档案管理办法》	2007
10	吉林省	《吉林省著名人物档案管理办法》	2008
11	湖北省	《湖北省档案局（馆）名人档案保管利用试行办法》	2010
12	海南省	《海南省档案馆名人档案管理办法》	2012
13	辽宁省	《辽宁省著名人物档案管理办法》	2012

从名称上来看，在上述13个省级行政单位中，广东、上海、山东、云南、黑龙江、陕西、吉林和辽宁8个地区出台的是"名人档案管理办法"；海南出台的法规在"名人档案管理办法"前加了"省档案馆"作为限定语；而湖北、宁夏、河北与湖南4个地区出台的法规则仅包括名人档案管理的部分环节，如，宁夏、河北与湖南针对的都是"收藏入馆"，湖北省针对的则是"保管利用"。

（2）部分省级行政单位虽然没有出台专门的名人档案管理办法，但在其制定的档案收集或征集办法中涉及了名人档案建设的相关内容

有的省份虽然没有制定专门的名人档案法规，但在其出台的档案收集或征集办法中将名人档案列为征集对象。比如：安徽省2004年出台的《安徽省档案征集办法》第七条规定"原籍安徽或者曾在安徽活动过的知名人士、专家学者、革命烈士、有影响的华侨和境外华人的档案"属于征集范围。天津市2013年出台的《天津市档案收集办法》第九条则明确规定征集范围包括"与本行政区域有关的历史名人和对社会有突出贡献的杰出人物在工作、学习、社会活动中形成的中外文著作、书信、日记、传记、谱牒、纪念评价材料、证件、题词、音像、墓志等档案资料"。

(3) 国家档案局发布的"9号令"只是将中华人民共和国成立前的著名人物档案列入了综合档案馆的收集范围，而地方层面制定的法规通常取消了这个时间界限，并以列举的具体标准方式为名人的确定提供了可操作的标准

从对"名人"概念的界定来看，各地采取的方法基本相同，都是先指出一般标准，然后再以列举的方式提供具体标准；并且有关名人界定一般标准的文字表述也都大致相同，几乎都是以"有本地籍贯"或"在本地长期活动的非本地籍"在"政治、军事、工商、科学文化等领域具有重要影响的人"作为界定条件，只有在列举的具体标准方面，才略有些许差异。

例如，《广东省名人档案管理办法》第五条和第六条规定：名人的范围为"历代广东省籍（包括在省外或国外的广东籍人士）或曾在广东境内长期活动过非广东籍的政界、军界、工商界、科学文化界等领域具有重要影响的官员、专家学者和社会贤达及其他重要人物"。《上海市著名人物档案管理暂行办法》第六条规定"著名人物档案的建档对象为上海籍或长期在上海活动的政治、军事、经济、科学、技术、文化、社团、宗教等各界具有重要影响的领导、专家学者、社会贤达及其他重要人物"。《山东省著名人物档案管理办法》第二条规定"本办法所称著名人物是指在某一学科、领域、行业作过重大贡献，产生巨大影响，并得到社会和历史认可的历来山东籍或在山东境内长期工作活动过的非山东籍的著名人物"。

《广东省名人档案管理办法》中列举的确定名人的具体标准是：（1）政界：担任过省级（包括现任副省级）以上职务的政府官员及其他著名政治家（包括相当级别的各党派领导人、无党派民主人士领导人）；（2）军界：授予中将以上军衔或担任兵团级以上职务及其他著名的军事家；（3）工商界：具有重要影响和名望的企业家、实业家；（4）科学技术界：担任国家级科学、工程院士及在某项科学技术领域（包括自然科学和社会科学）有较深造诣、有突出成就的专家、学者；（5）文化教育界：有重要影响、有较深造诣、有突出成就的学者、文学家、艺术家、教育家等；（6）宗教界的著名领袖；

(7) 著名的社会活动家、知名人士，著名民间艺（匠）人；（8) 有名望的祖籍广东的华侨领袖及外籍华人；（9) 对国家和社会有突出贡献或有社会声望的人士；（10）长期在广东省境内活动过的有影响的外国人。

《上海市著名人物档案管理暂行办法》提出的著名人物的具体标准是：（1) 党政部门：担任过省、市级（包括现任副职）以上职务的党政领导及其他著名政治家（包括相当级别的各党派领导人、无党派民主人士领导人等）；（2) 军队系统：授予中将以上军衔或担任兵团级以上职务及其他著名的军事家；（3) 科学技术界：担任国家级科学院院士、工程院院士以及在某项科学领域（包括自然科学和社会科学）有较深造诣、有突出成就的专家、学者；（4) 文化教育界：有重要影响、有较深造诣、有突出成就的学者、文学家、艺术家、教育家等；（5) 著名的社会活动家、知名人士，著名民间艺（匠）人；（6) 有重要影响和名望的企业家、实业家。

《山东省著名人物档案管理办法》中著名人物的具体标准是：（1) 担任过副省级以上党政领导职务或相应级别的领导人；（2) 被授予中将以上军衔或担任过正军职以上领导职务的军人；获中央军委英模荣誉称号的英模人物，其他具有一定社会影响的著名军人；（3) 全国劳模、"五一劳动奖章"获得者，具有重要影响和名望的企业家；（4) 担任中国科学院院士、中国工程院院士以及在某项科学技术领域有突出成就的专家、学者，国家最高科学技术奖获得者；（5) 在国内外有重要影响、成就突出的文学家、艺术家、教育家；（6) 奥运会奖牌获得者，亚运会及其他重大国际体育比赛项目冠军、亚军及在国内外知名度较高的运动员、教练员；（7) 著名社会活动家，宗教界著名人士，著名民间艺（匠）人；（8) 长期在山东工作活动过的著名华侨领袖，著名外籍华人；（9) 对国家和社会有突出贡献、在国内外有重要影响的其他著名人士。

3. 地方层面制定的名人档案管理办法基本都是从国家综合档案馆将名人档案接收进馆的角度，从收、管、存、用及相关主体权益保障五个方面对名人档案管理工作做出了系统的规定在地方层面制定的名人档案管理办法当中,《广东省名人档案管理办法》制定时间最早,是具示范意义的典型代表。

在"收"的方面,该办法不仅确定了名人档案包括的内容,还指出了名人档案的收集方式以及不同方式对应的手续。具体来说,名人档案的内容主要包括以下几个方面:一是反映名人一生经历及其主要活动的生平材料,如自传、传记、回忆录等;二是反映名人职务活动的材料,如文章、报告、演讲稿、日记等;三是反映名人成就的材料,如著作、研究成果、书画等;四是社会对名人研究、评价的材料,如纪念性、回忆性,研究介绍材料等;五是与名人有直接关系的材料,如各类证书、谱牒、信函等;六是反映名人活动的音像(录音带、录像带、照片)、实物等载体形式的材料;七是名人的口述历史材料等。名人档案收集的方式包括档案馆购买、复制或交换,其他有关机构向档案馆移交,所有者捐赠、寄存,以及档案馆与档案所有者协商的其他形式。该办法第八、九、十、十一条规定,所有收集的名人档案都要办理交接手续,以捐赠的方式收集时,要为捐赠人办理法律证书,并给予表扬或奖励;寄存要办理寄存协议,并颁发寄存证书;购买要签订购买协议。

在"管"的方面,该办法对名人档案的鉴定及名人档案整理方法做出了规定,明确要求省档案馆成立专家组,对收集到的名人档案进行鉴定审查;以每个名人为单位设立全宗,全宗内的档案分类、编目、鉴定等工作按照档案整理的有关原则与方法进行。

在"存"的方面,该办法提出要按照国家档案保管的要求,防止名人档案的丢失或损坏。

在"用"的方面,除一般的查档利用以外,该办法还规定了以下几种名人档案的服务形式:向有关部门提供名人档案、开展名人研究学术活动、举办名人档案展览、为专家学者的研究提供服务与咨询、为文化艺术节创作提供档案服务,以及依据国家有关规定,向境外提供名人档案。

在"相关主体权益保障"方面,则主要体现在尊重所有者的意愿、按协议操作、保护当事人隐私、捐赠者享受优先服务等几个方面。

三 私人档案信息资源法规建设现存的问题

1. 《档案法》中界定"私人档案"时使用的价值标准更多体现的是传统的国家档案观

在国家档案法规体系中具有核心地位的《档案法》虽然将"个人在各项社会活动中形成的历史记录"纳入了法律关系客体的范畴，但在界定"私人档案"判断依据时所使用的价值标准仅仅包括宏观的、集体意义上的"对国家和社会"的价值，而不包括微观的、个体意义上的"对社区、对单位与个人"的价值。现行档案法规中有关档案界定的价值标准显然体现更多的是传统的国家档案观，这种档案观认为档案记录的信息主要反映的是政府组织活动及其相互之间的权力关系，主要是为正式的官方机构服务。

2. 国家现行档案法规体系中既没有一部专门的私人档案法规，也没有法规有专门的部分对它有过系统的规定，且已有的相关条文，都是从所有关系，而非形成关系的角度来界定相关概念的

一方面，国家现行档案法规体系中，无论国家层面还是在地方层面，迄今都没有出台一部关于私人档案的专门法规，已出台的法规中亦没有设置专门的部分来对它做出系统的规定。另一方面，虽然现行《档案法》在界定"档案"概念时将"个人"列为形成主体，把私人档案纳入档案法律关系客体的范畴，但在对其保存、流转及开放利用等方面做出管理规定时，使用的却是从所有关系来界定的相关概念——即"个人所有的档案"，而"个人所有的档案"与"私人档案"并不是完全对应的关系。"个人所有的档案"意味着个人是对应档案的所有者，两者之间存在的是所有关系，而私人档案则意味着个人是对应档案的行政主体，两者之间存在的是形成关系，这两个概念并不能完全等同。虽然在私人档案形成的初始阶段，私人档案的形成主体与所有主体是合而为一的，在允许流转的情况下，私人档案的所有主体可以发生变化，非私人档案的所有主体也可以发生变化，但其形成主体却不会发生变化。比如，个人所有的私人档案被捐赠给了国

家综合档案馆，其所有权就从个人转移到了国家综合档案馆，但其从形成者角度界定的私人档案的性质并不会发生变化；同样，国家所有的某机构档案被出售给了个人，其所有权就从国家转移到了个人。当然，根据现行档案法规的有关规定，后一种情况是违法的。不过，基于尊重历史的原因，我国承认个人在《档案法》通过继承、获赠、购买获得的各种主体的档案。

3. 地方层面的档案法规虽然对私人档案信息资源中的重要组成部分——名人档案信息资源——给予了相对较多的重视，但距离理想状态仍有较大差距

名人档案信息资源是私人档案信息资源的重要组成部分，地方层面在相关法规建设方面虽然做出了积极的努力，但仍与理想状态有着较大差距，这个差距主要体现在两个方面。

一是还有较高比例的省级行政单位没有制定名人档案相关管理办法。根据前文的调研数据可知，还有近60%的省级行政单位没有出台名人档案管理办法。

二是现有名人档案管理办法的制定主要是"一元主体"思路。从目前已出台的各省级行政单位名人档案管理办法来看，基本思路都是以名人档案已经存在为前提假设条件，并以档案馆作为唯一主体，将其收集进馆，然后按照档案工作原则和方法开展相关管理、保存、开发利用工作，忽略了名人档案的形成过程，缺乏引导名人档案的形成主体，以及其他社会力量合作参与名人档案信息资源建设和多元主体合作模式下的具体管理规定等相关内容。

第二节 民众参与私人档案信息资源建设的现状[①]

民众个人是私人档案的形成主体。在私人档案信息资源建设的过

---

① 本节内容主要摘自王巧玲、孙爱萍、李希《私人档案资源建设行为与意识调查研究——以北京市普通民众为调查对象》，《档案学研究》2017年第6期。

程中，私人档案的形成是私人档案信息资源建设的起点，民众的参与行为与意识是私人档案信息资源建设的重要基础。本节主要在问卷调研的基础上开展。作为首善之都及历史文化名城的北京，其民众私人档案资源的建设行为与意识显然具有典型的代表意义。因此，本节以北京地区为调研范围，以普通民众为调研对象，通过抽样调查研究，了解民众参与私人档案信息资源建设的现状。

一 调查方案设计

本书以北京地区为调查研究范围，以年龄在18岁以上、在北京常驻时间达3年以上的普通居民为调查对象。

（一）抽样方案

为保证样本的代表性和样本的易得性，减少抽样误差，本次调查采用的是配额抽样与判断抽样相结合的方法，即让调查员按照配额要求，对调查样本进行主观判断选择，样本总量为1040份。

配额要求主要包括实施地点、性别与年龄三个方面。实施地点方面，要求样本在北京市16个区县完全均匀分布，即每个区县65个样本；为保证样本背景的多样化，所选取的抽样地点一般为所在对应区域人流密集的广场或购物中心；性别方面，要求男女比例为1∶1；年龄方面，要求各年龄段大致均匀分布。

（二）数据收集方法

为提高数据的收集质量，尽量降低数据收集过程可能导致的误差，保证此次调查方案的顺利实施，调研小组首先招募了80余名大学生作为调查人员，并针对问卷的有关问题在调查前对他们进行了专业培训；其次将问卷填答环节设计成一对一的现场填答法，即由调查人员在现场对被调查者的填答过程进行指导监控、提供帮助，并回收问卷的方法；最后要求调查人员首先向调查对象询问其年龄是否已满18岁，以及是否为北京市常住人口，以甄别调查对象是否符合抽样要求。

（三）问卷设计逻辑

在调查问卷的设计上，首先以社会调查对象数据属性描述框架为依据,设计了状态、行为与意向三个基本维度,然后在此基础上,根据研究需要按照如下思路进行了具体化设计:在状态维度层面,按照私人档案建设行为与意识的可能影响因素,将调查对象相关的状态特征具体化为性别、年龄、学历、婚姻状况、职业背景五个方面;在行为维度层面,将调查对象相关的行为特征按照档案工作基本环境具体化为留存、整理和保护三个方面,并分为纸质材料与电子材料两大类;在意向维度层面,将调查对象相关的主观判断具体化为对私人档案价值的认知、态度、共享意愿及期待的帮助等。

二 调查结果

2016年6月1—8日,80名调查人员分16个小组赴北京16个区县的指定地点按抽样方案实施了调查,共发放问卷1040份,收回问卷1040份,回收率为100.00%。经过问卷编码与数据有效性核查,其中1010份为有效问卷,有效问卷率为97.10%,以下数据分析均以1010份有效问卷为信息基础。

(一)调查样本的基本情况

调查样本总量为1040份,男女比例接近为1:1。其中男性510名,占样本总量的50.50%;女性500名,占样本总量的49.50%(见图5-1)。

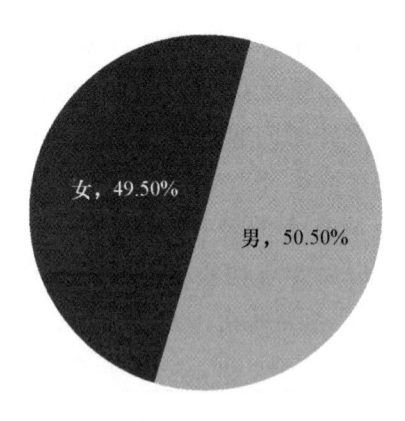

图5-1 调查样本的性别结构图

调查样本均为年满 18 岁的成年人，共分为 18—25 岁、26—35 岁、36—45 岁、46—55 岁、56 岁及以上五个年龄段，各年龄段样本分布比较均匀，约占 1/5，具体数据详见表 5-3。

表 5-3　　　　　　　　调查样本的年龄结构表

年龄段	人数	比例（%）
18—25 岁	174	17.20
26—35 岁	238	23.60
36—45 岁	213	21.10
46—55 岁	198	19.60
56 岁及以上	187	18.50
合计	1010	100.00

从学历结构来看，大学学历（含大专和本科）所占比例最高，为 53.30%，高中（含中专）学历的比例为 24.80%，这两类群体合在一起，约占样本总量的 4/5。初中及以下和研究生学历的比例都相对较低，分别为 15.40% 和 6.50%（见图 5-2）。

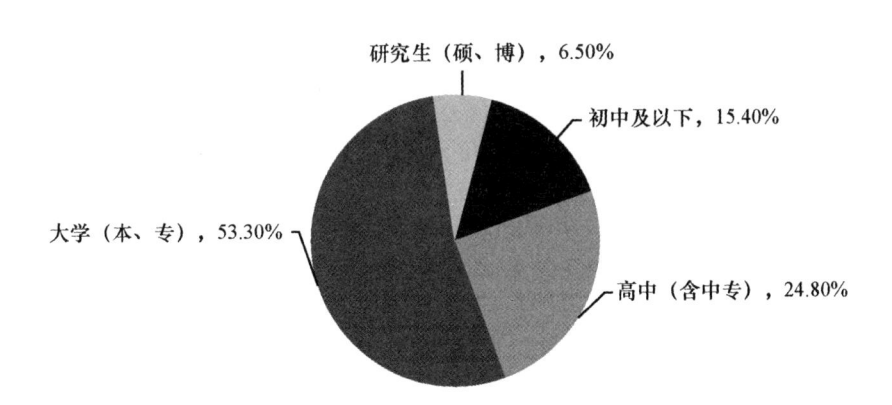

图 5-2　调查样本的学历结构图

调查样本的婚姻状况结构为：已婚有子女者占56.80%，已婚无子女者占17.80%，单身者占25.40%（详见表5-4）。

表5-4　　　　　　　　调查样本的婚姻状况结构表

婚姻状况	人数	比例（%）
已婚有子女	574	56.80
已婚无子女	180	17.80
单身	256	25.40
合计	1110	100.00

调查样本的单位或职业性质涵盖领域广泛，其中单位或职业性质明确的劳动者占72.87%，学生占10.79%，离退休者占9.01%，待业或无业者占3.47%，其他占3.86%（各类群体的详细构成比例数据详见图5-3）。性质明确的单位或职业若以是否有政府背景为依据，又可以划分为两大类，即包括党政机关、事业单位、政府主办的公益组织在内的有政府背景类，和包括民营企业、外资企业、民办非企业单位、自由职业、农业生产在内的无政府背景类，前者所占比例为36.04%，后者为36.83%，两者的比例大致相当（见表5-5）。

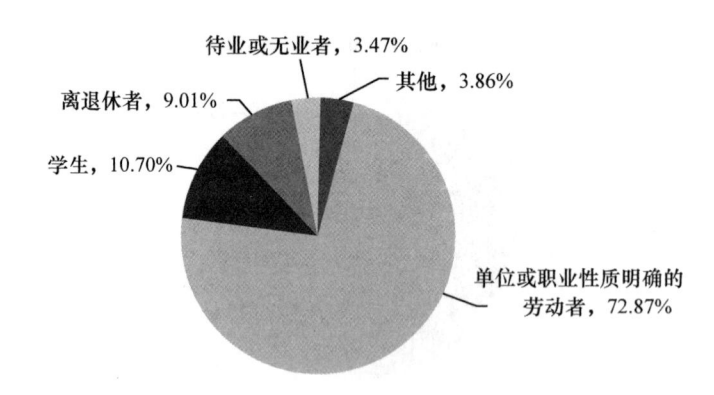

图5-3　调查样本的单位性质结构图

表 5-5　　　　　　　　调查样本的单位性质结构表

单位或职业性质	人数	比例（%）
有政府背景的单位	364	36.04
无政府背景的单位	372	36.83
学生	109	10.79
离退休者	91	9.01
待业或无业者	35	3.47
其他	39	3.86
合计	1010	100.00

（二）调查样本的私人档案信息资源建设行为

普通民众建设私人档案信息资源的具体行为包括对纸质或电子私人档案资料的留存、整理和保护。而这三者之中，留存是基础，没有留存，也就谈不上整理和保护；整理和保护则是私人档案资源建设必需的内容，没有整理和保护，私人档案作为可利用资源的价值就会锐减甚至消失，也就谈不上资源建设了。

1. 私人档案的留存情况

调查对象中，留存纸质私人档案资料与电子私人档案资料的比例都很高，但两种载体的留存情况又有各自的特点。

2. 纸质档案

从整体上来说，留存纸质档案资料者的比例非常高，为95.15%，性别、年龄、学历、婚姻状况等因素影响甚微，所有子群体的留存者比例都超过了90.00%，各子群体留存者比例与平均值之间的差都在4.00%以内（详见表5-6、表5-7、表5-8和表5-9）。最大年龄段——"56岁及以上"与最低学历段——"初中及以下"，两个群体中纸质档案留存者的比例均为对应变量中的最低值，分别是91.44%和91.61%。

表 5-6　　　　　　　性别与纸质档案留存行为表

性别	纸质档案留存者的比例（%）
男	95.10
女	95.20
全体样本	95.15

表 5-7　　　　　　　年龄与纸质档案留存行为表

年龄段	纸质档案留存者的比例（%）
18—25 岁	97.70
26—35 岁	95.48
36—45 岁	97.18
46—55 岁	93.94
56 岁及以上	91.44
全体样本	95.15

表 5-8　　　　　　　学历与纸质档案留存行为表

学历	纸质档案留存者的比例（%）
初中及以下	91.61
高中或中专	94.11
大专	94.55
本科	98.22
研究生（硕士、博士）	96.97
全体样本	95.15

表 5-9　　　　　　婚姻状况与纸质档案留存行为表

婚姻状况	纸质档案留存者的比例（%）
未婚	94.92
已婚无子女	96.11
已婚有子女	94.95
全体样本	95.15

第五章 国内私人档案信息资源体系建设的现状

在留存私人档案的类型选择方面，只有"身份证件类"档案资料留存者的比例超过了50.00%。根据12类私人档案资料各自留存者比例数据的高低及聚合程度，可以把它们分为四组：第一组是留存者比例排前三名的"身份证件类""照片类"与"合同契约类"，其留存者比例分别为74.85%、49.31%、43.76%；紧随前三名之后的第二组是"荣誉证书类""经济票据类"和"医疗健康类"，留存这三类档案资料者的比例几乎完全相同，都为37.00%；第三组是排名第七到第九的"信件类""家电设备说明类"和"日记类"，这三类档案资料留存者的比例分别为28.42%、24.95%、24.26%，都约为1/4；最后一组是排名第十到第十二的"实物珍藏类""作品类"和"子女成长类"，这三类的比例数据也非常接近，分别为18.91%、18.22%和17.03%（详见表5-10）。

表5-10　　　　　调查样本留存私人纸质档案的类型表

序号	私人纸质档案类型	留存者的比例（%）
1	身份证件类	74.85
2	照片类	49.31
3	合同契约类	43.76
4	荣誉证书类	37.43
5	经济票据类	37.43
6	医疗健康类	37.23
7	信件类	28.42
8	家电设备说明类	24.95
9	日记类	24.26
10	实物珍藏类	18.91
11	作品类	18.22
12	子女成长类	17.03

这个排名顺序在一定程度上反映了人们对不同类别档案资料的重

视程度。在这其中有 5 类档案资料的性质需要特别指出，它们分别是"信件类""日记类""实物珍藏类""作品类""子女成长类"，前 4 种不属于日常生活必然产生的记录，其留存情况不仅取决于个体的留存意识与行为，还取决于个体文化社会生活的内容；而"子女成长类"档案资料则属于有子女家庭群体才可能有的内容。

调研数据表明，性别和婚姻状况对纸质私人档案的留存类型的选择无明显影响，而年龄和学历两种因素则有一定影响。

首先来对 12 种类型中除了上述 5 类的其他 7 类私人档案资料的留存行为进行分析。各年龄段"身份证件类"纸质档案资料的留存比例都在70%以上，远高于其他类别，有随年龄上升而下降的趋势，但变化幅度极小。年龄因素的影响主要体现在除"身份证件类"以外各项留存内容的偏好上，相对而言，"18—25 岁"群体更重视对"照片类"与"荣誉证书类"的留存；"26—35 岁"群体留存"合同契约类"的比例相对更高；"36—45 岁"群体非常看重"合同契约类"和"经济票据类"档案资料；"56 岁及以上"群体倾向于留存更多的"医疗健康类"档案；"家电设备说明类"档案资料的留存以 35 岁为界，35 岁及以下群体的留存比例相对更低，而 36 岁及以上群体的留存比例则相对更高（详见表 5-11 和图 5-4）。

表 5-11　　　　年龄与纸质私人档案留存类别的选择表

年龄 \ 类别	身份证件类（%）	照片类（%）	合同契约类（%）	荣誉证书类（%）	经济票据类（%）	医疗健康类（%）	家电设备说明类（%）
18—25 岁	77.01	56.32	37.36	47.13	35.63	33.33	21.26
25—35 岁	75.63	45.80	50.00	36.13	36.55	36.13	19.33
36—45 岁	75.12	51.64	48.83	38.03	45.07	39.91	26.29
46—55 岁	74.24	51.01	43.94	35.35	34.85	34.34	29.80
56 岁及以上	72.19	42.78	35.83	31.55	34.22	42.25	28.88

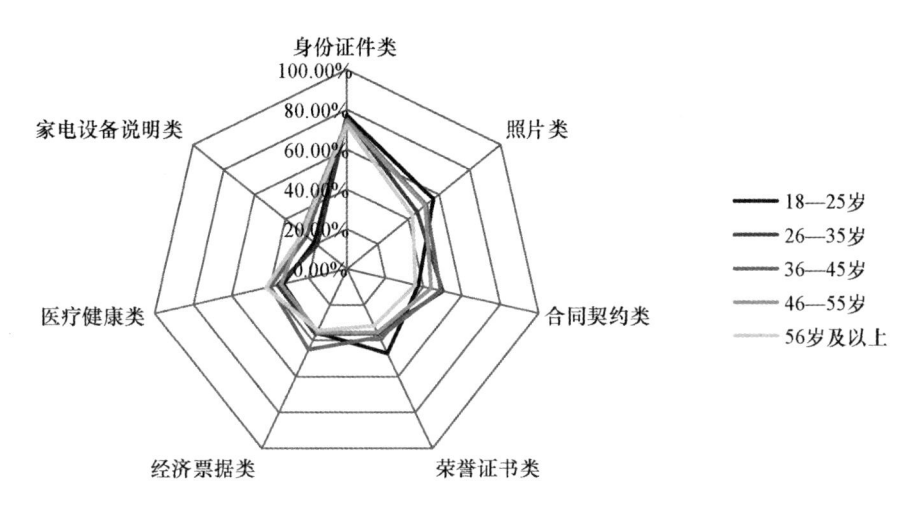

图 5-4　年龄与纸质私人档案留存类别的选择比例图

学历因素对是否留存"身份证件类""家电设备说明类"和"医疗健康类"三类档案资料的影响不甚明显,各学历背景这三类档案资料的留存者比例非常接近。但随着学历的升高,"照片类""合同契约类""荣誉证书类"与"经济票据类"四类档案资料的留存者比例均呈现一定的上升趋势(详见表 5-12 与图 5-5)。

表 5-12　　学历与纸质私人档案留存类别的选择表

学历 \ 类别	身份证件类(%)	照片类(%)	合同契约类(%)	荣誉证书类(%)	经济票据类(%)	医疗健康类(%)	家电设备说明类(%)
初中及以下	74.84	41.94	38.71	23.23	29.03	40.65	23.87
高中或中专	70.12	43.03	35.46	29.48	34.66	33.47	27.89
大专	73.54	50.19	46.30	36.96	35.80	34.63	23.35
本科	79.36	56.94	48.75	47.69	43.77	40.93	23.84
研究生(硕士、博士)	78.79	54.55	56.06	59.09	46.97	37.88	27.27

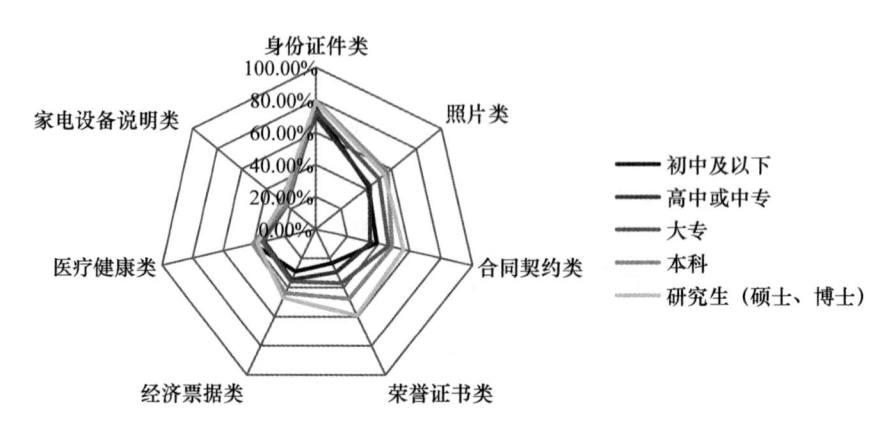

图 5-5　学历与纸质私人档案留存类别的选择比例图

对是否留存"信件类""日记类""实物珍藏类"和"作品类"四类私人档案资料影响较大的主要是学历因素。调研数据显示，各年龄段群体上述四类私人档案留存者的比例比较接近，学历因素则与之存在一定的正相关关系。值得注意的是，从本科到研究生学历，这四类私人档案的留存者比例有显著的大幅上升趋势，尤其是在"信件""作品"和"实物珍藏"方面。

表 5-13　年龄与"信件类""日记类""实物珍藏类"和"作品类"私人档案留存比例表

类别 年龄	信件类（%）	日记类（%）	实物珍藏类（%）	作品类（%）
18—25 岁	30.46	31.03	16.67	22.41
26—35 岁	28.99	30.25	13.87	17.65
36—45 岁	28.64	21.13	23.47	23.00
46—55 岁	25.76	18.18	23.23	15.15
56 岁及以上	28.34	20.32	17.65	12.83

第五章 国内私人档案信息资源体系建设的现状

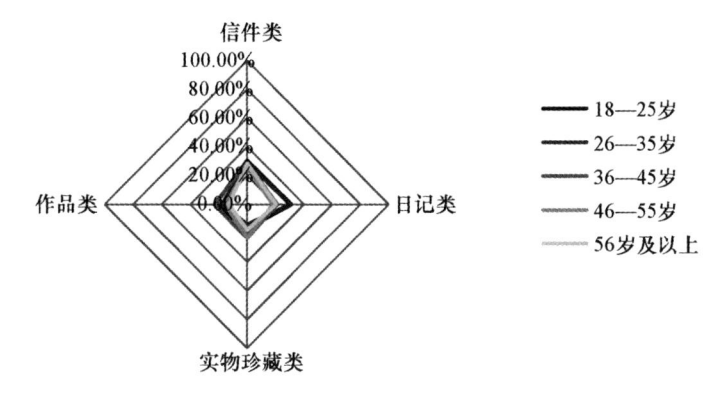

图 5-6 年龄与"信件类""日记类""实物珍藏类"和
"作品类"私人档案的留存行为比例图

表 5-14 学历与"信件类""日记类""实物珍藏类"和
"作品类"私人档案留存比例表

学历\类别	信件类（%）	日记类（%）	实物珍藏类（%）	作品类（%）
初中及以下	20.65	14.19	16.13	8.39
高中或中专	25.90	20.72	16.73	11.95
大专	28.40	23.35	16.34	17.51
本科	30.25	30.96	20.28	24.91
研究生（硕士、博士）	48.48	36.36	37.88	39.39

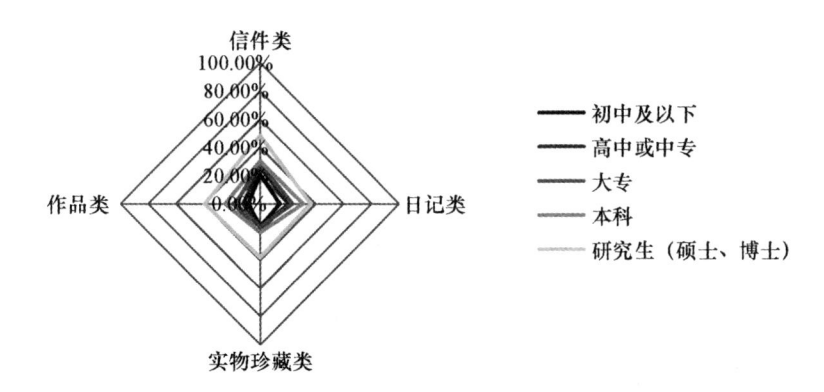

图 5-7 学历与"信件类""日记类""实物珍藏类"和
"作品类"私人档案留存行为比例图

— 107 —

在已婚有子女的家庭中，约有1/4留存了"子女成长类"私人档案资料（详见表5-15）。

表5-15　　　已婚有子女家庭留存子女成长类档案比例表

已婚有子女样本数	留存子女成长类档案的样本数	已婚有子女家庭留存"子女成长类"档案者的比例
574	153	26.67%

3. 电子档案

留存电子私人档案者的总体比例也比较高，为82.48%，但低于纸质档案的比例。

从单一基本状态变量来看，性别对是否留存电子档案的行为没有明显影响，但年龄、学历与婚姻状况变量都显示出与之存在一定的相关性：其中年龄为负相关，学历为正相关，而婚姻状况方面则是未婚群体的留存者比例高于已婚无子女群体，已婚无子女群体高于已婚有子女群体。另外，年龄与学历的相关强度比较接近，婚姻状况的相关强度稍弱。在影响程度方面，年龄段的最高值与学历段的最低值——"56岁及以上"和"初中及以下"——两个群体的留存者比例分别为62.57%和58.06%，这两个数据不仅比全体样本的留存者比例低20.00%左右，而且与相邻阶段群体留存者比例之间有一个相对较大的落差变化，前者为16.22%，后者为23.21%，而其他年龄段与学历段的留存者比例与相邻阶段群体的落差均在10.00%以内（详见表5-16、表5-17、表5-18和表5-19）。究其原因，电子档案的留存需要有相应的电子设备及软件操作技术作为支持，年龄与学历两个方面都会在一定程度上影响个人电子设备及软件操作技术的掌握情况，老年群体与低学历群体在掌握相关技术方面所面对的挑战最大。

不过，从基本状态变量间的交叉关系来看，调研样本中，"56岁及以上"群体的整体学历构成是偏低的，其中"初中及以下"学历者所占比例为38.50%，远高于全部样本中"初中及以下"学历者所占的比例 15.35%。这一现象可由我国基础教育的发展历史得到解释,"56 岁及以上"者均出生于 20 世纪 60 年代以前,在他们的成长时期,我国的义务教育尚未得到全面普及。因此,这两个变量有相互加强的影响作用。由于婚姻状况与年龄有密切的相关性,一般来说已婚有子女者的平均年龄高于已婚无子女者,已婚无子女者的平均率高于未婚,由此,可以推论说,婚姻状况对电子档案留存行为比例的影响很大程度上是年龄因素,以及与年龄有关的学历因素。

表 5-16　　　　性别与电子档案留存行为比例表

性别	电子档案留存者的比例(%)
男	81.57
女	83.40
全体样本	82.48

表 5-17　　　　年龄与电子档案留存行为比例表

年龄段	电子档案留存者的比例(%)
18—25 岁	94.25
26—35 岁	88.66
36—45 岁	86.85
46—55 岁	78.79
56 岁及以上	62.57
全体样本	82.48

表 5-18　　　　学历与电子档案留存行为比例表

学历	电子档案留存者的比例(%)
初中及以下	58.06
高中或中专	81.27
大专	86.38
本科	90.04

续表

学历	电子档案留存者的比例（%）
研究生（硕士、博士）	96.97
全体样本	82.48

表 5-19　　婚姻状况与电子档案留存行为比例表

婚姻状况	电子档案留存者的比例（%）
未婚者	89.45
已婚无子女者	88.33
已婚有子女者	77.53
全体样本	82.48

在留存私人电子档案的类型选择方面，从全部样本看，只有"照片音像类"档案资料的留存者比例超过了 50.00%。留存者比例排前三的依次是"照片音像类""电子邮件类"与"经济票据类"，其比例分别为 59.70%、32.77%、25.25%；紧随其后的是"发布在社交软件上的原创文章或聊天记录""医疗健康类"和"家电设备说明类"，留存这三类档案资料者的比例为 24.95%、22.67% 和 18.42%；排在最后的是"电子日记类"和"电子手稿、原作类"，其留存者比例分布为 14.75% 与 9.60%（详见表 5-20）。

表 5-20　　调查样本留存私人电子档案类型表

序号	私人电子档案类型	留存者的比例（%）
1	照片音像类	59.70
2	电子邮件类	32.77
3	经济票据类	25.25
4	发布在社交软件上的原创文章或聊天记录类	24.95
5	医疗健康类	22.67
6	家电设备说明类	18.42

第五章　国内私人档案信息资源体系建设的现状

续表

序号	私人电子档案类型	留存者的比例（%）
7	电子日记类	14.75
8	电子手稿、原作类	9.60

上述比例数据也在一定程度上反映了人们对不同类别的私人电子档案资料的重视程度。其中的"电子日记类""电子手稿、原作类"与纸质版的"日记类"和"作品类"档案资料的性质相同，它们的留存都需要以个体相关的创作行为为前提和基础。

调研数据表明，性别、年龄、学历与婚姻状况对私人电子档案的留存类型偏好的选择方面没有明显的影响。男性与女性留存不同类型私人电子档案者的比例非常接近；年龄、学历与婚姻状况对不同类型电子档案留存选择的影响基本与他们对私人电子档案整体留存选择的影响相同，年龄与学历的相关性较强，婚姻状况的相关性较弱，其中年龄为负相关，学历为正相关（且各类型留存者比例从本科到研究生群体之间均有一个较为明显的大幅度上升）（详见图5-8和图5-9）；婚姻状况方面则是未婚的留存者比例高于已婚无子女群体，已婚无子女群体高于已婚有子女群体。

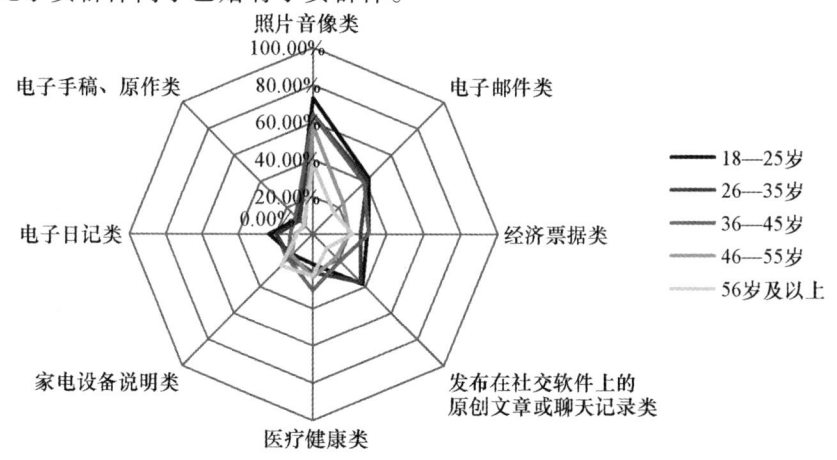

图5-8　年龄与留存私人电子档案类型图

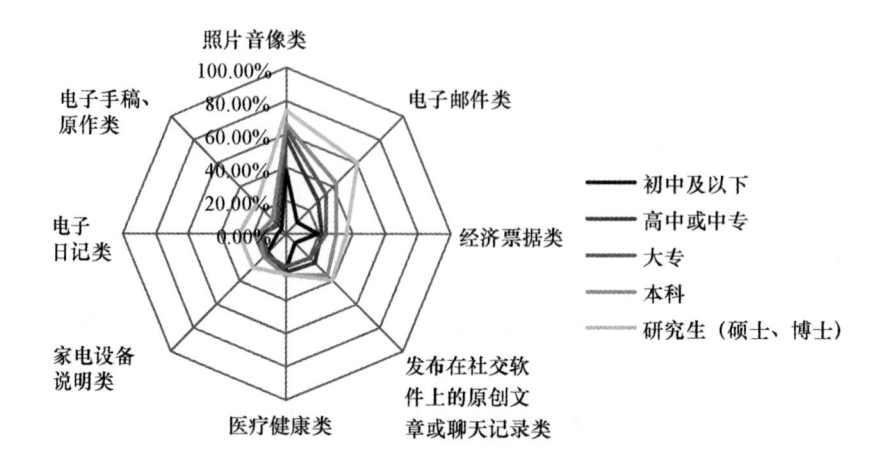

图 5-9 学历与留存私人电子档案类型图

4. 私人档案的留存目的

在有私人档案留存行为的 961 个样本中,有明确留存目的者占 84.50%,其中排在首位的目的是"方便日常查考利用",选择该选项的人数占所有留存者的 52.55%;排在第二位的私人档案留存目的是"作为纪念保存,丰富个人文化生活",所占比例为 48.39%。以"作为家庭历史记录传承给后代"和"从个人的视角记录社会的发展和变迁"为目的者的比例相对较少,分别占 22.89% 和 14.88%。另有 149 个样本表示没有明确的留存目的。

从理论上来理解,上述四类目的之间存在着一定的从微观到宏观、从眼前到长远的顺序逻辑。前两个选项分别是从"保障权益"和"丰富文化"的角度来服务于当前的生活的,而后两个选项分别是从"纵向"和"横向"两个角度来服务于后代与整个社会的。在调研样本中,选择前两种目的者的比例比较接近,且远高于后两者,由此可见,样本群体留存私人档案的目的更多地集中于服务于个人与家庭当前的生活,且精神层面与物质层面并重。

第五章 国内私人档案信息资源体系建设的现状

表 5-21　　调查样本留存私人档案的主要目的比例表

排序	私人档案的留存目的	人数	占所有留存者的比例（%）	占所有样本的比例（%）
1	方便日常查考利用	505	52.55	50.00
2	作为纪念保存，丰富个人文化生活	465	48.39	46.04
3	作为家庭历史记录传承给后代	220	22.89	21.78
4	从个人的视角记录社会的发展和变迁	143	14.88	14.16
5	无明确目的	149	15.50	14.75

5. 私人档案的整理与保护情况

由于留存行为是整理与保护的基础，因此我们在分析整理与保护行为时，不仅要考虑其在所有样本中所占的比例，还要考虑其在所有留存者样本群体中所占的比例。

（1）纸质档案

在 1010 个样本中，纸质档案留存者有 961 个，占所有样本的 95.15%。

纸质档案的整理方面。在所有纸质私人档案留存者中，有 796 人对纸质档案采取过有意识的整理，占所有留存者的 82.83%。他们采用最多的整理方式是操作起来相对简单的"集中存放"，采用该方式者占有留存行为者的 45.37%，占全部样本的 43.17%；采用"分门别类存放"与"配有专门的存放装具"两种方式者的比例比较接近，分别占有留存行为者的 29.86% 与 28.61%；作为操作难度相对最大的整理方式——"编写目录清单"，其在所有留存者中的采用比例仅为"6.87%"；还有 17.17% 的纸质档案留存者从未进行过整理（详见表 5-22）。

表 5-22　　调查样本对纸质私人档案的整理行为比例表

排序	私人纸质档案整理行为	人数	占所有留存者的比例（%）	占所有样本的比例（%）
1	集中存放	436	45.37	43.17
2	分门别类存放	287	29.86	28.42

续表

排序	私人纸质档案整理行为	人数	占所有留存者的比例（%）	占所有样本的比例（%）
3	配有专门的存放装具	275	28.61	27.23
4	编写目录清单	66	6.87	6.53
5	从未整理过	165	17.17	16.34

从利用者的角度而言，"编写目录清单"是最为方便查找以供利用的整理方式，当然这对整理者而言，也是需要投入时间和精力最多、能力要求最高的整理方式，要完成这项工作，当事人既要有一定的信息资源管理技能，也要有着重未来收益的长远眼光。这说明，纸质档案留存者样本群体，目前在纸质档案整理方面所采取的行为，还处在相对初级的阶段，究其原因可能是缺乏相关的专业技能，也可能是对未来预期收益的评估相对较低，认为不值得给予更多的投入。

纸质档案的保护方面。在纸质私人档案留存者中，"定期检查、清洁""给存放装具上锁"两种保护措施的采用比例比较接近，分别为31.43%和30.28%；"注意防潮、防虫"的采用比例为23.83%；"制作备份"的比例相对较低，为14.68%（详见表5-23）。而上述四种措施同时采用者的比例则更低，仅为1.04%。

表5-23　　调查样本对纸质私人档案的保护行为比例表

排序	纸质私人档案整理行为	人数	占所有留存者的比例（%）	占所有样本的比例（%）
1	没有采取任何保护措施	302	31.43	29.9
2	定期检查、清洁	300	31.22	29.7
3	给存放装具上锁	291	30.28	28.81
4	注意防潮、防虫	229	23.83	22.67
5	制作备份	141	14.68	13.96

上述四种措施，从不同的角度应对纸质私人档案在留存过程中可

能遇到的各种风险,从理论上来讲,只有四种措施同时采用才能给予纸质档案相对全面的保护。这也就是说,仅有1.00%的纸质档案留存者在保证私人档案信息的长期可用性方面采取了足够的实际行动,另外31.43%的样本对所留存的纸质档案没有采取任何保护措施。

(2) 电子档案

在1010个样本中,电子档案留存者有833个,占所有样本的82.48%。

电子档案的整理方面。电子档案的整理情况与纸质档案较为类似,在所有电子私人档案留存者中,有722人采取过有意识的整理,占所有私人电子档案留存者的86.86%。他们采用最多的整理方式是操作起来相对简单方便的"存在电脑特定的位置",采用该方式者占有留存行为者的27.49%、22.57%,占全部样本的22.67%、18.61%;以"建立电子目录"的方式来整理的比例为"13.09%";另还有13.33%的人无整理,只是随意存在电脑中(详见表5-24)。

表5-24 调查样本对电子私人档案的整理行为比例表

排序	电子私人档案整理行为	人数	占所有留存者的比例(%)	占所有样本的比例(%)
1	存在电脑特定的位置	338	40.58	33.47
2	在电脑上建立分类文件夹	229	27.49	22.67
3	按一定规则给文件命名	188	22.57	18.61
4	建立电子目录	109	13.09	10.79
5	无整理,随意存在电脑中	111	13.33	10.99

电子档案与纸质档案不同,在数字环境下,"按一定规则给文件命名"是确保将来查找方便中最重要也是最基础的整理方式。一方面计算机系统有按照一定规则对文件名进行自动排序及根据文件名进行搜索的功能,如果分类文件夹与文件名起名得当的话,基本可以替代制作目录的工作;另一方面,如果完全没有通过控制文件名的方式来整理的话,查找某个特定的文件将会是一件十分麻烦的事情。以适当

的方式给文件命名以实现方便查找的目的，其按规则操作执行层面的工作，是比较容易的；但宏观规划设计规则层面的工作，则需要整理者对电子文件管理的基础知识和技能有一定程度的掌握。仅有22.57%的电子私人档案留存者采用"按一定规则给文件命名"的整理方式，说明目前大多数调查样本可能缺乏对电子文件管理相关的知识和技能。

电子档案的保存方面。一般来说，在外界物理环境相对安全的条件下，电子私人档案长期保存面临的风险主要是载体损坏与软件过时两个方面。防范载体损坏最主要的方式是定期检查、制作备份；应对软件过时的最主要方式则是确保电子文件的保存格式为通用格式。由于备份相对容易操作，而将非通用格式转换为通用格式需要相对较强的技术背景，且一般个人留存的私人电子文件资料多数本身就是通用格式，因此本次调研主要考察的是备份行为。

调研数据显示，"用U盘、移动硬盘等载体存放备份"这种保护措施的采用比例最高，占所有留存者比例的32.41%；"用云盘存放备份"的采用比例为19.09%；"在电脑中制作电子备份"的比例相对较低，为13.57%（详见表5-25）。仅有50.30%的电子私人档案留存者至少采用了一种方式进行了备份，49.70%的人对所留存的电子档案没有采取任何备份措施。由于备份对于留存电子档案的个体来讲，操作上应该不会存在什么技术障碍，备份更多地取决于是否有这方面的意识，这一组数据说明，所有电子档案留存者中只有50.30%的人有一定电子私人档案保护意识，而49.70%的留存者可能缺乏相关的意识（详见表5-26）。

表5-25　　　　调查样本对不同备份方式的选择比例表

排序	电子私人档案保护行为	人数	占所有留存者的比例（%）	占所有样本的比例（%）
1	用U盘、移动硬盘等载体存放备份	270	32.41	26.73
2	用云盘存放备份	159	19.09	15.74

续表

排序	电子私人档案保护行为	人数	占所有留存者的比例（%）	占所有样本的比例（%）
3	在电脑中制作电子备份	113	13.57	11.19
4	三种备份方式同时采用	20	2.40	1.98

表 5-26　调查样本的电子私人档案保护行为比例表

序号	电子私人档案保护行为	人数	占所有电子档案留存者的比例（%）
1	有对电子私人档案备份行为	419	50.30
2	没有对电子私人档案备份行为	414	49.70
	合计	833	100.00

（三）调查样本对私人档案建设的主观意向

根据研究设计，调查样本对私人档案建设的主观意向包括四个方面的内容：一是对私人档案价值的认知；二是对私人档案建设困难的判断；三是对档案部门帮助措施的期待；四是向社会开放私人档案的意愿。

1. 调查样本对私人档案价值的认知情况

调查样本对私人档案价值的认知包括对相关法律的了解，以及对私人档案价值的认同。

从统计结果来看，对于具有重要历史价值和文化价值的私人档案受国家法律控制的问题，调研样本大部分有一定的了解，有59.00%处于"大概听说过，但具体不太清楚"状态，"知道，而且非常清楚"者的比例为12.97%；27.62%的调研样本"完全没听说过"（详见表5-27）。

性别对上述认知没有明显影响。年龄与学历的影响主要体现在最高年龄段与最低学历段群体，即"56岁及以上"者与"初中及以下"者，"完全没听说过"的比例远高于其他年龄段与学历背景群体，都超过了40.00%；在研究生学历群体中"知道，而且非常清楚"者的比例约为29.00%，显著高于其他学历背景群体（详见表5-28、5-29）。

表5-27　　　　　　　调查样本对有重要价值的私人档案
受国家法律控制的认知比例表

了解程度	人数	占所有样本的比例（%）
知道，而且非常清楚	131	12.97
大概听说过，但具体不太清楚	600	59.41
完全没听说过	279	27.62
合计	1010	100.00

表5-28　　　　　　　年龄与对有重要价值的私人档案
受国家法律控制的认知比例表

	知道，而且非常清楚（%）	大概听说过，但具体不太清楚（%）	完全没听说过（%）	合计（%）
18—25岁	11.49	64.37	24.14	
26—35岁	12.61	62.61	24.79	
36—45岁	19.25	56.34	24.41	100.00
46—55岁	11.62	63.64	24.75	
56岁及以上	9.09	49.73	41.18	
合计	12.97	59.41	27.62	

表5-29　　　　　　　学历与对有重要价值的私人档案
受国家法律控制的认知比例表

	知道，而且非常清楚（%）	大概听说过，但具体不太清楚（%）	完全没听说过（%）	合计（%）
初中及以下	9.03	47.10	43.87	
高中或中专	10.76	61.75	27.49	
大专	10.89	59.92	29.18	100.00
本科	15.30	64.41	20.28	
研究生（硕士、博士）	28.79	56.06	15.15	
合计	12.97	59.41	27.62	

在对普通民众私人档案价值的理解方面，约有60.00%的调查样

本认同普通民众私人档案对于社会的价值,他们对"普通人的档案也能够反映社会的变迁,对于社会也有意义,因此也有长期保存的价值"持赞同态度,其中占19.41%的人"极其赞同",占39.41%的人"比较赞同";有占接近30.00%比例的人对此持"无所谓"的态度,持否定态度的人所占比例为11.59%,且其中"比较不赞同"者占8.32%,"极其不赞同态度的人"仅占3.27%(详见表5-30)。

表5-30　　调查样本对普通民众私人档案价值的理解比例表

观点 \ 态度	肯定态度(%)		中立态度(%)	否定态度(%)		合计(%)
	58.82		29.60	11.59		
普通人的档案也能够反映社会的变迁,对于社会也有意义,因此也有长期保存的价值	极其赞同	比较赞同	无所谓	比较不赞同	极其不赞同	100.00
	19.41	39.41	29.60	8.32	3.27	

调研数据显示,是否有私人档案建设行为对调查样本有关普通民众私人档案价值的关心程度有比较明显的影响,在没有纸质档案留存行为的49人当中,有占70.00%比例的人对此持"无所谓"的态度,远高于全部样本该类选择的比例(详见表5-31)。换句话说,没有私人档案留存的行为者,更倾向于不关心私人档案的价值问题。

表5-31　　调查样本中非纸质档案留存者对
普通民众私人档案价值的理解比例表

观点 \ 态度	肯定态度(%)		中立态度(%)	否定态度(%)		合计(%)
	18.36		69.39	12.24		
普通人的档案也能够反映社会的变迁,对于社会也有意义,因此也有长期保存的价值	极其赞同	比较赞同	无所谓	比较不赞同	极其不赞同	100.00
	6.12	12.24	69.39	12.24	0.00	

2. 调查样本对私人档案建设困难的判断

关于调查样本在留存和保管私人档案过程中面临的最大困难方

面,问卷设计了六种可能的困难,它们分别是:"不知哪些东西应该留存""不知该如何有效地分类整理""不知如何实现档案的长期安全保存""没有时间、精力做这件事""没有足够的存放空间""家里人不支持,认为没意义"。从逻辑上来讲,这六种情况可以被归纳分为四个方面:一是专业知识方面;二是时间方面;三是空间方面;四是精神支持方面。其中前三种情况均属于专业知识方面,分别涉及的是有关留存、整理和保存三类活动。后三种分别对应时间、空间和精神支持方面。

调研数据显示,有55.45%的调查样本面临的最大困难来自专业知识方面,其中"不知哪些东西应该留存""不知该如何有效地分类整理""不知如何实现档案的长期安全保存"三种情况所占的比例大致相当,分别为17.43%、18.81%和19.21%;有25.45%的样本认为他们面临的最大困难来自时间、精力方面;认为最大的困难在于"没有足够的存放空间"者占14.95%;认为最大的困难来自精神支持方面的比例仅为4.16%(详见表5-32)。

表5-32　　　　调查样本对私人档案建设困难的判断比例表

困难类别(%)	具体困难	人数	占调查样本的比例(%)
专业知识方面 55.45	不知哪些东西应该留存	176	17.43
	不知该如何有效地分类整理	190	18.81
	不知如何实现档案的长期安全保存	194	19.21
时间方面 25.45	没有时间、精力做这件事	257	25.45
空间方面 14.95	没有足够的存放空间	151	14.95
精神支持方面 4.16	家里人不支持,认为没意义	42	4.16
合计		1010	100.00

3. 调查样本向社会开放私人档案的意愿

在问及是否愿意向社会公开私人档案时,有超过70.00%的调查样本愿意开放自己留存的私人档案，不愿意者不足30.00%。在超过70.00%的愿意者中，"有条件愿意"者占绝大多数，这部分群体约占全部样本的60.00%，约占所有愿意者的80.00%。

这说明大部分调研对象对开放私人档案事宜是持积极态度，并愿意给予行动支持的，同时他们也会理性地考虑此事可能给个人或家庭带来的负面影响。"有条件愿意"者中占比53.47%的人明确提出开放私人档案的条件是以不涉及隐私，不给个人和家庭带来负面影响为前提，占比34.85%的人选择以经过本人同意作为具体的控制手段，另有占比11.67%的人选择以时间作为"开放条件"，即"本人在世时不可开放"（详见表5-33）。

表5-33　　　调查样本向社会开放私人档案的意愿比例表

意愿	具体意愿	人数	占调查样本比例（%）
无条件愿意 13.86	1. 无条件愿意——因为有利于扩大个人和家庭的影响	56	5.54
	2. 无条件愿意——因为私人档案也是国家记忆的一部分	84	8.32
有条件愿意 58.52	3. 有条件愿意——不涉及隐私，不给个人和家庭带来负面影响的前提下	316	31.29
	4. 有条件愿意——每次均需本人同意	206	20.40
	5. 有条件愿意——本人在世时不可开放	69	6.83
不愿意 27.62	6. 不愿意——因为私人档案只涉及私人事务	279	27.62
合计		1010	100.00

与对私人档案价值的关心情况一样，是否有档案留存行为对私人档案的开放意愿有显著影响。没有留存纸质私人档案的49人中，不愿意开放私人档案的比例接近60.00%，是全部样本该项比例的两倍多。

4. 调查样本对国家档案部门的措施建议

绝大部分的调查样本赞同国家档案部门参与或鼓励私人档案建设

活动,仅有占比 13.56% 的人认为"私人档案是私人的事情,国家不需要插手"。关于国家档案部门所应采取的具体措施的建议方面,比较集中的意见是国家档案部门最应从"提供可靠的免费寄存空间""在整理和保存方面提供专业技术指导"和"举办宣传建立私人档案意识的活动"三个方面入手,这三种措施的被选频次最高,其选择者的比例分别为 41.78%、35.84% 和 30.20%;其他四种措施,"对私人档案的历史价值和文化价值给予足够的重视""提供私人档案的公众展示空间或平台""给私人档案爱好者之间提供交流机会和平台"和"对突出贡献者给予一定的财物支持和荣誉奖励"的被选频次相对比较接近,均接近 20.00%(详见表 5 - 34)。

表 5 - 34　　调查样本对国家档案部门的措施建议比例表

序号	选项	人数	占调查样本的比例(%)
1	提供可靠的免费寄存空间	422	41.78
2	在整理和保存方面提供专业技术指导	362	35.84
3	举办宣传建立私人档案意识的活动	305	30.20
4	对私人档案的历史价值和文化价值给予足够的重视	185	18.32
5	提供私人档案的公众展示空间或平台	183	18.12
6	给私人档案爱好者之间提供交流机会和平台	179	17.72
7	对突出贡献者给予一定的财物支持和荣誉奖励	173	17.13
8	私人档案是私人的事情,国家不需要插手	137	13.56

在上述七个方面的措施中,"在整理和保存方面提供专业技术指导"涉及的是专业技术支持,只有"提供可靠的免费寄存空间"与"对突出贡献者给予一定的财物支持和荣誉奖励"涉及物质利益方面的激励,其他的均属于精神层面的支持。

三　研究结论

由于本次调查的样本具有比较好的代表性,且数据收集方法保证了数据的可靠性,尽可能地降低了抽样和数据采集过程中的误差。根据推论统计的区间估计公式：总体比例 = 样本比例 $P \pm Z(1-\alpha)?\sqrt{P(1-P)/n}$，[其中 $1-\alpha$ 为置信区间，$Z(1-\alpha)$ 为统计常量，P 为统计样本比例值，n 为样本量]，即在 $1-\alpha$ 的置信度上，样本与总体比例之间的差值为 $Z(1-\alpha)?\sqrt{P(1-P)/n}$，也就是说样本量越大，总体比例与样本比例之间的差值越小。由于 P 取值为 0.5 时，$P(1-P)$ 的值最大，由上述公式可推，在 90.00% 的置信水平下，本次调查的总体比例与样本比例差值的最大值为 3.30%，本次调查的样本统计结果能够在比较高的可信度上反映北京地区公众的总体情况，可以根据调查结果推导出研究结论。

第一，多数人都听说过"有重要价值的私人档案受国家法律控制"，并认可"普通民众私人档案的社会价值"虽然我国政府已发布的正式文件中并没有使用"私人档案"一词，但是这并不意味着国家法律规范在这一领域一直处于空白。1987 年颁布、1996 年修订通过的《中华人民共和国档案法》，明确指出"本法所称档案"，包括"个人从事政治、军事、经济、科学、技术、文化、宗教等活动直接形成的对国家和社会有保存价值的各种文字、图表、声像等不同形式的历史记录"，并对其保管和流转等问题做出了相关规定。调研发现，北京地区有占比近 70.00% 的人听说过"具有重要历史价值和文化价值的私人档案受国家法律控制"，不过其中绝大多数都只是大概听说，对国家法律控制的具体内容并不了解。相对而言，研究生学历群体对具体内容的知晓度远高于其他学历群体。

受传统政治文化思想的影响，我国长期以来国家层面的档案资源建设的实际工作重心主要集中在组织层面，尤其是与政府有关的组织层面，但对个人，特别是普通人的关注甚少。《中华人民共和国档案法实施办法》在涉及私人档案所包含的档案类型时，只列举了"中国共产党领导人、中华人民共和国国家领导人以及著名历史人物的手迹、手稿、信札、日记、声像、谱牒等"，对普通人档案则是以一句"其他具有重要价值的档案"带过。调研结果显示，民众目前对普通人档案之社会价值的认知已逐渐趋近于现代民主政治的思想，约有

60.00%的人赞同"普通人的档案也能够反映社会的变迁,因此也有长期保存的价值",持否定态度者仅占10.00%,另有占比30.00%者持"无所谓"的态度。这说明随着我国政治经济体制改革的深入、个人自我意识的觉醒,普通人作为历史舞台主人公的意义已获得大部分人的认同。需要特别指出的是,调研结果还显示,具体到个人的行为选择,个人是否有留存私人档案与对普通人档案社会价值问题的关心程度存在着一定的相关性,留存者更倾向于对该问题做出或正面或负面的判断;没有留存私人档案者,则更倾向于选择对该问题持"无所谓"的态度。

第二,私人档案留存者的比例较高,留存目的主要是服务于个人与家庭当前的生活。北京地区民众留存私人档案资料者的比例较高,其中留存纸质档案资料者的比例约为95.00%,留存电子档案资料者的比例约为82.00%。性别、年龄、学历、婚姻状况等因素对公众是否留存纸质档案的影响甚微,而年龄与学历对是否留存电子私人档案略有影响,这种影响具体表现为:年龄越大的群体,其留存者的比例越低;学历越高的群体,其留存者的比例越高。不过这种影响强度并不高,仅在年龄段为"56岁及以上"的群体,学历为"高中或中专及以上"群体中相对比较明显。由于留存电子档案需要一定的信息技术操作能力,而年龄与学历通常是影响技术掌握能力的重要因素,这一数据结果或许说明:由于信息技术的普及,年龄与学历对年龄在"56岁以下"、学历在"初中及以上"群体是否留存电子档案而言,已不再是重要的影响因素。

在私人档案留存类型的偏好方面,与记录个人在社会中的身份信息相关的"身份证件类"通常是首要选择,其次是以图像方式记录个人生活经历的"照片类"。前者的留存者比例约为75.00%,后者的比例约为50.00%。随着数字时代的来临与信息技术的普及,在记录个人生活经历方面操作更便捷、表现形式更生动的电子"照片音像类"档案也越来越受到人们的重视。另外,与现实生活需求紧密相连的私人档案类型,其留存者比例整体高于与现实生活需求之间联系不那么密切,且对个人创造性劳动投入有较高要求的私人档案类型。前者如"合同契约类""荣誉证书类""经济票据类""医疗健康类"等,这几类档案的留存者比例都在40.00%左右;后者如"信件类""日记类""实物珍藏类""作品类"等,其留存者的比例均在30.00%以下,后者与学历因素之间有比较明显的正相关关系:学历越高,留存这几类档案的比例也更高。

基于档案的原始记录性,私人档案不仅能在个人层面为保障个人权益提供有效凭证,丰富个人的精神文化生活,还能在社会层面作为重要载体传承家庭、家族的历史与精神财富,反映特定历史与环境下的社会时代特征。不过,当前北京地区普通民众在留存各类私人档案时考虑更多的仍是个人层面的意义,即留存私人档案的目的主要是保障个人权益与丰富个人文化生活,而从社会层面为"作为家庭历史记录传承"或"从个人视角记录社会的发展与变迁"者的比例相对比较低。

第三,私人档案资料的系统整理与安全保管情况、私人档案信息资源建设的要求之间还有很大差距,导致这一问题的最主要原因在于民众缺乏相关的专业知识。留存是私人档案信息资源建设的基础,如果不经过系统整理或得不到妥善保管,资源的方便获得性与长期可用性就无法保证,私人档案资源建设也就会沦为空谈。在留存了私人档案(包括纸质档案和电子档案)的北京地区普通民众当中,有整理行为者的比例相对较高,达到了80.00%以上,但绝大多数都只做到了"集中存放"或"简单分类"等程度,离专业的档案整理工作要求,比如编制档案号、标页码、编目录等还有很大距离。在私人档案的安全保管方面,仅有占比1.00%的纸质档案留存者在保证私人档案信息的长期可用性方面采取了相对足够的实际行动;有占比1/3左右的人对所留存的纸质档案没有采取任何保护措施;电子私人档案留存者中,有接近一半的人缺乏基本的备份保存意识。

调研数据表明,虽然北京地区普通民众留存私人档案者的比例甚高,但私人档案的系统整理与安全保管情况仍不容乐观。究其原因,最主要的还是缺乏相关的专业知识。有一半以上的民众认为私人档案建设面临的最大困难是缺乏相关的专业知识方面,具体包括以下三种情况："不知道哪些东西应该留存""不知该如何有效地分类整理"和"不知如何实现档案的长期安全保存"。当然，时间和精力也是非常重要的影响因素，约 1/4 的民众认为最大的困难是没有时间和精力。

第四，绝大部分民众赞同国家档案部门参与鼓励建立私人档案，并且在个人隐私和权益受到保护的前提下，多数民众愿意向社会开放自己留存的私人档案。有八成以上的民众赞同国家档案部门参与鼓励建立私人档案，并且认为国家档案部门在此方面最应该采取的措施是：提供可靠的免费寄存空间，提供专业技术指导，开展宣传活动帮助建立私人档案意识。

前文提到，私人档案资源具有重要的社会价值，即"传承家庭、家族的精神财富"和"从个人角度记录社会时代的发展和变迁"，但从现实操作的角度而言，私人档案资源的这种社会价值必须在开放条件下才能实现，前一种价值的实现需要私人档案在代际的开放，后一种价值的实现则需要向社会开放。

第三节 组织机构参与私人档案信息资源建设的现状

在私人档案信息资源建设的过程中，除了私人个体以外，相关组织也是重要的参与主体。虽然在现行私人档案法规框架内，相关组织虽不是形成主体，但可以在私人个体的配合下参与私人档案信息资源建设的整个过程，并且由于组织相比私人个体通常更具有专业分工优势和组织规模优势，相关组织的参与情况是影响私人档案信息资源体系建设的重要因素之一。

一 主要参与私人档案信息资源建设的组织机构

根据我国的实际情况，参与私人档案信息资源建设的相关组织机构主要包括以下三类：一是在专业职能分工上与之密切相关的官方组织，即国家各级档案馆、图书馆、纪念馆等文化机构；二是在利益方面与之密切相关的个人工作单位；三是相关的以保存社会记忆与文化遗产为使命的民间公益组织。

二 相关组织机构参与私人档案信息资源建设的情况

（一）官方专业组织的参与情况

1. 国家各级档案馆的参与情况

根据《档案法》第八条规定，国家各级档案馆是我国官方设立的集中管理档案的文化事业机构，负责接收、收集、整理、保管和提供利用各分管范围内的档案。目前我国各级档案馆在私人档案信息资源建设方面的主要参与情况有三个方面。

（1）国家各级档案馆在私人档案信息资源建设参与方面的总体情况是一致的，即工作重心基本都是传统的接收范围内的档案，而非私人档案。我国档案事业采用的是"局馆合一"的管理体制——即作为行政部门的档案局和作为事业单位的档案馆是由同一个机构来承担的。目前我国国家各级档案馆在参与档案信息资源建设方面的思路与国家档案法规体系相关规定的思路大体一致，即工作重心基本是传统的接收范围内的档案，而非私人档案；绝大部分的档案馆都未将私人档案信息资源建设纳入日常工作职责之中；负责私人档案信息资源工作建设的通常就是征集部门；从馆藏情况来看，私人档案在国家各级档案馆中所占的比例更是微乎其微。

（2）近年来，名人档案的收集是我国地方各级档案馆参与私人档案信息资源建设的重要内容。我国地方各级档案馆对名人档案信息资源建设的重视程度逐年升高，很多档案馆都把名人档案列为征集对象，或在发布的征集通告中将名人档案作为重要的征集内容——如山西省档案馆、四川省档案馆，或直接发布名人档案征集通告——如辽宁省档案馆，甚或根据需要发布某一特定类型的名人档案征集通告——如北京市档案馆发布的《北京市档案馆征集市级以上劳动模范档案资料通告》，上海市档案馆发布的《上海市历届奥运金牌获得者档案资料征集通告》。

在相关档案法规规定的捐赠、寄存、购买、复制或交换、向档案馆移交等几种收集方式中，档案馆实际采取的方式主要为捐赠和寄存两种，购买、相关单位移交、复制或交换的方式都比较少见。

对于已收集入馆的名人档案，地方各级档案馆采取的保管方式，主要有以下三种：一是以个人作为独立全宗；二是建立联合全宗或全宗汇集；三是散存于其他组织单位全宗之中。在开展了名人档案收集工作的29个省级档案馆中，采取第一种方式的占69.00%，有20个，采取第二种和第三种方式的分别为5个和4个。

目前除青海和西藏以外，各省级档案馆都有一定数量的名人档案。从馆藏量来看，各省级档案馆的情况则有比较大的差异。根据调研所获得的统计数据，在建有独立人物全宗的20个档案馆中，广东省的馆藏数量最高，其次是天津和山东，三者馆藏的任务全宗数量分别为400个、319个和192个；馆藏全宗数量不足10个的有三个，分别是河南省档案馆、贵州省档案馆和四川省档案馆（详见表5-35）。在以联合全宗或全宗汇集方式保存的5个省级档案馆中，馆藏名人档案涉及名人个数最多的则是甘肃省档案馆，为200个（详见表5-36）。

表5-35　20个省级档案馆馆藏名人档案全宗数量统计表

序号	档案馆名称	数量（个）	是否建立名人档案库
1	广东省档案馆	400	是
2	天津市档案馆	319	是
3	山东省档案馆	192	是
4	陕西省档案馆	170	是
5	新疆维吾尔自治区档案馆	120	是
6	辽宁省档案馆	104	是
7	云南省档案馆	104	是
8	湖北省档案馆	85	
9	安徽省档案馆	65	
10	北京市档案馆	60	
11	浙江省档案馆	40	

续表

序号	档案馆名称	数量（个）	是否建立名人档案库
12	宁夏回族自治区档案馆	40	
13	吉林省档案馆	35	
14	海南省档案馆	10	
15	江西省档案馆	10	
16	河南省档案馆	4	
17	贵州省档案馆	3	
18	四川省档案馆	1	
19	内蒙古自治区档案馆	—	
20	江苏省档案馆	—	是
备注	内蒙古自治区档案馆与江苏省档案馆虽建立了独立的名人档案全宗，但鉴于档案馆内部规定全宗数据属保密事项，暂不予以公布		

表5-36　5个省级档案馆名人档案联合全宗或全宗汇集人数统计表

序号	省级档案馆名称	人数（人）
1	甘肃省档案馆	200
2	上海市档案馆	60
3	山西省档案馆	10
4	广西省档案馆	3
5	湖南档案馆	—
备注	湖南省档案馆因档案馆内部的保密规定，相关数据暂不予公布	

另外，随着名人档案进馆量的增加，有些省级档案馆还建立了专门保管名人档案的名人档案库房。目前，共有8个省级档案馆建立了名人档案库房。根据馆藏统计数据，建立了名人档案库房基本都是独立全宗馆藏数量比较高的几个档案馆（详见表5-36）。

（3）少数省级以下档案馆开展了富有特色的家庭档案信息资源建设工作，家庭建档被认为中国档案工作者的一项创举。家庭档案的内容包括家庭及家庭成员在学习、生活工作中形成的有价值的记录，家庭档案中有关家庭成员的那部分记录就属于本书所定义的私人档案。目前仅有少数一些省级以下档案馆开展了富有特色的家庭档案信息资源建设工作，其中比较有代表性的有沈阳市档案馆、北京市东城区档案馆和上海市金山区档案馆等。另外，还有一些档案馆开始接收并征集家谱档案。

  沈阳市档案馆是我国最早关注并深入参与家庭档案资源建设的国家综合档案馆。自2002年起，沈阳开始开展了大规模的"档案进家庭"活动，截至2011年，全市就已有近16万户以上家庭建立了家庭档案，家庭建档志愿者队伍已有1300余人。2010年，沈阳市档案馆开通了我国第一个家庭档案网，这是一个公益性的网站，其开通目的主要是为民众提供展示家庭档案建设成果及相互咨询交流的平台。沈阳市档案馆在家庭档案建设工作中积累了大量的实际经验，2014年出版了《沈阳市家庭档案工作纪实》，并在丰富实践经验与系统思考的基础上，开展了相关理论研究，出版了以《家庭档案的建立与管理》为代表的三部家庭档案专著和两本家庭档案论文集。

  基于沈阳市档案馆的努力，沈阳家庭档案资源建设工作获得了全国性的关注。2004年国家档案局在沈阳召开了"全国家庭档案工作座谈会"。2007年9月，中国档案学会主办、沈阳市档案馆承办了"中国·沈阳家庭建档与和谐社会建设高层论坛"。时任国家档案局局长杨东权在论坛上发表讲话指出"家庭建档是中国档案工作者的一项创举，填补了国家档案界的一个空白，是中国档案工作者对国际档案界的一个新贡献"。论坛还讨论并通过了《家庭建档沈阳宣言》（以下简称"宣言"），该《宣言》倡议档案部门要积极推进家庭建档工作。2008年年底，国家档案局命名沈阳市档案馆为"全国家庭档案理论研究基地和管理示范基地"。

  北京市东城区档案馆是"十二五"规划期间积极参与开展家庭档案工作的典型代表。2010年5月19日，东城区档案馆举行了家庭建档"十百千"工程启动仪式，该工程的主要内容是：在5个街道建立"家庭建档"示范户，开展10场家庭建档知识讲座，在全区推举100

个家庭建档示范户,用 5 年时间在全区千户家庭建立起较为完善的家庭档案。2011 年 7 月,东城区档案馆在深入调研的基础上制定了《东城区家庭建档工作方案》和《东城区家庭档案管理办法》。从 2010 年到 2014 年,在相关街道办事处和社区的积极配合下,东城区档案馆共举办了 74 场家庭建档培训讲座,受益面覆盖东城区 17 个街道和 205 个社区,惠及上千居民;并以集中和入户相结合的方式开展实践指导,向家庭建档户免费发放带有"东城区家庭档案"统一标识系列档案的专用装具。4 年多来,东城区免费发放的档案用具包括:档案盒 6190 个、档案册 3076 册、照片档案册 2038 本、插页纸 41520 张、口取纸 1038 包,到 2014 年年底全区成功建档的家庭达到了 1033 户。

上海市金山区档案馆是近年来与其他政府组织合作,通过新兴技术推进家庭档案工作的典型代表。2014 年,金山区档案馆协同本区家庭教育促进会为每户家庭和孩子推出了电子化的家庭档案。该家庭档案的内容包括"成长档案""恋爱婚姻档案""家庭理财档案"等,其中"成长档案"的记录平台设在由金山区创办的全国首个家委会联盟网站——"我们的孩子"网站中,每个用户注册登录之后就可以通过上传具有保存价值的图片、文字、影像等各种资料来建立个人的档案,相关的内容也可以根据个人的需求选择"私密"或"公开"两种模式。

近年来,一些地方档案馆开始接收和征集家谱档案,如湖南省岳阳市档案馆、山东省日照市档案馆等。其中,湖南省岳阳市档案馆的馆藏数量较多。2015 年年初,连氏族人将《湖北荆州连氏族谱》(上、下卷)捐赠给了湖南省岳阳市档案馆。到目前为止,湖南省岳阳市档案馆共收藏的家谱档案达到 60 个姓氏,共 907 卷。

2. 图书馆、纪念馆等文化机构的参与情况

图书馆是以图书文献资料为主要载体开展文化传播的公共文化机构,由于图书文献资料与档案资料的外延有重叠的部分,且两者作为公共文化机构的使命定位基本相似,理论上说,图书馆亦是参与私人档案信息资源建设的重要主体。纪念馆是为纪念有卓越贡献的人或重

大历史事件而建立的纪念地，以人物为纪念对象的纪念馆也是参与私人档案信息资源建设的重要主体。

（1）目前，我国各级图书馆在私人档案信息资源建设参与方面主要关注的人物类型也是名人，其主要参与方式是收集名家批校本、名家代表作手稿和地方人物资料，举办相关展览等，仅有极个别的图书馆有针对普通民众档案信息、资源建设开展相关工作。

据调查，全国除港澳台之外的31个省级图书馆的馆藏均或多或少存有名人的作品、手稿等。如：山东省图书馆的馆藏就包含蒲松龄手稿、林则徐手札等。江西省图书馆收集了16名江西籍中国科学院院士以及8名江西籍中国工程院院士的档案，并创建了江西地方人物资料查询数据库。贵州省图书馆的贵州名人数据库收录了各个领域的109位贵州名人档案。陕西省图书馆根据该省红色文化特色创建了"陕甘宁边区红色记忆多媒体数据库——人物库"，其中包括彭德怀、贺龙、白求恩等许多大家耳熟能详的抗战英雄，而该数据库的展出形式除了文字说明、图片外还有音频、视频，全方位地展示了每个人物的档案信息。很多地方图书馆还举办所收藏名人的作品展览，如重庆市图书馆2014年9月举办了以"砚语墨情"为题的刘本荣书画精品展。首都图书馆2015年7月16日举办了"故乡·遇见——九儿绘本作品原画展"。

首都图书馆是参与普通民众档案信息资源建设工作的典型代表之一。自2010年起，首都图书馆就开始为普通市民提供个人档案资料免费代存服务。对个人寄存的档案资料，图书馆会为其提供存储空间、卷宗与单号，还会同寄存者签订一份协议，协议中有一条内容是：图书馆是否可以利用个人档案资料中的内容。若寄存者同意，则该档案资料被视作馆藏的一部分。迄今为止，首都图书馆已经收集了1000多份个人档案资料。

上海市图书馆是收藏家谱档案数量最多的单位，也是参与私人档案信息资源建设的图书馆典型代表。据统计，上海图书馆共收藏有约22000种、11万余册中国家谱，其收藏的中国家谱分为335个姓氏。地区涵盖全国20余个省市，以浙江、湖南、江苏、安徽为多，其次是江西、上海、福建、湖北、广东、河南、四川、山东、河北等。上海市图书馆还开设了全国第一个家谱阅览室，家谱阅览室自1996年12月对社会开放以来，引起了海内外人士的关注，每年有数以万计的海内外人士来家谱阅览室参观查阅。

（2）纪念馆参与的是著名历史人物档案信息资源建设。鉴于纪念馆的建设目的，人物纪念馆理论上应是集收集、保管、研究和展示传播著名历史人物档案信息资源于一体的文化机构。目前，全国各地都建有一定数量的人物纪念馆，这些纪念馆绝大多数都是以该人物长期生活或工作的故地作为依托建造的。鉴于人物纪念馆的建造与维护既需要较高的资金投入，又需要有一定的实物和事实依托，各地人物纪念馆的数量差异很大，被纪念的对象通常是在近现代中国历史发展上有突出贡献的人物。如，北京有约70多处名人纪念馆或故居，而重庆有226处历史名人纪念馆或故居。

（二）个人工作单位的参与情况

一般来说，基于对员工管理的需要，有些工作单位会保管员工的人事档案。实践中，也有一些工作单位出于长远利益与组织文化建设考虑，以内部员工为形成主体开展了私人档案信息资源建设活动。从目前的情况来看，个人工作单位参与私人档案信息资源建设实践主要有两个方面的特点。

一方面开展私人档案信息资源建设的工作单位并不普遍，参与的单位通常是具有较深厚的历史积淀，并且业务内容多与科教文卫有关的组织，比如高校、研究所、艺术（院）团等。

另一方面工作单位在开展私人档案信息资源建设时关注的形成主体通常是对单位发展作出了巨大贡献者，或某一学科或行业领域的精英。以高校为例，2015年，课题组对北京地区26所211高校进行了调查研究，调查结果表明，26所高校中有占比50.00%的高校开展了人物档案信息资源建设活动，其人物档案针对的形成主体无一不是著名专家学者或校级党政领导。北京理工大学和华北电力大学两所高校还为此制定了相关的档案管理办法（详见表5-37）。

表 5-37　北京地区 26 所 211 高校人物档案信息资源建设情况表

序号	学校	是否建立人物档案	是否制定了相关管理制度
1	清华大学	是	否
2	中国人民大学	是	否
3	北京工业大学	是	否
4	北京理工大学	是	《人物档案管理暂行办法》
5	北京化工大学	否	否
6	中国农业大学	是	否
7	中国传媒大学	否	否
8	北京师范大学	是	否
9	对外经济贸易大学	否	否
10	北京外国语大学	是	否
11	中国矿业大学（北京）	否	否
12	中国政法大学	否	否
13	华北电力大学	是	《华北电力大学人物档案管理实施办法》
14	北京大学	是	否
15	北京交通大学	是	否
16	北京航空航天大学	是	否
17	北京科技大学	是	否
18	北京邮电大学	是	否
19	北京林业大学	否	否
20	中央民族大学	否	否
21	中央音乐学院	否	否
22	北京中医药大学	否	否
23	中国地质大学（北京）	否	否

续表

序号	学校	是否建立人物档案	是否制定了相关管理制度
24	中国石油大学（北京）	否	否
25	中央财经大学	否	否
26	北京体育大学	否	否

（三）民间公益组织的参与情况

近年来，随着我国社会民间意识的觉醒，越来越多的民间力量汇集成组织以各种方式参与私人档案信息资源建设中来，这些民间组织的发起人自身大多是具有较高的文化素养和创意能力、较好的资源条件和浓烈的公益情怀，例如著名音乐人高晓松和"杂·书馆"、中央电视台栏目编导张丁和"中国家书"、著名主持人崔永元和"口述历史"及袁裕校和"平民家庭博物馆"。

位于北京的是高晓松创建的一家大型私立公益图书馆，其中的一部分"名人信札手稿档案馆"专门收藏和展示名人档案。"名人信札手稿档案馆"藏有名人手稿、信札、签名本、批校本等资料20余万件，藏品丰富，其质量和数量在国内私藏界中名列前茅，其中包括康有为、梁启超、黄侃、蔡元培、胡适的信札，余嘉锡、向达、罗常培、吕澂等学术泰斗的亲笔之作。

张丁于2005年创意、发起和实施的中国抢救民间家书工程，得到了费孝通、季羡林、任继愈、王世襄、孙轶青、罗哲文、欧阳中石、苏叔阳、白庚胜等数十位文化名人，以及中国国家博物馆、中国民间文艺家协会、中华炎黄文化研究会、中国文物报社和《炎黄春秋》杂志社等文化机构的支持。项目启动十年来，从海内外征集到自明清以来的家书5万余封，内容涉及亲子、敬老、手足、爱情、军旅、侨居、两岸等各个方面。2009年，该项目落户中国人民大学，中国人民大学以该项目所收集的家书为依托，成立了中国家书档案资料中心和中国人民大学家书博物馆。

崔永元组建的"口述历史"团队自2002年开始，历时12年，收集并整理完成了涉及电影、外交、战争、知识分子、知青和民营企业六大领域的档案信息，开展了近 4000 人次口述历史采访，共积累了 80 万分钟的影像及大量相关视频、图文和实物资料。2012 年，崔永元的"口述历史"团队以中国传媒大学为平台成立了中国传媒大学崔永元口述历史研究中心。

袁裕校家庭博物馆位于湖北省宜昌市，是中国首家平民家庭博物馆，于 2011 年 9 月 30 日开馆。馆展实物收藏品达 2 万余件，图文史料 1 万余件，其中包括了逾 200 万字的 100 余卷《家庭档案》及近 60 万字的《袁裕校家志》。馆展内容涵盖了袁裕校家庭自 19 世纪末至 21 世纪初的 100 余年历史，上溯至该家庭始祖从河南迁徙到兴山定居的 1461 年，时间跨度 500 年，这些展品，全部从袁家四代人历时百年的生活中积聚而来。

三 组织机构在参与私人档案信息资源建设方面存在的问题

一是关注的重点是名人档案，普通人档案受重视程度较低。基于名人自身的光环效应，名人档案既是私人档案信息资源中重要的组成部分，也是私人档案信息资源中社会价值最容易被接受和认可的部分等原因，无论官方的专业机构、个人工作单位还是民间公益力量，其参与私人档案信息资源建设方面的关注重点绝大多数都在名人档案上，给予普通人档案的关注程度则相对较低。

二是私人档案信息资源的收集虽然是相对其他环节最受重视的工作，但以个人为单位的独立全宗内的档案资料的完整程度通常不高。以个人为单位的独立全宗内的档案，从理想状态来说，应该包括一个人一生各个阶段的社会活动记录。但在实践中，能达到这样理想状态的独立全宗却极为罕见。导致这一现实困境的重要原因之一是因为当事人缺乏档案意识，相关历史记录在形成之后没有被有意识地留存下来，从而使收集工作成了"无源之水"。

三是已被相关组织纳入馆藏的私人档案开发利用程度不高。这一点在档案部门中表现得尤为明显。很多档案馆收集的私人档案都未向公众开放。在建有名人档案独立全宗、联合全宗或全宗汇集的 25 个省级档案馆中，有17个规定"名人档案一般不对社会开放"，占比接近70.00%（详见表5-38）。在被问及原因时，相关工作人员给出的回答大多都是"出于保护隐私的考虑"。

表5-38　　　　25个省级档案馆名人档案的开放情况表

开放情况	档案馆名称	数量
有限制地对外开放	北京市档案馆、天津市档案馆、内蒙古自治区档案馆、新疆维吾尔自治区档案馆、吉林省档案馆、陕西省档案馆、广东省档案馆、海南省档案馆	8
不对外开放	辽宁省档案馆、甘肃省档案馆、宁夏回族自治区档案馆、山东省档案馆、山西省档案馆、河南省档案馆、上海市档案馆、浙江省档案馆、江苏省档案馆、安徽省档案馆、湖南省档案馆、湖北省档案馆、云南省档案馆、贵州省档案馆、四川省档案馆、江西省档案馆、广西壮族自治区档案馆	17

四是参与的组织众多，但各组织之间缺乏有效的沟通与合作。如前所述，除档案馆、图书馆、纪念馆等官方的专业机构以外，个人的工作单位以及民间公益组织都已实际参与到私人档案信息资源建设中来，但在实地调研时发现，很多组织都只是在以自身为中心的小范围内建立了合作关系、获得了影响力，在各组织之间却缺乏有效的沟通与合作。

第六章　国外私人档案信息资源建设

第一节　国外私人档案法律法规的情况

一　国外各国对国家层面的私人档案信息资源管理的认识

随着社会的发展，私人档案所具有的历史价值、文化价值以及经济价值已经凸显出来，成为社会所关注的问题。欧美的一些国家对私人档案的管理比我国要早，已经形成了比较完备的法律法规。

（一）国外对"私人档案"概念的界定

国外档案法规中通用的"私人档案"概念一般有两种。一种称为"私人档案"，如法国于1979年1月颁布的《法兰西共和国档案法》（以下简称法国《档案法》）认为，私人档案是本法第一条所确定的文件整体，即任何自然人或法人，或任何私人机构或部门，在自身活动中产生或收到的文件整体，不属于公共档案的实施范围[①]；《扎伊尔共和国档案法》（1978年）规定：凡是个人、自然人或法人所占有的档案都是私人档案；《塞内加尔共和国档案法》（1981年）规定：来源于自然人或私法人活动的档案都是私人档案；国际档案理事会编纂的《档案术语辞典》将"私人文件/档案"定义为：非官方性质的机关、团体、组织所形成的和（或）非官方来源的文件/档案。由此可以看出，私人档案的来源包括自然人个人和非国家（政府）机构、组织；私人档案的范围既包括自然人个人或非国家机构组织形成的档

[①] 参见中国档案学会对外联络部、《档案学通讯》编辑部《外国档案法规选编》，档案出版社1983年版。

案，也包括虽不是私人或非国家机构组织形成的，但所有权为其所拥有的档案。

另一种称为"个人档案"。如美国，在 1974 年的《国家档案与文件管理基本法与权限》中对"个人档案"的定义指由某个机构所保存、收集、使用或传递的有关个人的各种条目、收藏品或信息组合，包括个人所受教育、财务、医疗史、犯罪或雇佣史等以及其他与个人有关的信息；苏联使用"个人全宗"概念，它指由一个人、一个家庭或一个家族的生平活动过程中形成的文件组成的档案全宗。个人全宗又分为人物全宗、家庭全宗和家族全宗。个人档案的实质是个人或家庭（家族）在非公务活动中形成或收到的，或者是通过合法途径获得的，或者是通过合法继承得到的档案。

从中我们可以看出无论称谓是"私人档案"还是"个人档案"，它们都是非官方的，是个人或私人机构在各种活动中的原始记录。从法律上对私人档案进行规范与界定，可以为利用法律手段对有价值的私人档案进行监督、保护、管理打下必要的基础。

（二）国外对私人档案管理的认识过程

从档案管理发展的历史看，几乎每个国家的档案管理工作都是"从上到下开始的"——从为统治者服务开始的，在各国档案馆中早期的档案里一般都是统治者的记录，很少有其之外的记录。也就是我们常说的官方记录占绝对地位，社会中的个人和群体记录的保存长期以来是被忽视了的，这样它们与国家之间的相互影响也就被忽视了。

随着社会的发展，科学研究的范围深入了社会生活的政治、经济、文化和精神等各个方面，人们越来越认识到历史只有官方的记录是不够的、是不全面的，承载着社会中的个人和群体记录的私人档案逐渐被人们认识并保存下来。1970 年在耶路撒冷召开的第十二次国际档案圆桌会议上，法国档案学院的 R. H. 鲍蒂埃教授提出了"总体档案"的概念。他认为对于档案馆来说，"这种对国家、地区或城市文献遗产进行保护的责任不限于公共管理活动所形成的文献，而是把它们的注意力转向那些非公共组织、集体、经济企业、家庭和个人。那就是说，目前档案工作者把他的责任放大到全部档案历史遗产，而不考虑它的时间、材料和法定地位"①。这主要是因为"一个国家是多元的和丰富多彩的"。这种"总体档案"思想不仅把"公共档案"纳入国家管理的档案的范围,也把私人档案纳入国家管理的档案的范围中。

1996年第十三届国际档案大会中特里·库克的主报告中提出了:"本世纪档案思想两个最引人注目的根本性变化,一个是'根据国家档案概念建立起的以司法——行政管理为基础的档案工作向建立在更广泛的公共政策和利用基础上的社会——文化档案的概念的变化';另一个是档案'从一个国家的理论发展到一种全社会的理论'。"② 随着"国家档案"概念的不断延伸,档案管理思想也从主要为国家政权服务,扩展到为整个社会服务。

(三)私人档案是一个国家档案财富的重要组成部分

2011年11月10日,联合国教科文组织在巴黎召开的第36届大会上通过的国际档案理事会发起的《档案共同宣言》中指出,档案是代代相传的独特且不可替代的遗产,档案全面地记录了人类活动的各个领域。当今世界各国普遍认为国家的历史只有官方的记录是不够的、不全面的,私人档案虽然是非官方的,是个体或者部分组织的记忆,但它对国家的历史记录具有重要意义,是官方档案文献的一种补充。世界各国都把私人档案作为国家档案财富的重要组成部分,一个国家的档案是国家、集体和个人所有的全部档案财富的总和。法国《档案法》在调整私人档案问题中,规定私人档案是国家文化历史遗产的组成部分,国家有权对具有历史意义的私人档案进行登记管理。俄罗斯2004年由普京总统签署的《俄罗斯联邦档案事业法》规定的:俄罗斯联邦档案全宗由国家所有、自治城市所有及私人所有的档案文件构成。它是"反映社会物质和精神生活的,具有历史、科学、社会、经济、政治和文化意义,通过历史积累并不断补充的档案文件总

---

① 孙爱萍:《国外私人档案的管理》,《中国档案》2003年第5期。
② [加拿大]特里·库克:《1898年〈荷兰手册〉出版以来档案理论与实践的相互影响》,载《第十三届国际档案大会文件报告集》,中国档案出版社1997年版,第143页。

和，是俄罗斯联邦人民历史文化遗产不可分割的组成部分，属于信息资源并必须保存"①。

（四）国家对有重要价值的私人档案的管理，在一定程度上限制了私权利，是公权力的一种体现

所谓公权力，就是国家权力，是相对私权利而言的。私权利就是公民、法人和其他组织依法享有的权益，它与公权力是相互依存的关系。在现代社会中，公权力通过合法的形式去干涉公民私权利是不受质疑的。公共利益是公权力可以合法地干涉私权利的前提。公共利益是社会公众共同享有的各种权益和福利，它的表现形式为：公共产品、公共权力、公共服务。公共利益与个人利益之间是辩证统一的，二者在一定条件下是可以转化的。公共利益是相对于个人利益而言的，是超越个人利益的。私人档案虽然是个人或私人机构产生并拥有的，但它与公共档案一样都是人类文明遗产不可或缺的重要组成部分，对启迪思想、维持发展以及了解社会、经济、宗教、社群和个人历史有着十分重要的价值，对公共是有意义的，是为公共服务的。将私人档案纳入国家档案财富管理范畴，不是从微观上单纯地从投资的角度判定其所有权，而是从历史和宏观上，更高层次上认识国家所有权，每个法人都应当有义务保护和管理国家的记忆——档案，无论它是公共档案还是私人档案，都发挥着维护国家历史的真实面貌的作用。

二　各国对国家层面的私人档案信息资源管理的法律规定

私人档案的内容范围非常广泛，一般包括个人、家庭（家族）、社会组织在其活动中形成的，或者是上述主体合法继承或购买的各种载体的档案，如手稿、日记、书信、文件等。为有效地管理私人档案，既不侵犯私人档案所有权人的合法利益，又有效地保护重要的私人档案，各国建立了较为完善的法律制度对私人档案进行保护。

（一）法律赋予私人档案所有者的权利和义务

私人档案管理的一个明显的特点是较多地涉及私人利益，对档案

---

① 肖秋惠：《俄罗斯档案立法的最新进展》，《中国档案》2006年第6期。

所有者权益的保障是实现私人档案有效管理和利用的前提和基础,这种权益的保障最主要地体现在对私人档案所有权的确认和相关权利的保护上。因此,明确和保护私人档案所有权是档案立法的一个基本原则,它对私人档案管理等一系列问题有着重大影响。各国档案法规中对私人档案所有权的规定主要集中在两个方面。

1. 明确私人档案的所有权

大多数国家的档案法规对私人档案所有权和相关权益的认定都有明确条文。如《法兰西共和国档案法》第十二条规定:作为历史档案进行登记的私人档案,其所有权并不转让给国家;《塞内加尔共和国档案法》规定:国家承认个人对私人档案的所有权;《立陶宛档案法》规定:非国有机构和自然人的档案全宗和文件是个人财产,归所有人所有[1];《德意志联邦共和国档案法》中也明确规定:私人档案的所有权受到法律保护,任何人无权强迫私人档案占有者对其所有的档案采取某种行动。

在一些实行公有制的国家,档案管理的基础是国家档案全宗,个人档案往往被作为国家档案全宗的组成部分,私人档案所有权的观念十分淡漠。反映在档案法规中,就是明确规定私人档案归国家所有。如阿尔及利亚《档案法》规定:私人文件是公有财产。[2]

2. 明确私人档案所有者的权利和义务

根据法理,所有权有四项权能,分别是占有、使用、收益和处分。各国的档案立法和管理活动实践证明,明确和保护私人档案所有权,一方面可以有效地激发私人档案所有者形成、积累和保管档案的积极性;另一方面有利于促进档案所有者与国家档案管理机构的相互配合,从而使国家对私人档案的监控和保护处于一种良性状态。

一是对已登记的档案实行保管报告制度。国家在对具有重要历史价值的私人档案进行登记后,采用多种方式对其进行监控和保护,对不能集中到国家档案机构直接保管的重要的私人档案,各国档案法规

---

[1] 参见国家档案局外事办编《国外档案动态》1998—2013 年。
[2] 参见陈琼《各国私人档案管理法规研究》,《档案学通讯》2003 年第 6 期。

都明确了其所有者所应承担的保管责任，并规定档案所有者必须依法定期向国家档案机构报告档案的保管状况，以便国家随时掌握情况，及时进行监控。《法兰西共和国档案法》规定：经过登记的私人档案的所有者若想对档案进行某些变动、修补、迁移、转让等，必须先书面报告文化部部长；经过登记的私人档案若发生丢失、偷盗、意外损坏等情况，或者由于继承或遗赠而引起任何所有权的变动，必须立即报告文化部部长。意大利、斯里兰卡、阿尔及利亚、扎伊尔等国的档案法规对具有重要历史价值的私人档案的所有者应尽的保管义务也都有明确的规定。

私人档案保管报告制度带有强制性和监督性，一般在实行集中式档案管理体制的国家采用。在实行分散式档案管理体制的国家无法强迫私人档案所有者履行上述义务并进行报告，如英、德、美等国的档案法规规定只有在征得私人档案所有者同意后，国家才能对其档案进行调查和登记，相应的法规中也没有对私人档案所有者保管义务的规定。

二是寄存档案。私人档案所有者可将所拥有的具有重要历史价值的档案寄存在国家（公共）档案馆中，其所有权仍归私人所有。阿尔及利亚《档案法》规定：拥有或占有原始文献的私立机构和个人可以要求将其原始文献寄存在主管的档案管理部门，后者通过各种方式为自愿寄存原始文献者提供方便；匈牙利《档案法》规定：如果私有机构不想保管他们所形成的档案，就必须把档案移交寄存到档案馆；塞内加尔《档案法》规定：私人档案可以寄存在公共档案馆并接受塞内加尔档案局按法令规定实施的监督。法国、意大利、澳大利亚等国的档案法规也都有类似的规定。寄存档案是在充分尊重私人所有权的基础上，在私人档案所有者自愿的情况下，对重要的私人档案实施保护的一种有效措施。寄存档案一方面利用公共档案馆良好的保管条件集中管理私人档案，防止档案散失或损坏；另一方面也便于在征得私人档案所有者同意的前提下提供给公众使用，实现资源共享。正因为如此，这种私人档案保护方式已被大多数国家特别是西欧国家采用，目前西欧各国国家档案机构所收藏的私人档案，除了以遗赠、捐赠和购买方式得到的以外，大部分是私人根据双方签署的长期合同寄存在国家档案机构中的。

三是私人档案的转让与流通。在承认私人档案是私人财产，其产权归私人所有的国家里，私人档案的所有者享有对其产权所具有的各项权能，如转让、出售等。但重要的私人档案是国家档案资源的重要组成部分，是国家的宝贵财富，关于它的转让、出售等相关权能的行使并不是任意的，而是受到国家法律制约的。如意大利颁布的《意大利共和国关于国家档案管理机构和管理人员的法令》中规定：如私人档案持有人欲转让其档案必须事先通报，未通报有关档案监督处处长之前，不得以有偿或无偿的名义，转让档案和文件的所有权和占有权。同样，凡以遗产和遗赠的名义，获得档案和文件者以及参与有关事情的公证人，也应在事情发生的二十天内，通知档案监督处处长，否则，上述转让将视为无效。文件经营者和文件出售公司欲出售档案，须将拟出售的文件清单报告给有关的档案监督处处长，同时，管理出售动产的官员如发现在出售的物品中存有文件，也应报告。自报告之日起两个月内，档案监督处处长一面通知报告人在其职权范围内应采取的措施，一面向地区行政领导汇报。如档案监督处处长对此没有反应，可被认为批准出售。

四是私人档案的利用。保管档案的最终目的是实现公众的利用，这样档案的价值才能体现出来，档案也只有通过开放才能达到共享。但是保管私人档案的机构，无论属于公共还是私人性质，均没有向外部利用者开放私人档案的法律义务，除非特别的法律、法规或规定给他们强加了这个责任。为了实现私人档案价值与个人的权益兼顾，不同国家对私人档案的开放有着不同的法律规定。

《法兰西共和国档案法》针对私人档案不同的人群、不同的内容限定了不同的开放年限。规定：一般私人档案期满30年向社会开放外，与私人生活有关的诉讼档案或涉及国家安全利益的私人档案期满60年开放，与司法事务有关的文件及私人家庭生活方面的档案期满100年开放，涉及私人医疗病历的档案期满150年开放。英国《档案法》规定：凡期满30年的公共档案和期满100年的私人档案，均向公众开放。瑞士联邦档案馆接收私人档案进馆后，私人可以对其档案的利用提出限制要求，以保护私人利益。他们的利用限制要求有的是部分的，有的是全面的，档案馆在说服私人或私人组织尽量把档案开放利用的同时，是尊重他们的意见的。一般涉及个人秘密，以及公开后有可能损害国家安全、利益和形象的档案延期开放的年限都较长。扎伊尔《档案法》规定：私立机构和个人的档案可为科学需要免费提供利用，涉及个人私生活的档案在移交给国家档案馆50年后才可以提供利用。

（二）法律赋予国家管理私人档案特定的权利与义务

国外一些国家的《档案法》中除了对"私人档案"的概念从法律上进行了界定之外，还对私人档案的管理做了专门的规定，从法律上不仅赋予了国家对重要的具有历史价值的私人档案所享有的权利与义务，还赋予了国家档案管理机构对私人档案实施管理和保护的权利与义务。

1. 明确受国家保护的私人档案的范围

私人档案涉及面广、种类繁多、形式多样并且数量巨大，但并非所有的私人档案都需要得到国家的重视和监控。各国档案法规都明确规定具有重要历史价值和与公共利益有关的、对于国家和社会都具有重大意义的私人档案必须得到国家的保护。档案法规所称私人档案是指受国家保护的这一部分私人档案，而不是私人形成或占有的全部档案。法国《档案法》第三章第九条至第十四条规定：由于具有历史意义而涉及公共利益的私人档案，由档案管理部门提议，经文化部部长决定，可作为历史档案进行登记。作为历史档案进行登记的私人档案，其所有权并不转让给国家。受国家保护的作为历史档案而登记的档案不受时效的约束。不论档案转让给谁掌握，都要履行登记手续。已登记的档案禁止销毁。未经档案管理部门批准，已登记的私人档案，不得有任何补充和修改。

2. 明确管理受国家保护的私人档案的机构

由于各国的国情、文化传统以及国家管理体制不同，各国对私人档案的管理方式也是不同的。总体上说，无论采取哪一种方式管理私人档案，都是由国家行政力作保障的。

一是由档案行政管理部门作为管理的主体。国家档案行政机构负责对具有重要价值的和涉及公共利益的私人档案实行登记权、鉴定销毁权、出售批准权、出国批准权、优先购买权和转让否决权等。如俄罗斯设有联邦档案局和各地方档案局，法国设有国家档案局，意大利设有国家档案遗产局。德国设有联邦行政管理机关，只是在一些地方设立有档案局管理私人档案事务。

意大利于1963年9月颁布的《意大利共和国关于国家档案管理机构和管理人员的法令》中规定，国家档案管理机构对下列档案进行监督：公共机构的档案，私人以任何名义拥有、占有或保存的具有重要历史价值的档案。由档案监督处处长负责阐明并以行政通告的方式向社会公布哪些私人档案具有重要历史价值，在此之前还要对私人不管以何种名义拥有、占有或持有的可能具有重要历史价值的档案进行鉴定。

二是由获得授权的国家档案馆作为管理的主体。依据相关法规的授权，国家档案馆行使档案行政管理和档案保管双重职能，负责对具有重要价值的和涉及公共利益的私人档案实施监督。如挪威、瑞典、芬兰、冰岛、丹麦等一些北欧国家。瑞典1965年颁布的《瑞典国家档案馆条例》规定了国家档案馆的职责，其中规定"在可能的情况下，国家档案馆还可接收保管国有公司或企业和个人寄存或捐赠的文件"①。

3. 明确国家对受保护的私人档案管理所拥有的权利

为保证具有历史意义并涉及公共利益的私人档案得到有效的保护、管理和合理的利用，各国档案法规都明确赋予了国家相应的权利。《意大利共和国关于国家档案管理机构和管理人员的法令》规定，国家档案管理机构对具有重要历史价值的私人档案进行监督，并在法令中详细列举了国家对私人档案管理所拥有的权利，如鉴定、检

---

① 中国档案学会对外联络部、《档案学通讯》编辑部：《外国档案法规选编》，档案出版社1983年版，第180页。

查、处置、转让、购买，以及对违反规定的行为的处罚等；法国《档案法》和《关于保护具有历史价值和公共利益的私人档案的法令》具体明确了国家在私人档案登记、鉴定、销毁、转让、出售、运往国外等方面所拥有的权利，比如规定未经档案管理部门批准，已登记的私人档案，不得有任何补充和修改；芬兰1994年修订的《档案法》规定了国家对具有学术研究意义的私人档案的管理职责和权限，包括国家档案机构对私人档案的经费支持，以及对私人档案登记、接收、出境、优先购买或制作拷贝等方面的权利。

国外建设私人档案信息资源的方式通过建立登记制度纳入国家档案法的范围进行。一是国家对受保护的私人档案实行登记制度。登记制度是世界上许多国家档案法中对私人档案信息资源进行管理的一项重要措施，国家对可能具有历史意义的私人档案进行调查和登记，了解和掌握这些处于分散状态的有价值的私人档案信息资源的范围和行踪，为国家的总体监控提供对象，同时防止私人档案所有者违法处置这些档案。

私人档案由国家档案馆进行登记，这个做法虽然极大地限制了私有权，但它同时符合另外一个原则，即集体利益大于个人利益。即使是私人的，但是对公共有意义的，也要为公共服务。为符合集体利益的名义，国家担负起了监管档案的责任，并努力确保档案能够根据法律的要求得到最好的保护。因此，用法律的手段对重要的、有价值的私人档案进行登记，更具有法律的强制力，也便于国家的有序管理。

法国于1979年12月3日颁布了《关于保护具有历史价值和公共利益的私人档案的法令》，在这个法令中特别是关于私人档案的登记问题，做了非常全面的规定。法令规定：提议对作为历史档案的私人档案进行登记，或是档案所有者的责任，或是文化部部长的责任。若登记的建议出自档案所有者，则由他本人向文化部部长提出。文化部部长将此建议提交档案高级委员会。该委员会从接到建议之日起六个月内对此提出审议的意见。文化部部长根据档案所有者的要求和档案高级委员会的意见，宣布登记决定。登记决定要注明：被登记档案的性质；档案所有者的姓名和住址；必要时，还有保存档案所在地的房主姓名和住址。登记决定以行政方式通知档案所有者。经登记的档案所有者若建议要对其档案的全部或部分做些变动、修补或修复，则应书面报告文化部部长，并向他提供有关工作计划的一切有用资料。文化部部长在两个月的时间内将其决定通知当事者本人。若文件的状况要求这样做，根据档案所有者和文化部部长之间一致决定的投资方式，修补或修复工作可在法国档案局所属的专门工作场地进行。经登记的私人档案若打算将其档案的全部或部分从法国本土的一地永久地迁往另一地，或遇丢失、偷盗或意外的损坏等情况，或由于继承或遗赠而引起的任何所有权的变动都应立即通报文化部部长。

《意大利共和国关于国家档案管理机构和管理人员的法令》中规定：有重要历史价值的私人档案的确立是由档案监督处处长负责的，并以行政通告的方式向社会公布，同时阐明不管以何种名义由私人占有或持有的档案或单份文件，凡是具有重要历史价值的档案都包括在内，私人如不同意档案监督处处长采取的措施，可在六十天的期限内向内务部部长提出申诉，内务部部长在听取档案最高理事会常务委员会的意见后做出裁决，是否对私人重要历史档案的鉴定。不管以何种名义成为档案的所有者、占有者或持有者，其中包括近七十年以前的文件，有义务在本法令生效之日起两年之内，或在生效后获得者，则应在获得之日起九十天之内，通知有关的档案监督处处长和省长，进行登记。

俄罗斯《档案法》中规定，在与档案所有者取得一致意见的情况下，档案事务委员会可以对私人所有的重要档案进行登记。

二是复制档案及目录。即由国家档案机构对具有重要历史价值的私人档案进行复制，复制件保存在档案馆，这样即使档案原件丢失、出境或被破坏，档案复制件仍在。荷兰档案法规规定，私人档案所有者应将档案寄送到有关公共机构，由公共机构制作复制件，然后将原件归还所有者。澳大利亚档案法规规定，为私人或私人团体所占有的文件，公共档案馆可要求他们出示文件，进行拷贝，复制件由公共档案馆保存。匈牙利档案法规规定，只要国家档案馆认为私人档案具有永久价值，就可以对它们进行注册，若需要，还可以将它们制作成缩微胶片。委内瑞拉档案法规规定，国家档案馆有权对私人档案进行复制。法国档案法规规定，档案管理部门应对档案所有者申请出口的已登记的私人档案进行复制。

三是限制或禁止私人档案出境。几乎所有国家的档案法规都禁止或限制私人档案出境，除非得到管理部门的特殊批准。法国《档案法》规定，凡经过登记的具有重大历史价值的私人档案不得随意转让，当出口这些档案时，必须提出申请，附上出口档案清单，国家档案馆有权对其复制后，允许出口，或者通知档案所有者，对部分或全部档案行使留置权，使其成为国家财产。英国通过《出口特证法规》控制手稿档案流到国外。芬兰《档案法》规定，国家档案机构有权对具有学术研究意义的私人档案的出境行使否决权。在葡萄牙，有专门的法律保护重要的企业档案，这些档案被宣布为不可剥夺的，并且不能出口。俄罗斯《档案法》规定，被登记的档案未经允许，不得随意带出国境。法国《档案法》规定，已登记的私人档案禁止销毁，未经档案管理部门批准，已登记的私人档案，不得有任何补充和修改。

四是规定了私人档案的收集方式与途径。由于私人档案是一种特殊的私有财产，除了对其所有者具有价值，其相当一部分还可能对国家和社会具有价值，是国家文化财产和社会信息资源的一部分。因此各国的国家档案馆以各种方式收集私人档案。对私人档案的收集完全在私人自愿的基础上，或在某些特殊情况下，通过合法的途径和手段，获得具有重要价值的私人档案的使用权或保管权，甚至所有权。各国档案法规对私人档案国有化制定了较为具体的规定，其主要途径有五种。

捐赠。许多国家的档案法规规定，采用给予一定经济补偿的方式或"以物代税"的政策，鼓励私人档案所有者向国家（公共）档案馆完全捐赠或不完全捐赠档案。完全捐赠是指不附加任何条件的捐赠，不完全捐赠是指带附加条件的捐赠，这些附加条件主要涉及保护私人秘密等方面的内容。如法国档案法规规定，国家对价值很高而档案馆又无力购买的私人档案，采取免交个人所得税和财产继承税的办法，鼓励向档案馆捐赠；阿根廷、英国、澳大利亚等国的档案法规规定，捐赠者或遗赠者可被免除遗产税和其他税款；加拿大的档案法规规定，向政府捐赠私人档案可降低个人所得税。

购买。即国家通过购买的方式收集私人档案。各国档案法规中有关购买私人档案的规定有两个特点。一是明确国家对私人档案拥有优先购买权。法国、俄罗斯、前南斯拉夫、秘鲁、扎伊尔、塞内加尔等国《档案法》规定，当私人档案所有者出售非国有档案时，国家享有优先购买权。芬兰档案法规规定，对于私人档案中具有重要研究意义的档案，国家档案机构有权按市场价格优先购买。意大利档案法规规定，私人在出售或拍卖档案前，要预先通知有关档案馆，并附上出售或拍卖的档案的目录，国家在三个月内可行使优先购买权。二是明确规定在购买私人档案之前，必须由专门组织对档案进行估价，目的是防止私人随意抬高价格。保加利亚档案法规规定，私人档案的购买价格由专门的档案估价委员会决定。法国档案法规规定，购买私人档案的价格由一个专门评判包括档案在内的文化物品的委员会进行鉴定。

征用、征购、收购。有些国家的档案法规将征用作为私人档案收集方式之一。征用带有强制性，征用对象一般是具有重要历史意义的个人档案，征用的目的必须是公益活动，而且是无偿的。意大利《档案法》规定，具有重要历史价值的档案和文件，凡经过内政部部长同意，均可为公益征用。扎伊尔《档案法》规定，因公需要可以征用具有历史价值的、属于私立机构和个人的文件。

接收。接收档案是指在某些情况下，如私人档案的拥有者去世后若干年而档案无人继承、认领等情况，国家档案馆可以直接将该档案的所有权接收。英国《公共档案法》规定，英格兰或威尔士法庭保管的任何文件，如果其保存时间超过了五十年仍无人认领，经过法官同意后，公共档案馆馆长可要求将这些文件移交给公共档案馆，这些文件即成为公共档案。澳大利亚联邦维多利亚州《公共档案法》规定，档案拥有者去世后，档案成为州的财产，移交给公共档案馆保存。美国、西班牙、德国、瑞士等国档案部门通过与重要家族或人物保持经常联系，协商签订合同的方式，取得私人档案的保管权。[①]

没收。没收是各国为了国家利益而将私人档案强行收集的一种行为，是为了制止破坏、偷盗、偷运档案出境等违法行为，保护国家文化财产所采取的一种极端措施。希腊档案法规规定，所有私人收藏的手稿和历史文献都必须向教育部和国家档案馆申报登记，如果在收集到这些文献后的一个月内不进行申报，这些文献可以被没收充公。

五是实行私人档案的建议帮助制度。在一些国家的法规中赋予国家档案管理部门享有向私人档案所有者提出保管方面的意见、建议和帮助的权力。一些档案馆对保管或代存的私人档案进行整理、编目、鉴定等是不收任何费用的。芬兰政府颁布专门法令，规定国家档案馆有义务在财政上支持部分私人档案馆。斯里兰卡《档案法》规定，档案馆馆长和由他授权的国家档案馆其他成员须了解私人所有收藏的文件集或印刷材料，进行登记和编目，并提供必要的保管技术方面的帮助。

以上我们可以看出，各国的《档案法》赋予了国家档案管理机构，对有价值的公共档案与私人档案管理的权利和义务，将私人档案的管理纳入国家档案管理机构范围内进行监督和管理，体现了私人档案在整个国家档案信息资源中的重要地位。

综上所述，在一些国家的档案法规中，私人档案的管理是一项基本的内容，尽管不同国家对私人档案管理的规范侧重点有所不同，具有一定的差异性，但是对于公认具有重要历史价值的私人档案和文件，都在档案法规的监控和保护之下，不得私自处置。这说明私人档案的管理在国外已经纳入了《档案法》的规范范围。除此之外，在各国的其他法律，如：数据保护、个人隐私、信息自由等方面的法规中，也涉及对个人信息的保护和管理的相关规定。各国从法律上对私人档案的管理进行调节和规范，说明了私人档案在国家档案信息资源中的作用是不可或缺的。同时，私人档案信息资源作为人类的文化遗产的地位越来越受到各国的重视，对其管理和保护不仅是对一个国家

[①] 参见刘维荣《私人档案管理在欧洲的新动向》，《湖北档案》2004年第1期。

的贡献，也是对人类赖以生存的世界的贡献。当代档案立法思想不断发展变化，这是与社会发展同步进行的，把私人档案信息资源的管理纳入《档案法》的框架内加以规范，是当代国家管理私人档案信息资源的一个重要趋势。

第二节　国外国家层面私人档案管理的情况

美国著名档案学家谢伦伯格认为："个人或法人团体的文件，例如企业和各种组织的文件，虽然其中的信息或许不如公共文件中的信息可靠或确实，但这种文件有着补充的特性。在许多特定的方面与公共文件相比，它可以提供比较专指、比较丰富多彩和比较富有暴露性的信息。与仅仅根据公共文件进行历史写作相比，使用它们会使史书增加趣味性和可读性。"[①] 这种观点在现实中具有一定的代表性。欧美许多国家不仅在法规中，将私人档案信息资源和公共档案信息资源纳入档案法的范畴加以规范，在国家档案机构的组织管理中，以及在国家的档案收藏机构中，也对私人档案信息资源给予了必要的关注。

一　国外国家管理私人档案的机构

（一）国外国家档案馆中设立专门的部门负责管理和收集私人档案信息资源

国外一些国家档案馆的关注领域很早就从国有档案信息资源延伸至对国家有价值的私人档案信息资源的管理。法国在国家档案馆内科学、文化、技术活动部设家族档案处保存捐献和寄存的家族档案，在古代档案部设家谱研究处。芬兰在国家档案馆中设有私人档案部，负责私人档案的登记工作。丹麦国家档案馆设私人档案部保管私人档案，以及档案馆收集到的其他各种历史档案，涉及法人单位（如公司）的档案一般不进国家档案馆，但若自愿将档案送国家档案馆保

---

① ［美］T. R. 谢伦伯格：《现代档案——原则与技术》，黄坤坊译，档案出版社1983年版，第135页。

存，国家档案馆也予以接收。斯里兰卡国家档案馆在保存个人或私人机构寄存的文件的同时也保存从寺庙和私人手中收集到的历史手稿。瑞典国家档案馆附设有一个咨询委员会，其任务是协助国家档案馆处理私人档案的清点问题。加拿大国家档案馆是联邦政府的一个机构，负责联邦政府历史文件的管理，同时也负责具有国家意义的私人文件的收集、保护和公众利用。荷兰在国家档案馆总馆建立了一个专门负责收集私人档案信息的部门。英国和美国也有类似的机构，如英国由历史手稿委员会和全国档案登记处来负责私人档案的登记和管理，同时全国档案登记处就在国家档案馆办公，该处保存来自各档案机构或个人的，有关档案内容及存放地址的目录和报告，是一个专门化的文献中心，与大学图书馆、博物馆、地方档案馆及那些保存着自己档案的私人物品收藏者，建立了广泛的联系并合作开展工作。阿根廷的国家档案馆设有私人档案部，负责保管私人捐赠的家族全宗、活动家的文件和学者的档案等。总之，国家档案机构中设置专门机构管理和收集有价值私人档案，有利于国家对有重要价值的私人档案信息资源的保护，有利于协调和监督对私人档案信息资源的管理。

（二）国家档案馆中收藏保管私人档案全宗

在国外的一些国家如法国、意大利、英国、美国、奥地利等国家档案馆中都保存有私人档案全宗，这些国家认为只要档案机构能够得到私人档案、文件，就应当加以保管。特别是对那些宣称具有重要历史价值的私人档案信息资源，更应置于国家档案馆的监控之下。

1945年法国颁布的法规就把公共档案与私人档案一起划入了档案馆的管理范围，政府每年给国家档案馆拨专款，专门用于购买有价值的私人档案和管理寄存的私人档案。迄今为止，公共档案馆已收藏了成千上万家族或个人档案全宗，其内容十分广泛，时间跨度也很大，从中世纪某一大领主的档案到现时代某位部长或高级官员的档案。近年来，为了使政治家们在离开部长职位后，将他们本人及其合作者的档案交给国家档案馆，档案馆为此做出了不少努力。现在，互为补充的公共档案和私人档案都被看作重要的历史文献资料，这种观念随着社会实践活动的发展，档案馆的收藏领域也在不断地扩大，已延伸到更广泛的政治领域、经济领域与社会领域。一些大型工业公司、商行或银行，都将其古老的档案送到国家档案馆或省档案馆中保存。它的利用者也不再仅仅局限于历史学家，而是不断扩大范围，阅览室的读者大众来自各个方面。这种变化，得力于档案管理机关对私人档案信息资源的收藏，始终表现出很大的灵活性。"凡自愿交出其档案的统统予以接收，并可随时收回。实际上，在数千份寄存品中，只有两起撤回的事例。但是，对于那些拥有重大历史价值档案的所有者，最有说服力的，还是向研究者提供对他们并未带来丝毫损失的实例。"①

法国国家档案馆的总藏量为 100 公里排架长度，其中私人档案就有 7 公里长，共 600 个全宗。这些全宗是从中世纪至今的法国著名家族（如拿破仑家族等）、名人（主要是政界、经济界、新闻界、科技界名人）在非公务活动中形成的档案。在其北部分馆还专门收藏着大量的私人企业档案。法国档案工作者非常重视半官方机关、私人机构和个人收藏和占有的档案，他们认为历史是不能只根据官方文件来写的，因为这些文件常常语言枯燥，甚至有可能失去客观真实性。因此，必须用个人收藏的档案或私人档案来补充作为历史科学粮仓的档案馆。

意大利的法律条文也清楚地注明了这一点。此外，像英国这样的国家，曾经用政策规定来限定档案馆只对公共文件负责，但现在也同样开始承认，在公共档案馆里保存非公共文件是正确的。

瑞士的法律虽然规定私人档案文件没有必须存档的义务，但是瑞士联邦档案馆仍然非常注意私人档案的征集，它们通过采用各种途径和方法征集私人档案的丰富馆藏，如依靠档案人员的宣传和引导。此外，档案馆馆长的一个很重要的工作就是同政界要员保持良好的私人关系，及时寄送宣传品，鼓励私人捐赠档案。目前，瑞士 260 个各类档案馆共保存有 6000 多个私人档案全宗，其中瑞士档案馆馆内总共

---

① ［法］让·法维埃：《20 世纪的法国档案事业和问题》，《档案学研究》1991 年第 4 期。

有550份私人档案全宗，300个来自自然人，250个来自法人，并且每年能够接收进馆15—20个私人档案全宗，这部分档案由专人管理，在接收时要与私人签订协议，规定档案是否可以公开。利用这些丰富生动的私人档案，联邦档案馆已经编辑了不少出版物，取得了很好的社会效益。

在国家档案馆中保存私人档案信息资源可以更加丰富社会记忆。现代档案工作者为了使档案馆的馆藏更加丰富，更增加趣味性，更贴近百姓，通过不断收集个人档案、私人文稿和个人汇集，以及只能称作历史手稿的零散的自然的文件积累物，用丰富的馆藏激起人们对档案的利用兴趣，以增强和提高档案馆馆藏的咨询价值和研究价值，实现档案馆服务于国家与社会的目的。正如英国档案学家迈克尔·库克所说的那样："整个社会应该把档案馆看作它的一个文化机构，即使给档案馆贴上'文化娱乐'，甚至'消遣'的标签也是无可厚非的。虽然档案馆像博物馆和参考图书馆一样与纯娱乐性机构相比有着更严肃的目的，但是它们有个共同点：如果人们愿意，就可以去这些由社会建立起来的机构，按照个人兴趣进行活动。"①

二　地方政府档案部门是私人档案信息资源的重要管理部门

世界上许多国家都认为"档案馆负有保管一个国家、地区或城市的文件遗产的责任，为了履行这种责任，除公共部门活动中形成的文件外，对社会机构、企业组织、家庭和个人形成的文件也要予以必要的重视。也就是说，现在的档案工作者认为自己的职责已经扩展到整个历史的范围"②。在国外，收集非官方档案，调查私人档案信息资源及其接收和保存情况一直是地方档案部门的重要职能之一，是其

---

① ［英］迈克尔·库克：《中央及地方档案机构与社会的关系》，孙钢、丁志民等译，载［法］彼得·瓦尔纳《现代档案与文件管理必读》，中国档案出版社1992年版，第38页。

② ［法］罗伯特·亨利·鲍蒂埃：《档案馆的责任与档案工作者的职责》，孙钢、丁志民等译，载［法］彼得·瓦尔纳《现代档案与文件管理必读》，中国档案出版社1992年版，第84页。

"地方性"工作中的一项。这样有助于档案工作者对本地及本地重要人物的深入了解和掌握。许多国家认为，如果有财力的话，地方意义的私人档案信息资源的调查和收集，最好由地方基层的档案部门进行。这一现象在英国各郡表现得尤为突出，英国的地方档案馆不仅集中保存了官方档案，还将自己的主要精力，放在寻找和收集本地区形成的其他档案上，特别是对家族历史和当地历史的收集。

在美国地方州档案馆，也同样注意收集私人形成的各种文件。其主要原因是地方性的档案馆从管辖范围看，偏重于承担本地区、本社区文化特色收藏和管理机构的责任。地方档案馆的馆藏，是以地方政府自身的档案和地方产生的非官方性档案为基础的，这些机构在本社区的作用与国家机构的作用不同，它们相对来说更贴近当地的社会生活，更易于被当地人们接近，对具体的社区要比整个社会这个大环境来说更为重要。①

阿根廷桑托非省档案馆始建于1961年，是阿根廷馆藏最丰富的档案馆，主要保存全省行政管理以及其他方面的文件档案，还有私人档案。它从1964年开始接受私人档案的捐赠，收集了大量的私人档案，其中3个个人全宗，以及一些家族档案、文学档案，还有大量的照片，这些私人档案时间范围从1697年到1990年，包括了阿根廷殖民时期、独立时期，甚至近代，对研究阿根廷的社会历史非常有价值。②

国外"国家档案馆、州立档案馆和地方政府档案馆从性质上说是'政府档案馆'，但是它们在社会中承担着更为广泛的角色和作用"③。国家、州及地方的政府档案馆，除充当着"政府管理档案存储地"的角色外，还为社会承担着更具广泛意义的行政职责。因此，许多国

---

① 参见［英］迈克尔·库克《中央及地方档案机构与社会的关系》，孙钢、丁志民等译，载［法］彼得·瓦尔纳《现代档案与文件管理必读》，中国档案出版社1992年版。
② 参见［美］琳达·J.亨利《谢伦伯格理论与计算机自动化世界》，刘越男译，《山西档案》1999年第6期。
③ ［美］琳达·J.亨利：《谢伦伯格理论在网络时代的生命力》，刘越男译，《档案》2001年第1期。

家的政府档案馆除了收集政府机构产生的档案以外,也注意收集非政府组织、企业和私人产生的档案,比如有关城市历史的人物和事件,地方历史风貌,社会重大事件,家世、家庭、家族的档案,个人学历和履历方面的档案,从而"扩展非官方的非公务活动的馆藏来源,特别是那些能够反映人本和人文现象的档案史料"[①],以丰富馆藏。

一个国家的档案馆有责任提供全部能够得到的、反映我们这个时代的最完整的、最有价值的文件材料,档案工作者的职责是积累所有的证据材料[②],而不管其物质形式如何、原作者是谁,历史由利用这些档案信息的人自己做出评价。

三 国家图书馆、博物馆藏有私人档案

在欧美的许多图书馆和博物馆里保存有大量的私人文件和档案,这是由于19世纪之前,人们普遍认为档案馆是收集保管官方文献的地方。所以早期人们一般把私人档案通过买卖、捐赠或交换等形式交给了图书馆或博物馆。著名的法国档案学家米歇尔·迪香(Michel Duchamp)指出,在19世纪和20世纪初的档案工作者的语言中,"档案"一词通常仅仅指由公共机构所形成的文件,并不包括私人或家庭文书、个人的信函及类似的文件,在那里,个人或家庭形成的文件通常称为"手稿"。现实中许多图书馆和博物馆都有数量不菲的私人档案。如波兰国家图书馆有手稿25051件;德国柏林国立普鲁士文化基金会图书馆有手稿120147件。

美国国会图书馆是收藏保存私人档案非常著名的一个机构。国会图书馆最早创建于1800年,早于国家档案馆100多年,于1879年成立手稿部,专门负责收集有历史或文学价值的手稿。手稿部收集史料的范围非常广泛,涉及政治、经济、外交、文化、科技等诸多领域,其内容主要是对美国历史有影响的政治家、军事家、科学家、发明

---

① 朱荣基:《论馆藏质量》,《上海档案》1999年第2期。
② 参见[法]罗伯特·亨利·鲍蒂埃《档案馆的责任与档案工作者的职责》孙钢、丁志民等译,载[法]彼得·瓦尔纳《现代档案与文件管理必读》,中国档案出版社1992年版。

家、作家、艺术家、企业家等知名人士产生的文件，也包括非政府组织所产生的文件，内容大多体现非公务活动的性质，其私人手稿文件超过全美所有私人手稿收藏的总和，丰富的馆藏超过世界上其他任何综合档案馆。现任馆长著名的历史学家詹姆斯·比林顿（James Billington）曾精辟地阐释：国会图书馆是个人和全人类记忆、才智以及想象力连接的纽带；国会图书馆收藏的11000余件私人档案文件令人目不暇接，亲笔书写这些文件的人都曾在美国历史进程中产生过各式各样的影响。如：杰斐逊起草的《独立宣言》第一稿，上面还有本·富兰克林和约翰·亚当斯手写的注释；莱特兄弟发明出动力飞机在1903年首次试飞成功的历史性照片，以及他们拍给父亲的电报等种类很多的私人档案。此外，其收藏的地图、地球仪、新闻纪录片、活页乐谱、政府文件等方面的档案也构成了其丰富的珍藏。[①] 这与美国国会图书馆开明的收藏法规、政策有关，1870年，美国国会通过一项法案，规定任何人如果想为其档案资料申请保护，就必须向国会图书馆送交两份样本，长期沿袭下来，使得美国国会图书馆的收藏范围极广，几乎能够找到所有学科的档案材料。[②] 而且国会图书馆还专门组织历史学专家为利用者提供无偿的咨询服务。

第三节　国外社会民间机构保存私人档案的情况

国外保存私人档案信息资源的机构，除了我们上面所论述的官方机构以外，还有大量非公共机构、团体、协会、组织和个人，为了更好地保管自己形成的或者通过各种渠道得到的具有保存价值的文件、档案和资料而建立起来的档案馆许多是属于私人性质的，保存有丰富的私人档案信息资源。私人档案馆有公民个人建立的档案馆，还有社会组织建立的档案馆，如私营的商业企业、宗教机构、政党、学术研

[①] 参见徐玉清《第二次欧洲档案会议侧记》，《档案学研究》1989年第4期。
[②] 参见刘维荣、林挺编译《美国图书馆中的档案珍藏扫描》，《档案与建设》2001年第4期。

究和文化机构、大学、社会和专业团体等各种类型的档案馆。私人档案馆的名称也有很多，如经济档案馆、企业档案馆、大学档案馆、宗教档案馆、政党档案馆，或以私人个人命名的档案馆。在德国，有骑士贵族档案馆、天主教档案馆等；在意大利，有"日记档案馆""旅游档案馆"等；在法国，有著名的"巴黎书信和手稿博物馆"。同时大部分私人档案馆是重视档案利用的。如英国老工党档案馆、哈佛大学档案馆、胡佛研究所档案馆、西门子公司档案馆、罗斯柴尔德家族档案馆都是对外开放的，甚至封闭了200多年的梵蒂冈秘密档案馆从1878年就开始逐渐向社会开放。这些社会档案馆不仅在现场安排了开放时间，还在线建立了专门网站、论坛或邮箱，提供远程的档案服务。私人档案馆虽然不受当地政府档案馆的管辖，制定和执行自己的档案政策和实施计划，但私人档案馆和其他具有独立法人资格的社会组织一样，遵守国家的相关法律，履行规定的权利与义务，受到国家的法律保护。它们在档案的管理上，有一定的自由空间，呈现出多样化。

一 大学、研究院所的图书馆、档案馆

国外许多的大学图书馆、档案馆，也是私人档案重要的收藏机构。如波兰具有650年历史的雅盖隆大学图书馆中就保存有世界上最古老的有关个人活动的资料。英国的剑桥大学图书馆藏有牛顿的关于运算、微积分、光学以及万有引力的手稿，牛津大学图书馆保存有作家简·奥斯丁（Jane Austen）未完成小说的手稿。[①] 这些机构很早就已经开始收集计划，大学的图书馆、档案馆通常采取捐赠、授予、交换、索取、采购以及募捐等多种方式和手段获取档案资料。同时，还特别注意收集本国和学校所在地区特定活动的原始资料，这使大学发挥着重要史料中心的作用。

国外大学档案馆收藏有两大类档案：一类是本校的教学、财务、

---

① 参见卞咸杰《探析英国高校档案管理的特点：以谢菲尔德大学为例》，《档案管理》2012年第6期。

科研和管理方面的档案；另一类则是由捐赠、购买或交换而获得的许多反映历史上社会政治、经济和文化等各方面的档案。在欧美，有的大学档案馆是在图书馆内设立的。如牛津大学成立于1214年，其档案馆成立于1634年；图林根大学成立于1476年，其档案馆成立于1634年；哈佛大学成立于1636年，其档案馆成立于1938年。①

澳大利亚墨尔本大学档案馆，主要收藏保管的是期满30年的私人机构、个人的档案，这部分档案占全部档案的70%，而学校本身的档案只占30%。馆藏的最早档案是1830年的商业记录，1860年在墨尔本的土地上发现金矿，大量的人押到澳洲去淘金，使墨尔本市成为当时世界上第二富有的城市，这里就保存了部分当时采矿的记录。

英国政府认为，大学档案馆在私人档案管理方面应承担更多的责任，一方面是因为大学有着很强的科学研究能力，因此，英国政府决定将具有国际价值的档案卷宗（第一代威灵顿公爵的档案）授予南安普顿大学保管；另一方面是大学作为一个社会机构，需要承担一些社会责任，在这一方面大学档案馆确实干得很出色。例如一些大学档案馆曾将珍贵档案搬上网，通过因特网以供世界各地利用者使用。英国利物浦大学除了建立了贫困儿童救济活动档案的收集与查阅中心，还管理着几个从事儿童工作的大型国际组织的档案，包括慈善机构，以及国家儿童之家的档案，并开展法律授权的国际利用活动。在这样的背景和环境中，大学档案馆充当了具有地域性和浓厚研究特色的信息中心的角色，以自己特有的人文精神和理论研究实力，管理、保护珍贵的富有价值的私人档案信息资源。

20世纪70年代末，美国企业档案到底由谁收藏曾成为美国企业档案界争论的焦点。最终，社会认可以大学收藏为主管理收藏企业档案，于是大量的企业档案被移交、捐赠给各个大学。许多个人手稿也在大学档案馆的收藏之列。

研究院所与大学相比，具有明确而固定的研究方向和研究任务，往往与国家的政治、经济和文化发展紧密联系。如：美国的兰德公

---

① 参见兰松《国外民间藏档现状及管理经验分析》，《档案管理》2014年第3期。

司、胡佛研究所，英国的皇家协会和费边社，德国的六大经济研究所，日本的野村综合研究所等。这些研究院所有的设置在政府，有的设置在民间。为了研究工作，这些研究机构不仅保存本所所有的档案，还大量搜集国内外的档案，成为私人档案收集的中坚力量。

美国斯坦福大学的胡佛战争、革命暨和平研究院图书馆，是美国第31任总统赫伯特·胡佛于1919年建立的，是一个收藏有政治、社会及20世纪经济文化等问题的资料中心，保存了6000万份档案文献资料，其中包括日记、手稿、国际事件中重要的私人文件等多种载体的档案资料。

二　政党档案馆

当今世界，政党林立，各国政党制度不相一致。政党档案馆一般出现在两党制和多党制的国家里。如英国1972年成立的劳工党档案馆是典型的政党档案馆，设在劳工党国家历史博物馆内，位于英国的曼彻斯特。英国劳工党档案馆馆藏有自1900年成立以来劳工党活动的所有历史档案，档案架长度达274.32米，内容包括1900—1906年的劳工档案代表委员会备忘录，劳工党领导人任职时期的文件，以及20世纪60年代至70年代的工人运动记录等。此外还有大量通过购买或捐赠获得的私人档案。[①]

三　经济档案馆

在私人档案中，经济档案是十分重要的一种。欧美一些国家建有经济档案馆，集中收藏许多经济档案，其中德国经济档案馆较具有代表性，它们很早就在德国的经济商业发达地区尝试建立了联合型经济档案馆。最具典型代表意义的是德国莱茵河沿岸，这一地区在20世纪初商业非常发达，经济发展非常迅速。1906年莱茵河南岸路易港存在着许多商业团体，为了垄断资本主义发展的需要，也为了自身发展的需要，他们成立了经济档案馆，将各商业集团的历史档案集中在

---

① 参见兰松《国外民间藏档现状及管理经验分析》，《档案管理》2014年第3期。

一起保管,这种提议得到了莱茵河沿岸9个商业团体和威斯特伐利亚邦9个商业团体的响应,于是成立了历史上第一个经济档案馆——莱茵—威斯特伐利亚经济档案馆。科隆铁路公司、艾森铁路公司、沙夫豪森银行、北海—莱茵航运公司、斯托尔堡铸铁工厂等的档案,以及商界著名人士如前普鲁士内阁总理康普浩曾(也是大银行家和科隆商业团体的代表)的许多私人档案,也都送交经济档案馆保存。随后,萨尔经济档案馆、汉堡经济档案馆相继出现。这种发展的势头随着时代的发展而不断前行,1957年德国经济档案馆联盟成立。[1] 2009年柏林—勃兰登堡经济档案馆成立,该馆220平方米,档案排架长度1.2公里。[2]

德国经济档案馆通过这种管理模式,集中保存了大量的历史档案,为日后人们研究德国的经济、商业发展提供了宝贵的资料。这是具有相同性质的组织,自己发起、建立的一个联合型的经济档案馆的典型事例,组织内的成员可以共享历史信息资源,充分发挥档案信息资源的优势,节约自己保存历史信息资源的成本。因而,也是保存私人档案信息资源的一种管理模式。

四 企业档案馆

企业是社会上最为活跃的组织,与国家政治、经济、文化和人民生活息息相关。国外一些大型企业的档案馆保存的档案文件往往是某一行业或某一领域最权威的记录。1905年,德国克虏伯公司成立了世界历史上第一个企业档案馆。迄今为止,世界上的许多企业都建有自己的档案馆。如:德国的西门子公司档案馆、美国的福特公司档案馆、英国的石油公司档案馆。这些大型企业一般都具有百年以上的历史,对档案管理十分重视,对企业历史的研究同样重视。它们通过保存企业档案、挖掘企业历史、弘扬企业文化,提升企业的竞争力,促

---

[1] 参见张斌、徐拥军、杨青、舒蓉、冷裕波《德国企业档案馆的发展及启示》,《档案学研究》2012年第2期。

[2] 参见徐嘉明《德国柏林——勃兰登堡经济档案馆》,《陕西档案》2015年第4期。

进企业的可持续发展。

拜耳公司成立于1863年，总部在德国的勒沃库森，在六大洲建有750家生产厂，拥有12万名员工及350家分支机构。其档案馆设在勒沃库森化学工业园，有员工5名。档案馆是拜耳公司历史资料的信息中心，档案排架达到1900多米，拥有10万多幅历史图片、900部历史纪录片等企业档案。它在企业中除了作为传统的企业档案（史料）保管中心，还充当企业的信息服务中心、形象展示中心、工业文化遗产中心、企业博物馆等角色。

五 教会档案馆

教会档案馆在国外是一种很古老的、分布十分广泛的非政府档案机构，大多都是从封建社会留存下来的。它是教会档案收藏机构的总称，包括教区档案馆、修道院档案馆、教皇档案馆。教会档案的一个重要特点是历史的连续性、系统性与完整性。如在意大利总主教区、主教区、教堂、大修道院、大教堂等都存有很古老的极重要的文件。例如，撒列诺总主教区有大量关于诺尔曼王室的羊皮纸文件，都灵总主教区的文件可以上溯至公元981年。教会档案馆不仅保存教会自身产生的档案，而且它的收集范围已大大超出教会自身产生的档案范围，例如，美国摩门教会不仅收集摩门教会产生的档案文件，还向全国甚至全世界广泛收集家谱档案，成为世界著名的家谱档案中心。

世界上最大的、历史最为悠久的、最著名的、档案最丰富的教会档案馆应数梵蒂冈机密档案馆，该馆是罗马教皇保罗五世于1612年成立的，因设在梵蒂冈而得名。中世纪的欧洲教皇不仅在基督教内拥有至高无上的权力，还有相当大的世俗统治权力，历代教皇所聚积的财宝和档案都集中在这里。因此，教皇档案馆的馆藏具有重要的历史意义。因为属于教皇所有，教皇对其馆藏的管理和利用拥有绝对的权力，所以又名为"罗马教皇档案馆"。梵蒂冈机密档案馆收藏有10—20世纪档案7万米。可以分为五大类别：第一类是教皇官方文件的正式抄本包括训谕、训令、敕令、手令、复函和普通信函等；第二类是教廷文件，即罗马教廷机关枢密院、财政局、御前会议等单位所形成的档案文件；第三类是外交文件，藏有历史罕见的珍品；第四类是祈祷文件，约 7000 卷；第五类是其他文件和印章等。除了教皇的公务文件以外，梵蒂冈机密档案馆中还收藏着大量有关天主教的种种活动记录、忏悔书、陈情书、授权书等。总之该档案馆馆藏丰富，涉及欧洲很多国家，是研究各国政治史、经济史、军事史和文化史的宝贵史料。在欧洲各国国家档案馆实行开放政策，向社会开放档案半个多世纪之后，教皇利奥十三世才于 1897 年不得不下令，把时间久远的，不涉及教皇利害的档案文件向各国学者、研究人员开放。1988 年教皇又下令允许开放 1922 年以前的档案，供符合一定条件的人员查用。1922 年以后的档案，仍列为机密，严禁外传。尽管这样，仍吸引了欧洲各国政治、经济、历史、文化、宗教等方面的专家、学者前来查阅与本国历史有关的档案文件，有的国家甚至在罗马设立了研究机构进行研究。尽管教会档案馆保存的档案是极为珍贵的档案史料，但在国外也通常被划分在私人档案馆范畴。

六 家族档案馆

家族是以血统关系为基础形成的社会组织。在国外，各个国家都有一些具有很强势力的家族，它们依托家族企业控制着整个行业乃至国家的经济命脉，支持家族成员竞选政府要员操控国家政治，在整个国家乃至国际都享有盛誉。比较有影响的家族主要有两类：一类是经济家族，如美国的杜邦家族、欧洲的罗斯柴尔德家族；另一类是政治家族，如美国的罗斯福家族、英国的温莎家族、日本的德川家族、印度的尼赫鲁·甘地家族。这些家族在其经济和政治以及家族成员的往来联系等活动中形成了丰富的历史记录，是宝贵的社会文化遗产。它们要么单独建立档案馆或博物馆保存这些档案，要么将档案存放在家族企业的档案馆里，要么将其移交给当地公共档案馆保管。

罗斯柴尔德家族是欧洲乃至世界久负盛名的金融家族。它发迹于 19 世纪初，由梅耶·罗斯柴尔德（Mayer Amschel Bauer）创立。到 20 世纪初，罗斯柴尔德家族控制了世界主要的黄金市场，影响着整个欧洲乃至世界的历史进程。罗斯柴尔德家族档案建于 1987 年，其内容包括：罗斯柴尔德银行与其他银行的账户往来纪录；罗斯柴尔德家族财产管理记录和家族成员间的联系记录；以及19世纪末到20世纪30年代，罗斯柴尔德家族在法国开办剧院、慈善组织活动和在巴勒斯坦的犹太殖民地进行资产管理和艺术收藏活动形成的两个文件集。这些档案不仅持续性地反映了这个古老家族发展的方方面面，也反映了近代欧洲乃至世界经济、政治和文化的历史发展历程。①

七　商业性档案服务公司

美国商业性档案服务公司是非常有特色的。美国除政府设置的各级档案馆和文件中心以外，还有各种私人档案馆和文件中心。这类档案馆或文件中心，一种是大型企业各自设立的，只保管本公司系统形成的档案文件材料，如福特汽车公司档案文件中心；一种是私人专为中小企业或个人服务的商业性的档案馆（公司）或企业文件服务中心，如：IRON MOUNTAIN 和 RECALL CORPORATION 两家跨国公司。前者在全球37个国家和地区拥有12万客户；后者在全球21个国家和地区拥有8万多客户。美国是商业化高度发达的国家，商业性的档案服务公司一方面只要按照法律规定登记注册，合法经营就可以开展工作，与其他法人公司一样要遵守国家的一切法律，在法律规定的范围内开展各项业务，受到国家法律的保护。如果公司经理、董事等人，因玩忽职守，致使档案文件材料失密、被盗或有其他损坏，根据情节，要被判处高达1万美元的罚款和判处5年以上的徒刑。另一方面，如果委托公司（人）倒闭、破产，法院在处理该公司的财产时，将优先扣除破产公司应交付的档案材料保管费用，以确保档案公司的利益。这类公司与政府的档案管理部门没有直接联系，政府的档案管理部门也不过问它们的业务，它们通过参与商业文件中心协会组织，与档案界保持着密切的联系。②

伦纳德档案公司（LEONARD ARCHIVES INC.）或称伦纳德档案

---

① 参见兰松《国外民间藏档现状及管理经验分析》，《档案管理》2014年第3期。
② 参见刘锦华《美国私人开办的伦纳德档案公司》，《档案工作》1988年第6期。

馆就是依据美国法律成立，并按照美国法律进行档案文件保管这种特殊的商业性活动的一个具有典型代表性的公司。它位于美国密歇根州底特律市，总经理为杰里·佛·伦纳德，董事长是他的父亲，故该公司又称"伦纳德父子文件中心"。它至今已有百余年历史，经历了两代人的经营，已形成了一定的服务经营规模：齐全的库房设施，良好的保管条件，先进的安全保密装置，固定的用户群，规范化、标准化的管理，专业化的人员服务，便捷而多样化的利用服务方式，都为该公司树立了良好的信誉，使其在高度发达、充满竞争的商业社会中有着自己的发展空间。

八　档案工作者协会

档案工作者协会是民间学术性群众组织。在国外，档案工作者协会发挥着很大的作用，尤其是对联邦制国家采取分散式的管理方式来说，联邦政府的档案机构只负责管理联邦政府各机关档案和档案工作，对地方、企业档案机构及事务没有指导、监督和管理权。此外，由于是私有制，也决定了凡归属于各种集团和私人的档案，均属于私人财产，拥有者有权自行处理。因此，国家、州和市的档案工作者与大学、协会、企业、私人档案馆同行联系主要通过协会来沟通与协调，开展各类学术研讨活动。协会的中介作用十分明显，它不仅是专业学术组织，还具有同行业工会性质，在档案机构间的协作、维护档案工作者权益、制定档案工作行业标准、各类档案馆收集范围的制定与协商、学术研究会的开展方面均以协会、学会名义组织。档案协会成为国家档案部门与大学、企业、教会、私人档案馆的档案工作者及个人工作联系的桥梁。例如美国的企业档案工作没有统一管理体制、没有统一管理要求和标准，各个企业根据自己的实际需要设立档案部门、配备档案管理人员，制定文件材料分类表。档案工作的自发性比较强，业务管理活动的灵活性很大。但从实践发展中表现出的一些问题告诉人们，随意性会给企业档案工作持续稳定地发展带来很大的困难。经营较好的企业，档案工作也做得很好，如美国电信公司、摩托罗拉公司等在总部都建有自己的档案馆；而经营不好的企业或历史较短的企业,就比较忽视档案工作。美国企业档案工作者逐渐意识到这个问题,他们以全美档案工作者协会的名义,自发设立了企业档案工作处,将企业的档案工作者组织起来,目前已有会员300人,每年不定期分片召开企业档案工作会议,对企业档案工作经验进行交流和研讨,推选有关企业轮流主办出版刊物,交流各种经验和信息,以加强企业间档案工作的联系,推动档案工作的开展。

美国档案工作者协会和美国文件工作者协会是美国较为著名的两个民间档案学术团体,其成员主要由官方政府档案机构的、非官方的工商企业组织、学校等机构的档案文件工作人员组成。各州、各城市甚至到县都有地区性的分会,各分会的会员一般两个月聚会一次,交流信息、结交朋友。地区分会都办有会刊,用来传播新的知识,沟通情况。全国性的协会每年开会一次,成为加强会员联系的重要纽带,会员们把档案工作的业务标准、管理方法等带回各自的机构。虽然美国各级政府档案管理部门对企业档案工作并没有指导关系,但是美国国家文件局制定的有关档案的装具标准,有关税收、财务、劳工等文件的保管期限,基本上都能够被遵守,可见档案协会的作用是非常重要的。

英国档案工作者协会是英国档案工作者和文件管理者的专业组织。协会由选举的理事会领导,理事会负责日常的行政管理,每年大约召开5次会议。协会的职能由协会授权的各专门小组和工作队完成。协会的每个会员自动归属所在地区分会,共有11个地区分会,每个分会有一个理事代表。协会定期出版业务通讯、信息和会刊。

综上所述,欧美一些主要国家对于私人档案信息资源的管理从表面上看,似乎是较为松散、随意的,国家并没有一个整体的规划,缺少管理。但实际上它的管理实践从管理体系上看是比较全面的,多数国家实际上已经构成了完善的私人档案信息资源的管理体系。如:在国家层面的档案馆,如公共档案馆或综合性档案馆、地方档案馆都有私人档案信息资源的收藏计划;在社会层面上,有私人档案信息资源管理服务组织,如营利性的档案服务公司、民间性社会团体组成的档案工作者协会等发挥了很大的作用,特别是为私人档案所有者提供了适用的管理服务；在私人组织和个人层面上，如私人企业、经济组织、政治组织（政党档案馆）、社团（宗教档案馆）、大学档案馆以及其他私人档案馆和个人都有保管和收藏私人档案信息资源的惯例。因此，虽然国家、社会组织、私人二者之间缺乏必要的联系与互动，但在社会的每一层面中，实际上都有针对私人档案信息资源的管理、收藏及服务，这无疑对整个社会国家记忆的完整保存起到了重要的作用。

总之，从法律法规建设上看，要依法对私人档案信息资源实施监督与保护。在欧美主要国家不仅在《档案法》中及相关法律法规中有关于私人档案的条款，而且对于某些重要问题如登记、转让、出口也都有严格的规定。把私人档案信息资源与国有档案信息资源一起纳入法律的框架内，依法管理私人档案信息资源，对有重要价值的私人档案信息资源实施监控和保护，这是对私人档案信息资源管理的理性选择，有利于国家档案信息资源的整体保护，使人们认识到私人档案信息资源是国家记忆中不可或缺的部分，是国家的文化遗产的重要组成部分。此外，社会政治、经济、文化的发展，以及民主思想的进步，推动了人们对私人档案信息资源认识的不断深化——档案是民族记忆，是生存发展的基础信息，是寻根求源的依据，是社会关系的反映，是竞争优势与利润之源。因此，欧美主要国家都承认并尊重私人档案的所有权，并注意从社会的利益出发调节平衡私有组织、个人与国家、社会的利益关系。

从各国对私人档案信息资源管理的演进过程可以看出，档案信息资源管理理论与实践是与国家政治、经济、民主同步发展的。

第七章　国家层面私人档案信息资源体系的划分及依据

档案信息资源的建设是档案工作的重要基础。私人档案是作为社会主体的人在社会活动或个人活动中形成的有价值的各种形式的记录，它是社会记忆的重要组成部分。随着社会的发展，私人档案作为一种独特而宝贵的信息资源，其社会价值、文化价值、历史价值不断凸显。在以往的国家档案资源建设中私人档案资源一直是缺失的，仅有很少的名人档案被收集、征集，建立了名人档案全宗，体现出国家档案观过于强化国家，注重政府、机构，而忽视了人的主体作用、价值和全面发展的需要，造成了对国家和社会具有价值的私人档案信息资源的失存、失有和失控状况。在新的历史条件下，国家层面应"以人民为中心的发展"思想为指导，重新认识私人档案信息资源的价值和作用，关注人的主体作用、价值和全面发展的需要，在国家层面构建私人档案信息资源体系。

第一节　国家层面私人档案信息资源体系建设存在缺失[①]

一　国家层面私人档案信息资源建设方面的法律法规存在缺失

2004年修订的《国际档案理事会章程》中提出，"档案构成国家

[①] 本章第一节、第二节的内容，摘自孙爱萍、王巧玲、徐方《国家层面私人档案信息资源建设的思考》，《档案学研究》2015年第6期。

和社会的记忆，形成国家和社会的认同，是信息社会基础"。国家层面加强私人档案信息资源的建设，提升其控制力是非常必要的。控制力是指在国家层面有能力掌控和保护对国家和社会有保存价值的私人档案信息资源的流向、归宿、使用和安全。但实践中私人档案信息资源的建设还不尽如人意。

在我国，围绕各类组织创建和发展而形成的档案资源建设，虽然从国家到地方都有不同的政策、法规加以规范和保护，但围绕私人档案信息资源建设方面的法律法规却一直是空白。国家机关、企事业单位及各类社会组织的档案工作是受到国家保护和控制的，国家对于各类组织中形成的档案资源建设也在其监控之下。例如《中华人民共和国档案法》第六条第二款规定，县级以上地方各级人民政府的档案行政管理部门主管本行政区域内的档案事业，并对本行政区域内机关、团体、企业事业单位和其他组织的档案工作实行监督和指导。《中华人民共和国档案法实施办法》第五条规定，县级以上各级人民政府应当加强对档案工作的领导，把档案事业建设列入本级国民经济和社会发展计划，建立、健全档案机构，确定必要的人员编制，统筹安排发展档案事业所需经费。机关、团体、企业事业单位和其他组织应当加强对本单位档案工作的领导，保障档案工作依法开展。

在2014年中共中央办公厅、国务院办公厅印发了《关于加强和改进新形势下档案工作的意见》中指出："县级以上各级档案行政管理部门要积极指导国有企业开展档案工作，引导、帮助非公有制经济组织和社会组织做好档案工作"，此外，在工商、税务、民政部门或行业标准中都有相应的管理制度和办法、标准加以规范，可见政府、国有企业事业单位以外的其他社会组织，其档案工作在档案法规中是有相关而明确的规定的，"因为档案与档案工作的基础支撑作用不可或缺，实际上在现代社会，任何一项重要工作和重要活动都离不开档案的基础支撑作用，否则持续开展必然存在障碍"[1]。

---

[1] 王岚：《国家治理视角下〈档案法〉修改的思路与思考》，《档案学研究》2015年第1期。

国家层面的档案工作主要面对的是各类组织的档案工作,档案工作没有直接面向社会个体的人,或社会大众层面,从公民个人角度,或者围绕作为社会主体的人而开展的档案工作,作为社会记忆的组成部分,从建设档案资源的角度在法律、法规、制度、政策中加以倡导、保护、规范却鲜有提及,或是虽零散有所提及,但在相关的法规政策及实践中落实不够。

二 国家层面在实践中缺少对私人(个人)档案信息资源的整体建设

我国法律上承认个人所有档案是档案来源的一部分,《档案法》关于档案的规定是非常明确的,"档案指过去和现在的国家机构、社会组织及个人从事政治、军事、经济、科学、技术、文化、宗教等活动直接形成的对国家和社会有保存价值的各种文字、图表、声像等不同形式的历史记录"。从中可以看出,我国档案法规将个人形成的对国家和社会有保存价值的档案称为个人所有的档案,亦即本书所指的私人档案,私人档案信息资源当然是包括其中的,虽然在《档案法》《档案法实施办法》中也对个人所有的有价值的档案的保管、处置、公布、利用、携带出境等相关问题做出了明确规定,但是在实践中如何将私人档案信息资源建设纳入国家档案资源中加强建设,如何具体地引导、管理,甚至为私人档案的形成者或所有者开展各种形式的档案服务,如何保护那些有价值的私人档案资源都存在空白或缺失。如果没有私人档案信息资源的整体建设,又何谈它的保管、处置、保护、利用、买卖、携带出境等问题的管控呢?事实上当现实中屡屡出现私人档案买卖或携带出境,或发生纠纷问题时,档案部门往往是失声的。

由于国家层面缺少对私人档案资源建设的顶层设计和总体战略规划,致使国家层面的私人档案信息资源建设几乎成为空白,造成了社会记忆残缺不全,虽有名人档案的建设,但覆盖面较小,非常零散,随意性很大,而且不成体系,国家档案信息资源建设整体上看是不完整的。重要的、有价值的私人档案信息资源的保护和管控也只是停留在个别的法律规定的字里行间，现实的执行和操作难以进行，使得现有的档案信息资源建设格局既不利于我国档案信息资源的整体建设、社会记忆的保护和文化的传承，也无法满足社会日益增长的档案信息的需求。

笔者在调研中发现，档案行政管理部门工作人员也认为面向社会开展私人档案的相关工作不属于他们的工作范围，就连档案工作部门都没有建设私人档案信息资源的意识和意愿，更何谈社会主体的民众会具有自觉的档案意识，主动将各种有价值的档案信息资源收集、积累、守护、保管好，作为文化遗产加以传承，使其充分发挥信息资源的价值呢？如果连国家都没有一个面向社会而形成的私人档案信息资源建设的顶层设计和总体战略规划，并且从法律法规、制度政策上，以及人财物上对私人档案加以保护和保障，又何谈将珍贵的、有价值的私人档案有效地留存、保管、处置、利用和传承呢？

2014年3月28日，习近平总书记在德国科尔伯基金会的演讲时指出："历史是最好的老师，它忠实记录下每一个国家走过的足迹，也给每一个国家未来的发展提供启示。"[①] 历史离不开档案的记录，离不开作为社会主体的人产生的私人档案的记录。

第二节　国家层面建设私人档案信息资源是法律赋予的责任

现代国家治理手段的选择不仅要考虑其有效性，还要考虑其正当性和文明性。党的十八届三中全会提出"推进国家治理体系和治理能力现代化"，推进国家治理体系和国家治理能力现代化的核心精神就是依宪治国。对一个国家而言，宪法制度是法律制度的核心，是治理国家的根本。因此，在国家层面开展私人档案信息资源建设也必须遵循法律法规加以建设。

---

① 《习近平谈治国理政》第1卷，外文出版社2018年版，第266页。

一　关于国家层面开展私人档案信息资源建设的有关法律依据

《宪法》是我国的根本大法，拥有最高的法律效力。2004年3月14日第十届全国人民代表大会第二次会议通过的《中华人民共和国宪法修正案》修正的《宪法》第十三条第一款规定，公民的合法的私有财产不受侵犯。第二款规定，国家依照法律规定保护公民的私有财产权和继承权。第三款规定国家为了公共利益的需要，可以依照法律规定对公民的私有财产实行征收或者征用并给予补偿。依据《宪法》可知，首先，私人档案信息资源是在社会活动中产生的，是社会信息，具有社会属性。作为社会主体的个人在社会活动中形成的（不包括其在职务活动中形成并且纳入各组织档案收集范围的）有价值的各种形式的记录，属于私人所有，属于私有财产，是在法律的规范范围内的，受到法律的保护和尊重，保护其不受到侵犯，同时承认私人所有权及继承权。其次，《宪法》中也非常明确地指出，国家为了公共利益的需要可以依照法律规定对公民的私有财产实行征收或者征用并给予补偿。这是在保护私人财产的基础上平衡个人利益和公共利益所做出的明确的法律规定，具有社会属性的私人档案信息资源，作为私人财产同样可能会面临国家为了公共利益的需要依照法律实行征收或者征用并给予相应的补偿的情形，这一点与公共档案的处理是不同的。

与《宪法》的规范相一致的《物权法》第六十六条规定：私人的合法财产受法律保护，禁止任何单位和个人侵占、哄抢、破坏。《民法通则》第一百一十七条第一款规定：侵占国家的、集体的财产或者他人财产的，应当返还财产，不能返还财产的，应当折价赔偿。可见私人档案信息资源在现实中是受到法律的保护和规范的，只有保护和规范并行加强，才能使法律精神得以落实。

二　《档案法》为国家层面私人档案信息资源建设提供相关的法律依据

《档案法》是在《宪法》有关原则精神的指导下制定的，是我国档案工作的根本法，是档案行政法规规章及规范性文件的依据。在我国《档案法》中对于涉及私人档案信息资源的规定也是非常明确的，是有法可依的。

我国1987年颁布的《档案法》，1988年开始实施，1996年又经过了修订，其总则第一条规定：为了加强对档案的管理和收集、整理工作，有效地保护和利用档案，为社会主义现代化建设服务，制定本法。这是《档案法》制定的根本目的，为了实现这一目的，涉及档案的管理和收集、整理工作，有效地保护和利用档案以及为社会主义现代化建设服务等方面的内容都应该在法律的规范之下，这是依法治档、依法管理档案、依法利用档案，依法保护档案的依据，属于档案信息资源的私人档案信息资源建设是需要依法进行的。

第二条明确规定，本法所称的档案，是指过去和现在的国家机构、社会组织以及个人从事政治、军事、经济、科学、技术、文化、宗教等活动直接形成的对国家和社会有保存价值的各种文字、图表、声像等不同形式的历史记录。由此可知，其一，法律上所指档案形成主体分三类：国家机构、社会组织、个人，它们构成了我国档案信息资源形成的主体。按照来源原则，三类形成主体是我国档案信息资源的主要来源，国家机关、社会组织作为独立的立档单位，可构成独立全宗；个人作为独立的民事行为人，也可以构成独立的个人档案全宗，个人档案全宗可以是本文所指私人档案全宗。其二，三类形成主体形成的全部档案信息资源构成了法律意义上的国家档案信息资源，其中个人档案信息资源即私人档案信息资源是国家档案信息资源的组成部分，私人档案信息资源与国家档案信息资源是不可分割的整体，如果在国家档案资源中缺少私人档案信息资源建设，国家档案信息资源是不完整的，在国家档案信息资源的建设中如果缺少私人档案信息资源的建设，那么档案工作是存在漏洞的、是缺位的。其三，法律中前两类档案形成主体是针对组织意义而言的，只有第三类个人是真正意义的关于人作为社会的主体存在，以人的视角而不是以组织的视角。从法律上关注作为社会主体的人在社会活动中留下的记录，为了与公共组织相区分，此处个人我们可以称之为每一个人，因为人是社会存在的基础，作为社会主体的人是国家档案信息资源的构成者，其在一切社会关系的实践活动中产生的对国家和社会具有保存价值的档案都是在《档案法》的规范之下的，其中私人档案信息资源同样是在国家法律的规范之下的，从这个意义上说，国家层面加强私人档案资源的建设是符合法律规定的，这是法律赋予档案部门义不容辞的重要使命和责任。

三 现代国家治理理念为实现国家层面的私人档案信息资源体系建设提供了理论支撑

众所周知"没有控制、没有组织的信息很难成为资源"[①]，私人档案信息资源体系建设在法律上虽有规定，但是缺少与之相配套的法规、规章和制度、政策规定等，在实践建设层面存在缺失，致使私人形成的档案信息资源的管理处于一种散乱的、自生自灭的状态，许多十分珍贵的私人档案信息资源由于所有者保管失当而散失、损毁严重。私人档案信息资源实际是处在失控状态下的，这样的局面极有可能已经造成了国家档案信息资源的流失，极不利于我国档案资源的整体建设，也难以有效发挥其信息资源的价值。此外，规模大、数量多的私人档案由于没有纳入国家的档案资源体系加以建设，缺少必要的指导和保护，而散失民间各处，长期失于建设和管理使之难以成为可用资源从而长久地为社会服务。

目前急需从国家层面加强对私人档案信息资源的顶层设计和战略规划，使之纳入国家档案信息资源的建设中。国家层面的私人档案信息资源的建设以现代治理理念为指导，以国家档案行政领导机关为（责任主体）核心，联合多元主体力量共同治理。治理是从理念、制度，如法律、法规、制度、政策、标准等进行建设，实现技术，如应用现代信息技术建设私人档案信息资源网络平台等，组织建设、人力资源建设、资金投入等，在国家层面协同相关主体全方位开展私人档案信息资源建设，进一步完善国家档案信息资源建设，使之成为覆盖

---

① 孟广均：《关于情报概念、工程、信息业》，《情报业务研究》1985年第1期。

人民群众档案信息资源体系的重要组成部分，让私人档案信息资源的历史价值、社会价值和文化价值得到充分发挥。本书尝试从作为社会主体人的角度去思考国家层面关于私人档案信息资源体系的构建以及体系的划分。

第三节　国家层面私人档案信息资源体系的层次划分[①]

本书所指私人档案信息资源是指人们在社会活动或个人活动中形成的有价值的各种信息资源载体的总和。其中人们在组织中形成的，并在国家或相关组织中已明确归档范围的档案信息资源不在此列。私人档案信息资源的组成将分层次构成体系，体系建设的目的是作为一个整体，划分为不同的层次可以避免遗漏，让档案事业关照和惠及所有社会主体的需要。此外，可以根据不同层次的特点和需求进行有针对性的建设、管理和服务。本书将私人档案信息资源体系的构建分为普通大众层、精英骨干层、杰出贡献层，以实现国家层面私人档案信息资源的建设。

一　普通大众层

普通大众层是基础层，这是一个遍布整个社会的庞大群体，也就是俗称的普通人，涉及的范围主要是人民群众多姿多彩的工作和生活的方方面面。每个人都是社会中的人，具有社会性，是属于一种特定的文化，并且认同这种文化，在这种文化的支配下存在的生物个体；每个人又是具有个性的，他是以先天素质为基础，受环境制约、影响，随着个人社会化的进程而逐步形成和发展起来的，不同的环境、不同的时代、不同的地域、不同的教育和不同的价值观等造就着人的不同个性。每个人感知社会、参与社会所产生的各种形式的记录有着

[①] 本章第三节、第四节的内容摘自孙爱萍、沈蕾、逯燕玲、朱建邦：《国家层面私人档案信息资源体系的构建》，《档案学研究》2016年第6期。

第七章 国家层面私人档案信息资源体系的划分及依据

不同的特色,其中既包含着民族性、阶级性、时代性等共性的东西,又包含着每个人所具有的自己独特性的风格,即包含着很多个性的东西,共性与个性的相互交融,汇聚形成了国家、社会文化的一部分,文化就在这种交融中得以一代一代地传递和发展。普通大众形成的各种记录,"他们的思想和观念被记录和储存在档案里,档案便成为人类声音的传承者"[①]。每个人也正是通过自己、通过他人产生的各种融入并打上了文化烙印的记录,来理解社会、理解人生、理解每个人不同寻常的过往,体悟当下,憧憬和期待明天、未来的美好。在这一过程中每个人从自然人成长为社会人都必然经历这一层次,人民群众是创造历史的动力和源泉,因而这一层次形成的各种有价值的记录构成了社会的基础层。这一层次往往因为其普通平常、琐碎体量大,而被短视又功利的价值认知遮蔽,没有受到应有的重视,在国家层面一般也并不视其为档案工作的范畴,更不在国家或各类组织归档范围内,认为那是私人自己的事,只对个体有意义,正因为如此,也被专业档案工作者忽略。就每个个体本身而言,由于各种原因可能也会忽视留存和保护自己形成的各种记录,很多珍贵有价值的记录因为没有受到应有的关照而任其自生自灭,流失严重,无法构成其完整的个体记忆;有的因为个体记忆长期游离或被排斥在社会之外,没有汇入集体记忆中而使人找不到在场的感觉,乃至集体记忆残缺不全,社会认同、国家认同难以实现。

实际上,这个层面涉及的类别非常宽广,普通人的档案涉及和显示的是最直接的一个人的体现,以一个人的视角在社会活动中所感所思而形成的记录,可能是有关童年经历、社会生活、情感记忆、家庭生活、家乡环境、山山水水、朋友交往、职业经历和公共生活构成的各种形式的记录,形成了个人的体验和记忆,体现了个体特征和人文特征,例如:"河北省藁城市牛家庄村的贾增文老汉,只有小学文化程度,从1959年开始,48年如一日,每天坚持在本子上写日记,记

[①] [英]欧文斯:《档案馆:记忆的中心和传承者》,李音译,《中国档案》2011年第4期。

录所闻所感,从未间断,到现在一共写下了 67 本日记,用自己的亲身体验,记录了当年自然灾害时缺吃少穿、十年'文化大革命'动乱、开始实行家庭联产承包责任制及当前建设社会主义新农村等时期的方针政策、家庭收支、生活点滴,以独特的个体视角记录了中国近半个世纪以来的农村生活变迁,而且具有其他历史资料无可比拟的草根特质和真实性。"① 央视国际电视台对他进行了采访,称之为"活着的民间档案:67 本农民日记见证农村变迁",是十分珍贵的历史资料,"这正是'权力等级'主导下的社会记忆最容易忽视的'真实',这些微小的、在一定历史时期被宏大话语掩盖的个体记忆往往有着完善、修正主流意识乃至社会历史的功能"②。因此,在国家层面有责任把来自普通大众层次的档案信息资源建设好,让普通人感觉到自己的生活也同样充满了惊喜和阳光,这是对普通大众作为社会主体性价值的肯定与见证,也是人们自身存在和发展的基础和动力。这部分档案虽普通,但却构成了一个民族生生不息,自信、自觉和自强的基石,也是社会进步使具有独特个性的作为个体存在的人,重新恢复了在历史中的位置,这就是档案力量的彰显。

二 精英骨干层

精英骨干层是中间层,是指各行各业或不同和领域、不同部门的业绩突出、贡献较大的优秀人才骨干力量,或是社会生活、新兴领域的知名人士,他们是社会的核心和中坚力量。这个层次涉及的范围也很广,几乎涉及政治、经济、科技、教育、文化、宗教、艺术等各个领域,包括不同类型的社会人士。这些精英骨干相对于普通大众而言,因为优秀必然比普通大众担当着更多的使命和承担着更多的任务,扮演着更为重要的角色,作出了比常人更大的贡献,因而他们形成的很多有价值的记录,是某一领域、组织和部门发展的有力见证。

---

① 朱峰:《活着的民间档案:67 本农民日记见证农村变迁》,http://news.cctv.com/financial/20070528/105509.shtml,2007 - 05 - 27。

② 周永康、李甜甜:《记忆的微光:社会记忆中的个体记忆》,《名作欣赏》2015 年第 18 期。

但现实中除去伴随单位、组织工作职能中形成的少数被认为有价值的重要文件、工作汇报和研究成果被归档以外,再加上人事档案的简要留存,组织几乎没有为他们个人建立档案,国家层面的档案工作范围也没有涉及这个层面。李宝玲提到:"在我国各级党委、政府领导,各部门负责人既是该区域党委、政府以及部门的领导核心,也是重要的档案的形成来源,我国相关法规已经把他们公务活动中形成的文件纳入了各级档案馆、档案室的归档范围,但是很少征集或接收他们在半公半私活动,或者个人形成的对某个地区历史有重要价值的文件材料。如书信、发表的文章、交往中的礼品、外出考察时带回的资料等。档案的收集仅仅是对机构、对其所处理的公务,而不对人。"①这种现象十分普遍。处于这个层次的精英骨干由于日常忙于工作、勤于奉献,也大多忽视自己档案的形成和保存,因此,几乎在档案中看不到围绕一个独立的人,除了他们对组织、部门的贡献之外,更看不到公务活动以外的生活印迹,后人对他们的贡献和付出更是不知其所以然。事实上,这个层次的精英骨干由于属于单位、部门或社会的核心或中坚力量,其形成的工作日志、各类工作记录、汇报、报告、手稿、日记、来往信函、回忆录等文字、照片、录音、录像、微信、微博等各种形式的记录,见证了某一时期不同领域、组织、部门的发展和壮大的历史过程,也见证了他们个人成长的心路历程和为之奋斗取得的成果。因他们距离普通人最近,甚至就工作和生活在普通人之中,他们的经历以及过往更易于引起人们的探究、追寻、理解和效仿。精英骨干这个层次所形成的档案信息资源的建设不仅是对这些精英骨干曾经所付出努力、作出贡献的尊重,也是一个组织、部门事业发展、文化建设、承前启后不可缺少的重要推动力量。

三 杰出贡献层

杰出贡献层是顶层,是指对一个国家、一个民族乃至人类社会有较大的影响,或是在社会某个领域的重要推动者,这个层次的人是国

---

① 李宝玲:《从美国的档案馆馆藏看档案资源建设》,《中国档案》2011年第3期。

家的顶层人物，社会威望或声誉很高，影响力很大，一般比较稀少，也正因为稀缺，其价值更高，他们的档案在档案馆名人档案收集中是很重要的一部分，为私人档案信息资源体系的构建打下了基础。虽然由于他们的杰出贡献和社会影响力而在工作活动或社会活动中形成的档案可能已被组织机构归档保存，也有的可能是由各类国家综合档案馆、图书馆、博物馆、文学馆、艺术馆等收集保存，但保存状况相当分散。他们除工作活动以外社会生活各个领域，如个人爱好、人际交往、家庭生活形成的各种档案，很多并没有在国家法律法规归档范围内，但是恰恰是以上林林总总的档案，对于认识了解一个重要人物的成长过程和不同常人的生命历程，并使之立体鲜活起来有着不可或缺的重要补充作用。从人文角度去观察这类人的最有温情、最利于人们接受的那一面可能正是工作之外的各种活动和生活的记录。但受传统档案资源建设归档范围的束缚，这些作为工作活动之外的记录没有得到很好保存和持续收集，造成一个杰出人物只有工作，即所谓只有高大上的一面示人，工作以外的多面，或是离开工作岗位后的生活，多不为大众所知，由于没有一个完整的记录，因此很难完整地而深入地了解其对国家社会作出重大贡献的历程，断裂而碎片化、疏离感很强的档案很难诠释其光彩的一生。

　　从重要人物的角度来说，留存的珍贵档案资源如果不能诠释其光辉的一生，这是非常值得档案人省悟和深思的，体现出档案工作在理念、理论和制度设计上和实践中都存在严重缺失。例如 2010 年由国家科技教育领导小组直接启动、中国科学技术协会牵头联合 11 个部委共同实施的中国老科学家学术成长资料采集工程，这是一项抢救性工程，采集内容包括口述资料、传记、证书、信件、手稿、著作等实物资料，以及老科学家参加国务或政务活动、学术活动、外事活动、社会活动和家庭生活中重要的照片、影片、录音带、录像带、光盘等音像资料，可以说是关注老科学家一生的成长经历[①]，这种做法是非

---

① 参见张素《中国老科学家学术成长资料采集工程成果初现》，http://www.chinanews.com/gn/2013/12-16/5620835.shtml，2013-12-16。

常值得档案部门思考和借鉴的,但它毕竟只是一项工程,带有抢救性,并没有形成一个固化的长期可持续执行的制度。在私人档案信息资源体系的构建中,为他们持续建立一生形成的完整而系统的档案,可以超越生命、超越个体、超越时空,在人类社会发展的时空中异彩纷呈、交相辉映,引领、激励一代又一代的人们踏着他们的足迹奋勇前行。

综上,按照这样的层次划分构成体系,可以把作为社会主体的每一个人融入档案信息资源建设中,从而实现全民参与的私人档案信息资源体系的建设。

第四节 私人档案信息资源体系层次划分的依据

一 "以人民为中心"是建立覆盖人民群众的档案资源体系的重要依据

新时期要坚持从人民利益出发,按照"以人民为中心"的思想来指导、谋划档案工作。国家提出建立覆盖人民群众的档案资源体系,这是新的形势下国家层面的档案工作、档案资源建设在价值取向和档案构成来源方面做出的重大转型。国家层面私人档案信息资源体系的建立,需要以人为本,以尊重作为社会主体的每个个体人的存在价值为前提,关照和尊重每个人在社会中印记留存的权利,实现人的目的和全面发展的需要。根据不同层次的需求,向社会全体民众进行档案教育,倡导、传播和普及档案理念和档案信息知识,通过规范地建档,科学管理的法律法规和方式方法,提供服务的通道,使全体民众在思想和行动上真正认识到自主生成和有效管理自身社会实践活动与生活中形成的档案,不仅有助于提升工作与生活质量,丰富人生意义,还可以成为国家档案信息资源的重要组成部分,代代相传,以满足社会和不同群体的人全面发展的需求。私人档案信息资源体系所呈现的是"人是一切活动的主体和承担者",客观上要求明确把人理解为一切事物的根本和本质,国家层面的私人档案信息资源体系的构建就是体现从社会主体人的观念和人的维度出发，充分显示社会历史的丰富性，使档案工作真正面向社会、服务大众，最直接地融入最广大人民群众的工作与生活之中，使人民群众真正感觉到档案工作是一项属于人民，为人民服务的科学文化事业。

二　档案工作的组织管理原则"统一领导，分级管理"可以作为分层次治理的依据

私人档案信息资源形成不但主体多元、分布广泛、体量非常大、种类多样，庞杂零散且无序，而且其价值判断成本大，不易操作。有鉴于此，从国家层面治理角度分层次治理较易于实现目标，可以按照我国《档案法》的要求遵循我国档案工作的组织管理原则"统一领导，分级管理"来加以建设。从统一领导的角度，将全国的私人档案信息资源体系建设纳入国家档案信息资源体系建设之中，由国家开展顶层设计规划，针对社会主体的人及其形成档案的特点，通过制定法律、法规、政策和制度等整体建设来实现国家治理，使之与国家机关、各类社会组织的档案形成互补、互证、互构和互动的格局，不断完善国家档案信息资源的建设。从分级管理的角度，按照不同的行政区划分层次进行监督指导管控，分而治之，开展服务。由于私人档案的形成主体都有相对稳定的居住处所或工作单位，伴随着移动通信技术和信息技术的发展和广泛应用，也为流动到不同区域的人群整合信息资源提供了很多便利和可能性，按照不同的行政区划，结合属地管理原则，在此基础上分层级地建设私人档案信息资源体系，能够让全国的私人档案信息资源的建设得到普遍的关照而不会存有遗漏或者忽视的情况。

三　遵循人的成长规律、生命规律和社会发展规律作为分层划分的依据

之所以把私人档案信息资源体系构建进行层次划分，是因为层次是可以流动的而不是固化的，是开放的而不是封闭的。私人档案与国

家机关、其他社会组织形成档案的不同在于，它涉及的产生主体是个体的人而不是机构或组织，必然要遵循人的生命规律和成长规律。每个人都是从普通人成长起来的，遵循着从普通人逐渐成长为精英骨干的逻辑，其中只有少数人继续着成长超群成为顶尖杰出人物的历程，更大多数的是普通人、精英骨干。无论是社会精英骨干层，抑或是为国家作出杰出贡献者，将之放在一定的时空中，具有时空性，即他们是在一定的历史时期的某一阶段、某一地区、某一领域、某一部门，或社会生活其他领域，得到国家、机构、社会或他人肯定、认同的优秀人才。他们比普通人承担了更多的使命和任务，作出了较大或杰出的贡献，得到了整个国家和社会的普遍认同，他们所形成档案的价值，对国家和社会的价值更大，影响更深远。斗转星移，时序更替，梦想前行，历史的车轮滚滚向前，任何人都无法逃脱时间法规，每个人终归要回归普通，而层次的流动，充分反映出这样的划分遵循了人的成长规律和生命规律。除此之外，伴随着社会发展变化使层次的流动成为可能和必然，普通大众、精英骨干、杰出贡献者，这种分层是动态的、流动的，一代一代的人不断成长、成熟，成为国家发展必不可少的人才，这符合时代造就人才的社会发展规律，体现了它的开放性和动态流动性。按照人的成长、生命和社会发展规律，每个层次的人都充满了生活的热情，他们奋斗，富有希望、荣誉感，诚实工作，努力奉献而形成、留存下来关注其一生成长而又各具特色、形式多样的档案信息，汇聚在一起形成的正能量，必将会激励激发人们觉知自我、理解他人、感悟人生、吸取智慧、热爱社会、拥抱生活并砥砺前行。

四 档案部门及社会各类收藏主体为私人档案信息资源的进一步建设提供了条件

依据当前我国私人档案信息资源建设的情况，各级各类档案馆、图书馆、文学馆、研究所、高校等文化类、研究类机构以及个人档案收藏者，已经零散地征集或收藏了不同区域、不同行业的名人档案，以及在各个领域作出突出贡献的知名人士的个人档案信息资源，即名人档案。这些资源的形成尽管很零散未形成体系，但却为我国私人档案信息资源的建设打下了良好的基础。私人档案信息资源的建设可以在名人档案建设原有的基础上不断突破、扩展，与已经建立名人档案的文化机构或个人充分合作、协商，补充、完善，逐渐形成完整的体系，这与现代国家治理的精神是完全一致的。实现私人档案信息资源体系建设仅仅依靠档案行政部门和档案馆一己之力，难以完成，它需要以国家档案行政部门、档案馆为核心，联合藏有私人档案的社会各类主体，包括档案形成者个人共同建设私人档案信息资源体系，共同实现新时期建立覆盖人民群众档案信息资源体系的使命。

国家层面的私人档案信息资源体系建设以及层次划分是新时期建立覆盖人民群众档案信息资源体系的需要，也是满足人民群众和社会发展的需要。"颂扬差异而不是单一，坚持多元化的叙述而不是主流叙述，要关照整个社会和人类全体的历史经验而不只限于充当国家和公共文件的保管者"[①]，这应该是当今档案工作者的使命。

互联网大数据时代，随着数字文化的普及和社会记忆的需求，人人既可以成为信息的记录者，也可以是信息的维护者和传播者。科学技术的日新月异，为私人档案信息资源的产生、留存和传承提供了更加多样的选择，"公民拥有新的力量和新的声音，他们借助各种令人兴奋并具有潜在档案性的新数字社会媒体，留下了人类生活和人类生存意义的足迹"[②]。当前社会上出现的私人档案收藏热，也体现了人们对私人档案所承载的那份厚重的民间文化和浓浓的个体历史记忆的重视和关爱。

总之，在国家层面的档案信息资源体系建设上，现在已经到了扬帆起航开启私人档案信息资源体系建设的最佳时机，档案界应该紧紧抓住机遇，"只有无限探索和拓展，触碰整个档案行业的局限，转变

---

① ［加拿大］T. 库克：《铭记未来——档案在建构社会记忆中的作用》，李音译，《档案学通讯》2002 年第 2 期。

② ［加拿大］特里·库克：《四个范式：欧洲档案学的观念和战略的变化》，李音译，《档案学研究》2011 年第 3 期。

成与当代社会同步、对社会有益并具有活力的档案界"①,成为私人档案信息资源的积极建设者、传播者,社会公众文化活动的教育者及引路人,不断开拓创新,将大有可为。

---

① [加拿大]特里·库克:《四个范式:欧洲档案学的观念和战略的变化》,李音译,《档案学研究》2011年第3期。

第八章　国家层面私人档案信息资源体系建设的战略框架

第一节　私人档案信息资源体系建设的指导思想和基本原则

一　指导思想

高举中国特色社会主义伟大旗帜，全面贯彻党的十九大和十九届二中、三中全会精神，以习近平新时代坚持"以人民为中心"思想为指导，以弘扬和继承中华民族优秀文化为核心，关照社会主体的人在社会实践活动和社会生活中产生的各种形式的有重要价值的私人档案，统筹推进将私人档案信息资源体系纳入国家档案资源体系中加以建设，着力加强国家层面关于私人档案信息资源建设法律、法规、制度、组织、人才队伍、基础设施等方面的建设，着力加强对具有重要价值的私人档案的保护、管理和传播工作，着力探索私人档案信息资源建设合作治理的创新模式，着力提升面向全社会每个人关于私人档案信息资源建设的公共服务水平，为实现中华民族伟大复兴的中国梦作出重要贡献。

二　基本原则

面向全社会统筹开展私人档案信息资源体系的建设、保护、管理和服务，确保有重要价值的私人档案信息资源的历史真实性、完整性和延续性。坚持突出社会效益、尊重私人档案的个人所有权，重在保护、传承和弘扬中华民族优秀传统文化。坚持创造性转化、创新性发展，大力推进体制机制、方法手段改革创新，与经济社会发展相结合，与惠及民生福祉相结合，不断丰富国家档案资源结构，增强国家档案资源的文化生命力和影响力。

第二节 私人档案信息资源体系的建设目标

一 总体目标

国家层面私人档案信息资源得到成体系化的建设，私人档案信息资源体系建设涉及的法律、法规、制度、组织、人才队伍、信息化平台等建设不断完善，面向社会开展私人档案信息资源的建设、宣传、引导和专业化服务，私人档案信息资源建设信息化网络平台基本建成，形成多方参与式合作治理模式，使私人档案信息资源在文化守护和文明传承，实现中华民族伟大复兴中国梦中发挥出独特而不可替代的价值和作用。

二 具体目标

一是私人档案信息资源治理法治化。将私人档案信息资源建设纳入国家层面的档案的法治规划中，完善私人档案信息资源体系建设和管理的相关政策和法律法规，基本形成较为完整的私人档案法治体系，法治治理能力和水平显著提升；完善私人档案信息资源体系建设发展战略研究和政策体系，使私人档案信息资源体系建设的机制更加完善，在国家治理中的基础支撑作用明显增强。

二是健全组织保障机制。加强各级档案管理部门对我国私人档案信息资源体系建设的领导和组织工作，统揽全局，凝聚力量，有步骤地推进规划实施。成立私人档案信息资源体系建设工作领导小组，负责全国私人档案信息资源体系建设的组织领导。各级各地档案部门将私人档案信息资源建设工作纳入国家档案资源建设规划，以及档案资源建设工作中，在机构中有专人负责。创新工作模式，深入调查研究、广泛动员、精心组织，采取形式多样的服务手段和方法，建成较为完善的私人档案信息资源建设服务体系。

三是人才队伍专业化。加强私人档案信息资源体系管理人才队伍的建设，扩大私人档案信息资源建设专业技术人才队伍的培养规模，健全人才培养的制度机制，面向社会培养和造就高层次专业化人才，引导并提高国民私人档案信息资源的建设和管理水平，拓展私人档案专业管理人才发展空间，建设坚强有力的骨干队伍，落实激励政策，统一思想，凝聚力量，努力形成我国私人档案信息资源体系建设的良好氛围和强大合力。

四是私人档案信息资源管理信息化。加快私人档案信息资源建设的信息化步伐，全面推进私人档案信息资源存量数字化、增量电子化、利用网络化。创新私人档案信息资源信息化管理模式，推进网络融合，不断完善私人档案信息资源服务体系，改善私人档案公共服务，加快与信息社会的融合，推动信息化为核心的私人信息资源管理现代化水平明显提升。

五是构建网络化的私人档案信息资源体系建设平台。对我国这样一个发展不均衡的大国，要实现私人档案信息资源藏有机构多元化，除了综合档案馆，还有专业档案馆、部门档案馆、史志馆、党史馆、图书馆、博物馆、私人档案馆，以及藏有私人档案的其他机构和个人等，依据现实及私人档案信息资源的特点，基于治理的有效性考虑处于全新起点的私人档案信息资源体系的建设，需要采取具有显著优越性的现代国家治理模式，打破部门藩篱，构建统一的网络化信息资源平台和管理机制，从顶层制度设计推动中国特色的私人档案信息资源国家层面的治理。

六是创新与藏有私人档案的社会机构、组织和个人合作机制，整合人力资源，推动私人档案信息资源体系的建设。从社会的个体到社区再到国家机关和各类社会组织，不断加强私人档案信息资源建设意识的宣传、知识的普及和推广。国家档案部门积极与藏有私人档案的社会各类机构、组织和个人建立战略同盟，形成多方参与式合作治理格局，共同建设信息化、网络化平台，推进私人档案信息资源的整合，满足社会主义文化建设对私人档案信息资源体系建设的需求，形成强大合力推进国家档案资源的建设，实现中华民族文化的传承。

第三节　主要工作措施

一　加强私人档案信息资源的制度建设

（一）制度建设的重要性

制度建设是通过组织行为建立或改革工作的规程，以追求更高的工作效率，加强制度建设需要进一步深化对制度功能的认识，努力推进工作制度化，提高制度建设的质量和水平。

为规范我国私人档案信息资源体系建设的各项工作，提高工作效率，要结合我国私人档案信息资源体系建设的实际情况，制定私人档案信息资源制度建设规划意见。按确定的统一理念和规划完成制度建设工作，围绕私人档案信息资源建设的重点部位和关键环节，联系实际，突出重点，有针对性地制定实行私人档案信息资源建设制度，提高私人档案信息资源建设的质量和效益；制定私人档案重大建设项目管理办法，加强和规范对私人档案信息资源重大建设项目的监督管理，实行项目审批目标管理责任制，保证建设质量；制定投资项目评审委托咨询评估工作制度，提高项目审批的科学性，因地制宜、因时制宜地制定和完善私人档案信息资源体系建设项目的经费使用和制度安排，根据私人档案信息资源制度建设规划意见由起草部门做好制度的基础调查、研究工作，总结分析目前我国各类有关私人档案信息资源制度建设经验，制定我国私人档案信息资源建设的方案。

（二）私人档案信息资源体系制度建设的内容

力争从"十三五"期间开始，着力构建科学的档案法规制度体系，发挥私人档案信息资源体系制度建设的整体功效，构建一个相互关联的、科学的法规制度系统，在我国私人档案信息资源建设领域建立一套完整统一的法规制度体系。

1. **构建科学规范的私人档案信息资源管理制度体系**

政府在私人档案信息资源建设领域的主要职责是提供公共服务、营造社会环境、加强监督管理。档案管理部门要加强对私人档案信息资源体系建设发展的政策研究和宏观指导，科学地构建符合国情的中国特色私人档案信息资源体系建设管理体制，搭建政府统筹推进、部门分工负责、社会广泛参与的管理框架，促进各职能部门协同配合履行好管理和指导责任，积极推动社会化私人档案事业的发展。档案行政部门主要负责统一组织、管理和指导全国私人档案信息资源体系建设，推动私人档案信息资源建设活动的普及和水平的提高。

2. 建立完善有效的私人档案信息资源体系建设法治体系

完善国家相关法律法规和私人档案信息资源体系管理的规则。推动私人档案信息资源体系的标准化、规范化和社会化建设。深化私人档案信息资源体系建设的管理体制改革，调整、健全私人档案信息资源体系建设的管理机制和管理体系，逐步建立体制完善、结构合理、职责明确、规章健全、监管完善的私人档案信息资源体系建设的管理体制。组建地方、行业私人档案协会，成立具有独立社团法人资格的私人档案工作社会团体和组织机构，发展和管理我国各地方各行业的私人档案信息资源建设，完善治理结构，加快私人档案信息资源建设的制度建设。

3. 建立多方参与的私人档案信息资源体系建设重大问题联合研究制度

公共治理理论认为，私人档案信息资源建设活动相关的所有公私利益相关者在私人档案信息资源建设合作的筹划、规划和执行阶段因为利益关系而被联系在了一起。因此，私人档案信息资源建设绝不应该仅仅是各地区档案局的单纯的区域性的行政行为，档案主管部门更多的应该是担负起搭台的作用，让社会、社团、企业和相关部门、私人档案所有者参与进来对重大问题进行联合研究。

建立各主体间的治理信息互通机制。设置专职机构和工作人员，通过召开多边的联席会议、编制简报、数据联网等手段做到及时互相通报。不管是治理系统的主动信息公开，还是政府间的互通信息，都必须落实在法律上，以法律强制规定各级主体的信息公开义务和信息互通的义务。

目前，各地方、各行业的私人档案信息资源建设的相关主体，如政府、企业、社团、行业协会、私人档案所有者等主体还没有积极地参与到私人档案信息资源建设合作中来，还没有形成"政府主导、社会主体多元参与"的合作格局。对重大问题的研究要么是各自为政，要么是按照计划经济时代的思维，按照上级的指令执行。在合作治理的环境下，在建立政府主导、社会各主体和私人档案所有者多方参与的私人档案所有者资源的建设和研究制度的同时，应该充分发挥私人档案信息资源体系建设研究联盟的作用，对私人档案信息资源体系建设中产生的重大问题进行及时的研究和探讨，研究重大问题解决的政策、措施和项目实施的可行性。

4. 建立私人档案信息资源体系建设公共信息共享制度

客观事物发展规律表明，私人档案信息资源体系建设的信息越充分、传播信息的渠道与制度建设越完备，其受关注的程度越高，就越有利于形成私人档案信息资源体系建设吸引力的聚焦效应。从某种意义上来讲，私人档案信息资源体系建设合作主体之间信息交流的充分性是私人档案信息资源体系建设跨行业、跨区域合作关系建立和巩固的基础。在此基础上各个私人档案资源建设主体通过协商能够形成一系列互利政策，避开不利于跨行业、跨区域合作的因素，提高私人档案信息资源体系建设跨行业、跨区域合作的效果。目前我国私人档案信息资源体系建设信息化程度不高，制约了私人档案信息资源体系建设合作的快速发展。由于缺乏统一的信息平台，我国私人档案信息资源体系建设很难进入快速发展的阶段，特别是已有平台的建设内容多侧重于区域性的和行业性的私人档案信息资源建设，比较分散、不成体系，难以形成共享。

因此，有必要建立私人档案信息资源体系建设信息共享平台，专门提供全天候、广覆盖、跨行业、跨区域的私人档案信息资源体系建设信息服务。通过构建统一的私人档案信息资源体系建设信息网络平台，逐步整合各个行业、各个地区之间的各类私人档案信息资源建设信息，个人档案信息资源体系建设的各类主体可以及时掌握私人档案信息资源建设者的各类需求，以便为广大私人档案信息资源的形成者、需求者提供个性化的服务；私人档案信息资源建设者也可以及时了解新推出的私人档案信息资源体系建设项目，利用互联网强大的交互功能，形成私人档案信息资源体系建设管理部门与资源的建设者、组织者、拥有者之间的互动。

5. 建立跨区域私人档案信息资源体系联合建设制度

私人档案信息资源体系建设不仅对我国档案事业和档案文化发展具有积极的推动作用，而且对整个社会的发展也将起到重要的带动作用，因此有必要加强各方面私人档案信息资源建设以实现优势互补、良性互动、互利共赢。目前一些地方就加强私人档案信息资源建设颁布并采取了多种政策与措施，加快了开拓私人档案信息资源体系建设的进程。不少组织机构就推进私人档案信息资源建设的发展，打造私人档案信息资源建设的体系进行了深入交流探讨，采取了有力措施促进私人档案资源体系建设的有力发展。

私人档案信息资源体系建设具有典型的跨域性和公共性特征，私人档案治理模式转换的应然逻辑必须从属地治理转向协同治理。目前我国私人档案信息资源体系建设的各项工作尚未走上正轨，参与的地区、城市、社团、组织和企业数量有限，推广的领域也不够广泛，联合建设推广私人档案信息资源体系建设的制度还没有建立。因此，需要进一步加强各地方之间互相沟通、协同发展，扩大合作规模，形成并扩大联合开发私人档案建设的区域与范围，继续扩大私人档案信息资源体系建设的宣传推广活动；联合开发特色私人档案信息资源建设产品，策划举办特色私人档案信息资源建设活动，建设树立统一的私人档案信息资源建设品牌；共同开展调研、制订宣传计划和方案，共同制定私人档案信息资源体系建设宣传管理和奖励办法、政策，积极利用互联网、报刊、电台和私人档案信息资源体系建设等平台，联合推广私人档案信息资源体系建设工作的开展；成立私人档案信息资源体系建设联盟，充分发挥私人档案信息资源体系建设在社会文化建设方面的作用。

二 探索私人档案信息资源体系建设的新模式

私人档案信息资源的建设与发展是多中心制度发育与完善的适宜领域。该领域的治理同时涉及公、私部门，政府不可能作为唯一的主体对私人档案信息资源体系建设这一类社会公共事务进行排他性管理，这意味着在此类社会公共事务的管理过程中，并非只有政府一个主体，而是存在着包括中央政府单位、地方政府单位、政府派生实体、非政府组织、私人机构以及公民个人等在内的多个主体，它们在一定的规则约束下，以多种形式共同行使主体性权力。这种主体多元、方式多样的公共事务管理体制就是多中心体制。多中心的治理结构要求在公共事务领域国家和社会、政府和市场、政府和公民共同参与，结成合作、协商和伙伴关系，形成一个上下互动，至少是双向的，也可能是多维度的管理过程。就其体现的改革和创新而言，这是适应全球化、市场化和民主化发展趋势的必然要求，在国家公共事务、社会公共事务甚至政府部门内部事务的管理上，借助多方力量共同承担责任，其中既有对事务的管理，也有对人和组织的管理；既有对眼前事务的管理，也有对长远事务的管理。其特别之处在于用一种新的眼光思考什么样的管理方式可以实现公共利益的最大化。对于私人档案信息资源体系建设的认识不能仅停留在保存和保护历史资料的层面，在管理体制、平台建设、收集、分类体系和信息化程度方面都需要开创新的方法和新的模式，推动私人档案信息资源管理的社会化，改变一切由政府统包统管的传统模式与方法，充分调动社会组织的力量参与进来。在顶层设计方面创造有利条件，将私人档案资源体系建设的各个层面通过协调合作、政府购买、委托代理等多种方式向社会职能转变，达到借助各行各业的社会资源投入、扩大影响、提高私人档案资源建设效率的目的。

三 培育和建设私人档案信息资源意识

私人档案意识和私人档案信息资源意识是两个含义完全不同的概念，私人档案意识是指家庭和个人明确认同自己在各种社会活动中所形成的有价值的记录是档案，并有意识地加以系统记录、保存和保护；而私人档案信息资源意识则是指整个社会认同有价值的私人档案是国家档案信息资源的重要组成部分，需要统筹进行规模化和系统化建设。

目前我国的私人档案意识普遍还比较淡薄，尽管有一些家庭和个人在有意识地保存私人档案，但这仅属于一部分人的自发行为，一代代人系统地积累和保存私人档案的家庭和个人更是极少。私人档案信息资源意识更是近期才被人们谈起的话题，受到的关注也极为有限。

简言之，如果要将私人档案纳入国家档案信息资源体系，将之作为记录历史、反映社会和家庭历史变迁、传承文化的史料，首先需要从意识上加以引导。

（一）引导社会普遍形成私人档案意识

私人档案从功能上说可以分为两大类：一类是凭证性的，可以解决生活、工作中的凭证性需要，如各种证书、证件、购物发票、维修凭证、合同、账本等；另一类是纪念性的，可以为后来的生活提供回忆、纪念等作用，如书信、日记、照片、录音、录像、各种有纪念意义的物品等，一般来说这些档案虽然也具有凭证意义，但纪念的价值是更主要的，当第一类凭证性档案在凭据功能消失后，也可以部分地转化为纪念性档案。

目前很多个人和家庭，连完整保存凭证性私人档案都尚未做到，家里家具电器出现问题时找不到发票和厂家维修凭证，只好通过小广告找不正规厂家维修，结果上当受骗；私人证件、证书保管不当以致丢失，需要到有关部门去补办等，都是屡见不鲜的现象。至于纪念性私人档案的收集和保存，更不让人乐观。在日常生活中，有相当一部分私人档案的保存实际只是当初的随手搁置，属于无意识的保存，并不是纯粹意义上的有意识的保存和积累。大多数人对于个人和家庭在社会中形成的材料，也还仅仅停留在"私人的东西""私人物品""私人收藏"的概念上，并没有把它们看作档案。所以在后来的搬家、家庭卫生清理时，大量当初留下来的材料被当作废品处理掉。

出现这种情况最主要的原因：一方面是整个社会尚未普遍形成档案意识，私人档案意识更是无从谈起，很多普通人认为保留档案见证历史、文化传承等是一项大工程，是政府和有关部门的事、别人的事，并不会将之与一家一己联系起来；另一方面，因为没有家庭或家庭历史传承意识，大多数家庭做不到连贯地保存传承家庭和家族的档案，前人留下的日记、照片、书信等频频在旧货市场、拍卖市场出现就是例证，另外，说不清自己父母的生活经历、工作履历，乃至说不清父母当初工作单位名称的人也不在少数。

2015年9月3日纪念中国人民抗日战争暨世界反法西斯战争胜利70周年大会在北京隆重举行的当天，一位女儿告诉朋友，她在外地的老父亲打电话来告诉她，自己曾获得过纪念抗日战争胜利和纪念解放战争胜利的两枚勋章。这位女儿说，母亲已经故去多年，父亲也已经91岁，以前只知道父亲16岁参军，母亲也参加了解放战争，却从来没有好好听他们讲当年的具体情况，对他们的过去所知寥寥，父母周边的很多的战友家里也是同样情况。这次国家的纪念活动，激发了她回家听父亲话当年，好好看看那些勋章和纪念品的念头。

另外，现在人们保留的文字材料很少，日记和书信类的更少，一方面是由于当年"文化大革命"时期私人日记以及收藏的物品被当作反动思想证据和"变天账"，很多人遭到无情的牵连和处罚，恐惧心理之下不敢再写日记、保存书信等材料；另一方面，在当前的电子时代，书信已经被电子邮件或各种即时通信方式等代替，纸质的记录材料的大幅减少也是不争的事实。

同时我们也看到，社会的档案意识包括私人档案意识正在逐步增强。以城市家庭为例，家庭档案的种类和数量都在逐步扩充，原来的户口本、身份证、结婚证等各类身份证明材料，家庭财产档案、荣誉档案、社会活动档案等都有了大幅增加，其发展过程与美国社会心理学家马斯洛的需求层次理论有明显的一致性。马斯洛提出，当人们的生活处于温饱阶段时，首先考虑的是满足生存所需要的生理和安全需要，包括衣食住行以及想方设法保障自身安全，摆脱失业和丧失财产、受到职业病的侵袭等威胁。当人们的生活进入小康阶段后，生理和安全需要已得到基本解决，人们进而会追求满足情感和尊重的需要，例如友爱、群体归属、实力、自信心、地位、威信等。

我们看到，在我国经济不发达的温饱阶段，私人档案恰恰是以保障自身安全的各种证明类档案居多，其他档案相对较少。改革开放以后，随着经济快速发展，相当一部分家庭和个人步入小康生活，一方面,家庭财产增加使财产档案大幅增加;另一方面,人们社会活动日益丰富,社会地位普遍提升,荣誉档案、社会活动档案也不断增加。随着人们追求友爱、群体归属、实力、自信心、地位、威信等情感和尊重的需要日益显现,越来越多的平民百姓也开始关注有关个人和家族的各种历史记录,写回忆录、修家谱、做口述史也不再是少数显赫人物和家庭的特例。

总之,越来越多的家庭和个人已经萌生保留和积累私人档案的意愿,在普遍形成私人档案的社会基础上,政府可以采取大型纪念活动、展览等有效方式加以引导和推动,2015 年的纪念中国人民抗日战争暨世界反法西斯战争胜利 70 周年纪念活动,就是激发人们的群体归属意识和关注历史、参与记史的意愿的有效方式。

(二)引导社会形成私人档案信息资源意识

私人档案信息资源体系建设有赖于整个社会形成正确的私人档案信息资源意识,具体来说,主要包括六个方面。

第一,认同私人档案是国家档案信息资源的组成部分。所谓国家档案信息资源,是对国家和社会有保存价值的全部档案信息的集成资源。私人档案虽然不同于公共组织的档案,本身不具有公共性,但这并不影响它成为国家档案信息资源的有机组成部分,私人档案是个人、家庭在一定的社会历史背景下形成的,既是家庭、群族文化形成的基石,也是对社会历史变迁的微观记录,是宏大历史叙事的细节补充,对于了解历史、研究历史、活化历史、传承民族文化具有重要的作用,同样对国家和社会具有保存价值,需要从国家层面进行建设。

第二,认同私人档案的所有权归私人所有。政府不能超越法律权限去改变私人档案的所有权,公民有权利按自己的意愿生成、保有和处置自己的私人档案;但是那些对于国家和社会具有重要价值的私人档案,应该被纳入国家档案信息资源体系进行管理。私人档案虽然属于私人所有,但是在一定的条件下,可以成为在一定范围内乃至社会范围内共享的文化资源。

第三,认同国家应该对私人档案信息资源建设进行统筹规划。很多人认为,私人档案的建立和保存是私人的事情,私人档案的形成与

第八章 国家层面私人档案信息资源体系建设的战略框架

否、形成什么、谁形成私人档案等都要取决于个人,所以其形成质量,他人无法掌控,同样地,私人档案信息资源的质量,国家也无法把控。但既然私人档案是社会历史发展的微观记录,是国家和社会文化传承的重要载体,国家也就有义务去规划、引导和促进私人档案信息资源建设。

第四,认同私人档案作为一种信息资源,在一定的条件下,可以成为在一定范围内乃至社会范围内共享的资源。私人档案固然属于私人所有,其中不乏个人隐私,似乎与可以社会共享的信息资源是一个悖论,但从历史的角度看,即使有一些私人档案虽然在短期内不可以共享,但或许几十年上百年以后就可以,一代人不可以,二三代以后也许就可以。历史的积累从来不是一朝一夕的事,档案信息资源也从来不是当下形成的各种记录的即刻集聚和提供。

第五,认同私人档案需要通过规模化和系统化建设才可以成为档案信息资源,国家相关部门和各类社会组织要在私人档案信息资源体系建设的工作中承担具体责任。田炳珍在《档案信息资源——一个需要深入研究的课题》中提出,"所谓资源,是指自然界和人类社会中一切可以制造物质财富和精神财富的原始的达到一定量的客观存在形式","资源的第一属性是它的可创造性,即在一定时间和空间范围内能够创造物质财富和精神财富;它的第二属性是规模性和可开发性。达到一定规模,即积累到一定程度,并蕴含着极大的价值和可开发价值的客观存在形式,才能构成资源",因此档案信息成为资源,需要具备三个条件,即"有用属性""达到一定规模"和"系统化管理"。[1]

家庭和个人虽然是形成私人档案的主体,但难以成为档案信息资源建设的主体。私人档案的规模化和系统化需要由国家和社会来承担。国家不仅要通过各种方式指导公民建立私人档案,还要负责对私人档案信息资源建设进行总体规划,并由有关机构和组织承担起接收民众捐赠和寄存私人档案的工作,建设私人档案信息资源平台,这样

---

[1] 田炳珍:《档案信息资源——一个需要深入研究的课题》,《档案》1997年第3期。

才能使私人档案真正成为档案信息资源。

第六，认同私人档案信息资源体系应该能够涵盖社会各阶层、各阶段所形成的私人档案，并应将能够典型反映社会历史的档案纳入重点关注范围。每一位对国家、对地区、对某个组织有贡献的卓越人物都是国家、地区和组织历史的重要构成者，他们为国家、地区和组织作出的贡献必须要得到肯定和纪念，所以各类社会组织有责任为组织内部有重要贡献的人物建立私人档案提供帮助和支持，让他们在历史的记忆中留存一座丰碑。

四　切实做好私人档案信息资源的内容建设

私人档案内容庞杂，种类繁多。从载体的形式划分，可以有纸质、音像、数码、实物等多种载体形式的档案；从档案的内容划分，可以有证件类、合同契约类、信件和日记类、家庭财产类、医疗健康类、实物珍藏类等档案；从形成的活动划分，可以有个人（家庭）生活类和社会活动类等档案；从保存的目的划分，可以有凭证查考类、纪念传承类、爱好收藏类等档案。

但无论种类如何划分，私人档案信息资源是由各个领域、各行各业、各个阶层中的人所形成的私人档案汇聚而成的，按照每个人的社会角色，可以分为普通大众、精英骨干和杰出人物三个层次，从资源建设的角度而言，三个层次的私人档案信息资源都是必不可少的，要兼顾三个层次，不能厚此薄彼，更不能弃置其中的任何一个层次。

（一）普通大众的私人档案信息资源建设

从世界历史范围看，各国史书的形成都曾经在相当长一段时间内为宏观历史方法所掌控，史官们关注的是帝王将相的丰功伟绩，以及在历史大变革中的风云人物，国家的历史就是一部帝王将相纵横捭阖、指点江山的历史，其中充斥的是各种重大的政治事件和精英人物，至于那些芸芸众生则被作为小人物忽略掉了，他们在那个年代中的生活很少见诸史书，正所谓"名不见经传"。

在中国古代，统治阶层垄断了文字和档案，形成的官方记录中充斥着重要历史人物、重大历史事件和国家机器的运行情况，在历史的

第八章 国家层面私人档案信息资源体系建设的战略框架

波涛中的平凡人物在那个时代的生活记录中只留下只字片纸。

这种情况一直到 20 世纪初才得到改观,人们开始认识到,小人物也能反映大历史,平民的活动也是历史的组成部分。作为历史研究者,观察历史的角度要从大人物扩展到人类的全部活动,换言之,历史研究既要审视帝王将相的运筹帷幄,也要关注平民百姓的活动。例如,美国的新史学倡导人鲁滨孙(James Haryey Robinson,1863—1936 年)在他 1912 年出版的《新史学》一书中主张:"从广义来说,一切关于人类在世界上出现以来所做的或所想的事业与痕迹,都包括在历史范围之内。大到可以描述各民族的兴亡,小到描写一个最平凡的人物的习惯和感情。"[①]

现代史学界的大历史观更进一步强调以小看大,即从小事件看大道理,通过翔实的史料对历史进行深度发掘,从长远的社会经济结构变化观察历史的脉动,从人物与时势的交互作用等细节研究历史的发展进程。

总之,历史记录了什么、记录了谁都与我们如何记录有关。就今天人们的历史认知来说,一切史料都是重要的,所有人都是历史活动的参与者,他们用自己的方式记录和反映着历史。小人物记录下来的自己和家族的衣食住行、生儿育女、悲欢离合、人际往来、家族传承等,尽管看似细碎平常,间接而且不那么重要,但也能反映出当时的社会历史背景,对还原历史具有重要价值。

普通大众所形成的档案是私人档案信息资源中的基础资源,虽然私人档案的内容、保管和传承由私人自主决定,但从国家层面可以采取适当措施加以引导,使个人及家庭的建档行为从自发到自觉,使建档主体从零散变为体系化。

普通大众私人档案信息资源的汇聚,需要在一家一户人人形成和积累的基础上,由档案馆、图书馆、博物馆、有关民间组织和有能力有意愿的个人来共同完成。长期以来,私人档案在个人和家庭中难以

[①] 转引自[英]杰弗里·巴勒克拉夫《当代史学主趋势》,杨豫译,上海译文出版社 1987 年版,第 43 页。

连贯传承的一个重要原因就是个人无法为数量日益增长的私人档案提供存放场所，而且缺乏系统整理的方法，所以，私人档案频频出现于旧货市场和拍卖市场，大量散失，难以在数量和质量上形成真正意义上的信息资源。只有政府和社会能够为私人档案的形成提供技术支持，为私人档案的保存提供场所支持，才能够大大推动私人档案信息资源的积累。

在很长一个时期里，图书馆、博物馆等机构是收藏私人档案的重要场所，例如，"样式雷"档案被国家图书馆收藏、盛宣怀档案被上海图书馆收藏等，20世纪50年代以后我国建立了各级各类档案馆，随着名人档案门类的普遍设立，以及为了丰富馆藏向社会广泛征集私人档案等活动的开展，人们普遍认为，除了家庭以外，图书馆、博物馆、档案馆是收藏私人档案的典型场所，私人档案也成为人们研究历史的重要史料。我国成熟的档案管理经验和完备的图书馆、档案馆体系，也能够在私人档案信息资源建设中发挥实质性作用。

（二）精英骨干的档案信息资源建设

精英骨干，是指在各行各业或不同领域、不同部门中的骨干力量，业绩突出、贡献较大的优秀人才，或是社会生活、新兴领域的知名人士，他们是社会的核心和中坚力量，遍布政治、经济、科技、教育、文化、宗教、艺术等各个领域，他们在各自的工作岗位上，发挥了卓越的领导和骨干作用，对组织的成长、社会的进步作出了突出的贡献。

现有的这类资源基础并不理想，缺失非常严重。目前各级各类档案馆虽然在馆藏建设中普遍建立了"名人档案"专项，但一直以来基本是靠征集部门向社会征集，虽然划定的征集范围非常大，但实际是否能征集得到、能征集到什么、征集来多少往往取决于捐赠人的意愿。从目前情况看，各地档案馆普遍征集到的名人档案非常有限，不仅数量上在整个馆藏中占比极少，而且质量也不是很高。

私人档案信息资源中的重点资源建设应该在此基础上做大范围的扩展，具体包括两个方面内容。

第一，征集范围扩大化。目前档案部门征集名人档案时，一般将

"名人"界定为政党、国家、军队和社会团体的主要领导人；历史上有影响的群众运动领袖、宗教领袖、革命烈士、爱国人士；著名的政治家、军事家、思想家、理论家、社会活动家、企业家、艺术家、文学家、教育家、科学家、发明家、学者、英雄模范人物等。

私人档案信息资源中的重点资源则应该从"名人"进一步扩大到各类组织中对国家、社会、组织具有突出贡献的重要人物，即征集对象从"名人"扩大到所有的精英骨干，不仅包括本单位的历任领导，还包括中层以上干部、名人名师名家、具有高级职称的专家、各种高级奖项获得者，及其他对组织和社会有突出贡献的人。因为这些人是各类组织发展历史的重要参与者和见证人，是组织发展的中坚力量，为组织发展作出了突出贡献。为他们建档，一方面是对他们所作贡献的郑重承认；另一方面，他们的进步和成长过程也反映了组织的成长历程，与组织的历史水乳交融，他们的档案既是历史的见证，也是组织文化建设和传承的重要载体。因此，我们没有理由让这些重要人物的档案处于失控、失管状态，应该采取措施立即开始建设。

第二，建设主体系统化。目前"名人档案"都是以各级各类档案馆为主体开展征集和保管工作的，以本地区的"名人"为主要征集范围，各机关单位的档案室并没有参与其中，而由于多方面原因所限，档案馆名人档案征集渠道不畅通，征集数量少且不成体系，基本上没有达到涵盖本地区历史和社会生活的各个方面的程度。

从档案部门来说，应该利用档案馆——档案室的档案事业体系优势，发动各机关、企事业单位的档案室共同参与到精英骨干档案资源的建设工作中，并将名人档案的征集和管理从各级各类档案馆下移和扩大，由基层组织的档案部门、各类协会、学会等民间组织主持本组织中精英骨干的个人档案建设，基本指导思想是为每一个对本组织（包括地区和国家）有突出影响的人、有贡献的人建立个人档案，使他们的档案都能完整地保存下来。

这类档案应该以这些人物的工作、社会活动的档案为主，兼顾家庭生活的档案。其所有权仍归个人所有，但其中那些反映工作和社会活动且不涉及个人隐私的档案，可以由基层组织的档案部门协助整理保存，并在征得个人同意的前提下，为组织历史传承和组织文化塑造提供重要素材。

精英骨干的私人档案信息资源一旦形成，将成为基层组织所保存各种档案的重要补充，并且还可以与档案馆的"名人档案"征集工作有很好的衔接，为档案馆"名人档案"征集工作提供可靠的渠道。

（三）杰出人物的个人档案信息资源建设

杰出人物指对一个国家、一个民族乃至人类社会有较大影响的人物，或是在社会某个领域的重要推动者，他们的威望或声誉范围已经超出一个单位、一个地区，对整个社会都具有影响力。

大历史观认为，社会历史的发展不是单纯的直线的前进过程，而是一个伴随着思想观念的激荡，社会制度、社会结构等方面变迁的曲折前进过程，其发展具有不确定性。在这个过程中，往往会有一些与之直接相关的枢纽人物和有密切关联的重要人物对历史的进程产生重要影响。

这些人物可以是权重位高者、社会名流精英，也有可能原本是无名之辈，但由于某种原因成为某些大事件的参与者和见证者，总之都是历史转折时期的变革者和主要参与者，他们在这些活动中所形成的档案是见证国家和社会的发展、变革的重要史料，相比于一般平民所形成的私人档案要更具社会历史价值。

这些杰出人物共同的特点是社会活动广泛、参与重大活动较多，是国家和社会历史活动的重要参与者，会形成大量的私人档案，并且其中会有相当一部分的档案已经超出对个人和家庭的意义，对国家和社会具有重大意义。但是，由于缺乏国家层面的重视，这些档案的形成和管理一直处于失控状态。为今之计，应该由国家或有关部门出面对杰出人物的私人档案加以控制和管理：第一，尽快建立杰出人物档案建档制度，明确其建档的义务和责任、制定建档措施、落实管控的责任等；第二，将那些对国家乃至国际具有重大影响力、作出过突出贡献、年纪已偏大的人所形成的档案列为抢救性资源优先建设。

在杰出人物中，有相当一批年事已高，并且其中相当一部分人的档案要么因为缺乏档案意识已经散失，要么虽然有大量积累但一直缺乏系统整理，在各种活动中所形成的各种有价值的材料状况十分令人担忧。因此，必须尽快给予抢救性整理和保护。不夸张地说，这是一件与时间赛跑的工作，面临着工作量大，以及人力财力物力、存放场所等方面的困难，唯有尽快启动相关工作，才不会留下更多的遗憾。

五 建设合理的私人档案信息资源价值体系

价值体系是指"个人或团体所持有的若干相关的价值观所构成的思想体系，表明人们对一系列客观事物的意义进行的评价，以及这些事物的价值在人们心目中的主次、轻重缓急的排列顺序。价值体系涉及各种价值实现的层次、价值取向的社会标准、个人选择价值的种种因素，它决定了社会主体的价值取向。个人的价值体系是在家庭和社会团体的影响下，融合了众多社会团体中的价值观念而逐步建立起来的，受个人世界观、人生观的制约。价值体系一旦形成，就作为社会主体行动的目标，具有相对的稳定性"①。

私人档案作为社会主体的自然人在社会活动和个人生活中形成的有价值的各种形式的历史记录，反映了人民群众积极参与的各项事务活动，既是在与国家、社会各种互动中形成的鲜活、生动而真实的记录，国家治理效果的真实再现，也是对人民群众作为社会主体人的价值的肯定与见证。

学界普遍承认私人档案具有多元价值，既有档案的基本价值，如凭证价值、参考价值等，也在情感价值等方面有突出体现，近些年在文化传承、社会记忆、身份认同等理论研究热兴起的背景下，私人档案所具有的各种价值再次引起广泛的重视，其价值的体系化也逐步体现出来。

本书认为，私人档案信息资源的价值体系可以包括个人和家庭层面的价值、社会层面的价值和国家层面的价值三个层次。

---

① 时蓉华：《社会心理学词典》，四川人民出版社1988年版，第121—122页。

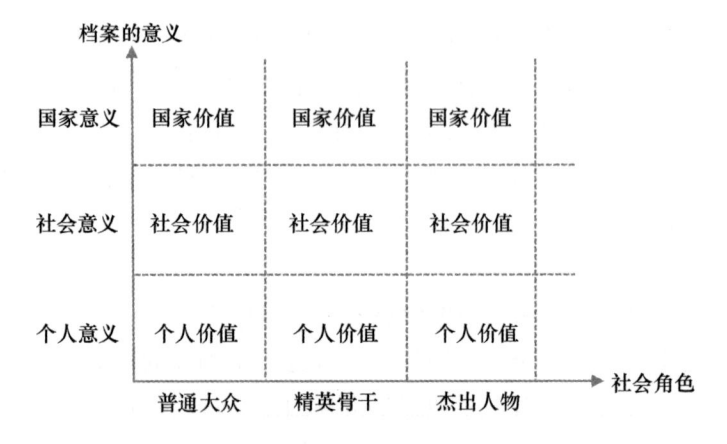

```
        档案的意义
           ↑
国家意义  │ 国家价值 │ 国家价值 │ 国家价值 │
          │─────────│─────────│─────────│
社会意义  │ 社会价值 │ 社会价值 │ 社会价值 │
          │─────────│─────────│─────────│
个人意义  │ 个人价值 │ 个人价值 │ 个人价值 │
           ────────────────────────────→ 社会角色
            普通大众   精英骨干   杰出人物
```

图 8-1　私人档案信息资源的价值体系图

（一）个人和家庭层面的价值

就个人和家庭生活而言，私人档案的价值主要体现为满足生活需要的凭证性价值和满足精神需要的精神价值。

凭证性价值是最为基础的价值。在日常生活中，人们必须随时提供和利用各种证件、证书，以及各种健康、医疗、保险、财产等方面的材料，因此人们在建立私人档案时，首先会从这类档案入手，以应付各种生活需要，这种价值需要往往是人们建立私人档案的最直接、最主要的动机。

精神价值则是个人和家庭出于精神层面的需要所形成的那些档案价值，包括纪念珍藏价值、家庭（族）传承价值等。人们积累下来的书信、日记、照片、录音、录像、珍藏的各种纪念品、各种收藏等，不仅具有活动凭证价值，更主要的是具有纪念价值，人们收藏这些档案，是将之作为亲情、友情的纪念，过往生活的写照。

上述档案中会有一些突破个人凭证和纪念价值的档案被珍重被保存下来，传给子孙后代，这些档案最终体现的则是传承价值，成为个人和家庭档案中最为宝贵的部分。

（二）社会层面的价值

私人档案的社会价值是指私人档案虽然归私人所有，但同时也是社会的宝贵财富,在社会物质和精神文明建设活动中发挥着重要作用。如前所述,私人档案也可以记录历史、反映历史、活化历史,是研究历史的重要史料,同样具有社会历史价值;文化价值是由人创造出来的,人们的文化需要,以及满足这种需要的文化产品,都是在人的社会实践中形成的,人们由此普遍认同私人档案具有社会文化价值,并在文化传承中有重要贡献。

不仅如此,随着近年来身份认同、集体记忆理论研究的趋热,人们又挖掘出私人档案在这些方面的价值,并引起各方的高度重视。例如冯惠玲教授指出,"档案是建构集体记忆重要且不可替代的要素,并通过参与建构、重建、强化集体记忆来实现身份认同"[1]。2011年联合国教科文组织第36届大会通过发布的《档案共同宣言》中说:"档案守护并服务于个人和团体的记忆",档案对于"建立个人与集体记忆,了解过去、记录现在并指导未来非常重要"。集体记忆是由社会生活产生和留下的诸多印记合成的,档案是其中最为直接、稳定、确切,便于传承的一种,它所参与构成的集体记忆会更为可靠和丰富。[2]

加小双又进一步提出,随着全球化、多元性、流动性成为现代社会的基本特征,人口流动和身份变迁成为常态,人们的过去和现在存在越来越多的断裂,这增长了公众对于身份认同的关注以及探索"我是谁,来自哪里,将去往何方"的欲望。当传统归属于特定权威符号的身份认同机制变得越来越不确定,公众转而将目光投向一种以"血缘"为基础的最为原始的身份认同要素——家族认同,关注家族意义上的"身份""历史""记忆"。公众探寻家族历史的欲望愈加强烈。[3]

正是由于私人档案在实现身份认同、构建集体记忆中发挥着重要的作用,使它在传统的历史文化价值之上又增加了新的社会价值。

---

[1] 参见冯惠玲《档案记忆观、资源观与"中国记忆"数字资源建设》,《档案学通讯》2012年第3期。
[2] 参见冯惠玲《当代身份认同中的档案价值》,《中国人民大学学报》2015年第1期。
[3] 参见加小双《当代身份认同中家族档案的价值》,《档案学通讯》2015年第3期。

（三）国家层面的价值

私人档案信息资源在国家层面的价值主要指公共利益价值。"所谓公共利益，即在一定社会条件下或特定范围内不特定多数主体利益相一致的方面，其中不特定多数主体既可能是全体社会成员，也可能不是全体社会成员，而利益范围既包括经济利益，也包括正义、公平、美德等抽象价值。"[①]

对于大多数人的公共利益，容易出现主张者的缺位问题，因此需要成立专门的组织来代表大多数人主张公共利益。这种组织最常见的就是国家机关、国有的企事业单位、社会公益组织等。但是公共利益并不完全等同于社会利益和国家利益。

有学者认为，公共利益是上位概念，社会利益与国家利益同为并列的下位概念；也有学者认为，国家利益一般指基于国家权力、主权或领土而产生的利益，公共利益不仅是国家利益，也包括某些社会利益；社会学法学派的创始人罗斯科·庞德（Roscoe Pound）将利益分为三类，即个人利益、公共利益和社会利益。个人利益是指"直接涉及个人生活并以个人生活名义提出的主张、要求或愿望"；公共利益是指"涉及政治组织社会的生活并以政治组织社会名义提出的主张、要求或愿望"；社会利益是指"涉及文明社会的社会生活并以这种生活的名义提出的主张、要求或愿望"，具有功利性和排他性，不一定代表公共利益的要求。

还有学者明确指出，国家利益从根本上来说是统治阶级的利益，由于统治阶级为了自己和整个国家的存在，必须履行一定的社会公共职能，因此国家利益在一定程度上又具有公共利益的性质。国家利益则包括国际和国内两个方面：在国际关系方面，主要包括国家安全利益和国家政治利益。国家安全利益是指国家主权的独立、领土的完整和国民的生存不受侵犯；国家政治利益是指国家制度和国家独立自主管理内政和对外交往的权益。从国内方面来讲，国家利益主要包括国

---

① 余少祥：《什么是公共利益——西方法哲学中公共利益概念解析》，《江淮论坛》2010年第2期。

家经济利益和国家意识形态利益。国家经济利益，即国家经济发展的权益，它包括经济繁荣、科技进步和人民生活水平的不断提高；国家意识形态方面的利益，主要指国家的价值，即每一个民族国家都拥有自己独特的意识形态、历史传统、民族精神、社会习俗、宗教信仰、稀世文物、名胜古迹以及生活方式，民族国家这些特有的价值在漫长的岁月中已渐渐成为人民生活不可或缺的内容，成为全社会的共同需要，因而也就成为国家利益的组成部分。[①]

从上述概念分析可以看出，公共利益要高于国家利益和社会利益，很多国家利益和社会利益也属于公共利益，私人档案信息资源中只要涉及公共利益和国家利益的部分，即具有国家层面的价值。

从国家层面来说，具有公共利益价值的私人档案信息资源，是全部私人档案信息资源中价值最高、最需要采取必要控制措施的部分，有关部门应该依据有关法律法规，清晰界定具有公共利益价值档案的范围或鉴定标准，以便于在实际工作中的操作。

六 拓展私人档案信息资源体系建设的资金筹措渠道

通过拓展单一的中央财政划拨体制，推行政府购买和PPP等私人档案信息资源体系建设市场化、社会化的资金筹划模式，健全多元投入机制，来积极争取各级档案管理部门对私人档案信息资源体系建设项目的资金支持，广泛吸纳企业和社会资金参与。动员有关利益相关方合理出资，形成私人档案信息资源体系建设的多元化投入机制。按照谁投资、谁经营、谁受益的原则，广泛鼓励和引导社会资金投入，吸纳民间资金。整合现有的各方面私人档案建设资金，实行统一规划、统筹使用，充分发挥资金的聚集效应，从而实现社会参与最大化、资源利用最大化、综合效益最大化。进一步转变私人档案信息资源体系建设领域中的政府职能，政府不再直接承办由政府购买服务提供的公共服务，而是通过广泛吸收社会资本参与到由政府和社会资本合作提供的私人档案信息资源体系建设中来。政府和市场应该在公共

---

① 参见刘莘、陶攀《公共利益概念辨》，《岳麓法学评论》2005年第5期。

服务供给侧结构性改革中实现"双到位",各擅其长,各尽其责,分工明确。政府尽职尽责的同时将市场能够充分发挥作用的领域交给市场,协调好公平和效率、政府和市场、尽力而为和量力而行的关系,推动全社会的力量都积极参与到私人档案信息资源体系建设的发展中来。

建设保障私人档案信息资源结构性改革的财政预算管理体制。规范政府纵向档案管理部门向下级部门、企业和公众划拨私人档案信息资源建设财政资金的权力,改单个支持为公共服务平台支持;增加一般预算资金占比,减少专项资金占比;增加一般性转移支付,减少专项转移支付,逐步规范和完善转移支付制度。这样能有效解决资金划拨重叠、不均等、专项资金过多、支出随意等问题。

七 加快私人档案信息资源体系的平台建设

私人档案信息资源体系的平台建设要加强与各地私人档案信息资源建设部门、私人档案信息资源建设机构、研究私人档案信息资源建设的高校等的信息交流与合作,及时更新私人档案信息资源建设信息。通过建设利用信息共享平台,宣传私人档案资源体系建设的有关活动和重要咨询。如实现有关私人档案信息资源体系建设的研究动态、调查数据、统计数据等的交流共享,供私人档案信息资源体系建设进行宣传推广策划和决策参考之用。逐步形成私人档案信息资源共建共享、自主管理的良性循环机制,不断扩大私人档案信息资源的社会功能,为我国私人档案信息资源体系建设的可持续发展奠定广泛的社会文化基础。实践表明如果仍然采取单纯依靠现行档案管理部门统包统管的方法,将内容丰富、类型复杂、载体多样的私人档案信息资源不加区分地纳入各级国家综合档案馆的管理体系之中,既不符合经济社会发展的现实,也得不到社会对于私人信息资源建设发展的认同。

私人档案信息资源的社会化、网络化管理能够有效改变上述现象。在尊重私人档案所有者意愿的基础上,依法合规地通过有关机制的建设将分散保存在不同领域、行业、部门的私人档案信息资源进行系统整合，开发大数据模式下的信息资源管理平台，供社会各方面共享，使档案信息资源得到充分开发与利用。通过采用委托代理模式——即有条件、有选择地将部分难以由各级档案馆进行统一管理的私人档案信息资源，在档案行政管理部门的监督指导下，委托给社会化的专业管理机构进行管理与开发，使我国私人档案信息资源的作用效能实现社会化。或者采取自主管理模式——即由公民个人或公民自治组织接受政府档案行政管理部门的业务指导，建立具有某种形式的社会"自治"机构，形成"藏档于民""自我管理"的档案信息资源管理模式，以有效减轻社会、政府投入，提高私人档案信息资源的数量和质量。

八　建立有效的私人档案信息资源体系建设的监管机制

私人档案信息资源体系建设监管机制的建立要立足国情，注重与科学合理的私人档案信息资源体系建设的各项指标相衔接，实事求是地制订工作规划，确保目标精准；力求规划内容和举措细化到每个项目，做到措施精准。私人档案信息资源体系建设运作的规范化，能够创造平等的竞争环境，利用供求、风险和利益等机制平衡在私人档案信息资源体系建设和运行中的供求和利益关系，推行政府购买、市场和社会提供的多元化、社会化的私人档案服务供给模式，促进有关公共服务质量的改善，扩大私人档案公共服务的受益面，为实现我国私人档案信息资源体系建设的稳定发展提供结构性动力。国家层面要进一步创新体制机制，加大扶持力度，强化组织实施，为私人档案信息资源体系建设提供强有力的保障。创新私人档案信息资源建设动员机制，要发挥政府投入的主导作用，广泛动员社会资源，确保投入力度与私人档案信息资源体系建设的任务相适应。推广政府与社会资本合作、政府购买服务、社会组织、个人与企业合作等模式，建立健全招投标机制和绩效评估机制，充分发挥竞争机制对提高私人档案信息资源体系建设资金使用效率的作用。鼓励社会组织承接私人档案信息资源体系建设具体项目的实施，依托社会组织更好地发挥志愿者在私人档案信息资源体系建设中的作用。引导社会组织建立健全内部私人档案治理机制。围绕私人档案的目标任务，推进部门之间、政府与社会之间的信息共享、资源统筹和规划衔接，构建政府、市场、社会协同推进的私人档案体系建设大格局。

九 加强组织领导，明确责任分工，建立健全保障机制

各级档案管理部门要成立私人档案信息资源体系建设领导小组，统一领导私人档案信息资源体系的建设工作。加强私人档案信息资源基层组织的建设，充分发挥基层组织在私人档案信息资源建设和管理中的积极堡垒作用，完善基层组织私人档案信息资源体系建设的保障机制，健全基层组织在私人档案工作中的组织实施能力。

实行全国统筹，地方各级档案管理部门狠抓落实的工作机制。国家级档案管理部门对私人档案信息资源体系的建设负总责，组织指导制订省级及以下的私人档案规划，为规划实施提供组织保障、政策保障、资金保障和专业人才保障，并做好监督考核。各省（区、市）统筹私人档案信息资源体系建设进度，制订省级私人档案信息资源体系规划，对规划实施效果负总责。各有关部门按照职责分工，制订私人档案信息资源体系建设工作的行动计划或实施方案，出台相关配套支持政策，加强业务指导和推进落实。各级档案管理部门负责规划的组织实施与监测评估等工作。依托现有档案管理机制建立私人档案信息资源体系建设系统和监测系统，定期开展规划实施情况动态监测和评估工作。健全考核奖惩机制，将私人档案信息资源体系建设工作纳入各级档案管理部门目标综合考核和干部考核的重要内容，建立相应的私人档案体系建设工作考核奖惩制度，对私人档案体系建设先进单位给予表彰奖励，对工作不力、完成任务差的相关责任单位和责任人给予严肃处理，将考核结果与单位和个人评先评优相结合，确保如期完成各项规划任务。

第九章　国家层面私人档案信息资源体系建设的实施保障

第一节　法律保障——填补国家档案法规体系中私人档案内容的空白

私人档案管理首先要解决的是管理权限问题，而权限问题涉及国家、组织、个人等多主体的关系，涉及国家和个人的权利，涉及所有权、物权等众多权益归属，涉及国家法律、地方法规、部门规章等不同层次的管理规范等多方面多层次的问题，无论是从理论还是从实践的角度，都必须首先解决。私人档案信息资源体系建设的国家行动要落在实处，国家机构的着力点在于明确哪些行为是国家"能为"，哪些行为是国家"可为"，包括国家如何对私人档案信息资源进行监管等问题，都必须依靠法律法规的配套完善来实现。目前，由于与私人档案相关的理论研究和国家行为尚处于尝试和探索阶段，国家级法规几乎是空白，虽然地方性法规和部门规章虽逐步增多，但内容较粗放，操作性不强。从整体上看，国家档案法规体系中的私人档案内容存在空白，需要补充，迫在眉睫。

国家档案法规体系的结构分为五个类别和层次，即：国家法律、国家行政法规、地方性法规、部门规章和其他规范文件。

基于上述结构，私人档案法规体系也应当从这五个层次出发，填补现有国家档案法规中关于私人档案内容的缺失，纠正某些原则和指引方面的错误，重塑新的指导精神。

表9-1　　　　　　　　　国家档案法规体系表

档案法规体系构成	具体内容举要
国家法律	《中华人民共和国档案法》
国家行政法规	《中华人民共和国档案法实施办法》 《机关档案工作条例》（国家档案局） 《科学技术档案工作条例》（国家档案局）
地方性法规	《北京市实施〈中华人民共和国档案法〉办法》（北京市档案局） 《上海市著名人物档案管理暂行办法》（上海市档案局、上海市工商业联合会）
部门规章	《各级各类档案馆收集档案范围的规定》（国家档案局）
其他规范文件	《关于加强和改进新形势下档案工作的意见》（中共中央办公厅　国务院办公厅） 《国家基本专业档案目录（第一批）》（国家档案局）

一　在国家档案法律中增补私人档案的法条

法律是由我国最高权力机关及其常设机关——全国人民代表大会或常务委员会制定的法规文件，是约束、规范、指引国家和个人行为的依据。与私人档案有关的法律条文，不仅需要在专门的档案法律中补充——《中华人民共和国档案法》中补充条文——也需要在其他领域的法律中适当补充涉及私人档案的法条或文字，尤其是《中华人民共和国文物保护法》《中华人民共和国保密法》等相关的法律，都关系到私人档案的国家管理行为。

考虑到私人档案涉及面很广，法律法规体系的补白也是系统工程，不可能一蹴而就。目前，最应重视的补充内容包括：完善私人档案的国家属性与个人权属的法律界定；完善私人档案保护、买卖、转让、开发利用方面的法律界定；完善私人档案违规处置的法律惩处条文；完善私人档案国家支持方面的法规条文等。

（一）在私人档案信息资源体系建设中秉承《中华人民共和国物权法》的精神

《中华人民共和国物权法》（以下简称"物权法"）在私人档案信息资源体系建设中起着非常重要的指引作用。尤其是在确定私人档案的物权与归属方面，至关重要。按照《物权法》的规定，动产是指能够移动而不损害其经济用途和经济价值的物，与不动产相对，私人档案恰恰属于动产范围。一旦按照《物权法》明确私人档案的归属，那么私人档案也应当享有物权。也就是说，私人档案权利人依法享有对私人档案的直接支配和排他的权利，包括所有权、用益权和担保权等。从这样的基本认识出发，结合《档案法》的相关条款，可以得出三点结论。

第一，私人档案的所有权属于私人。在所有权人不违法的情况下，除非特殊情况，国家无权将私人档案收归国有。

第二，所有权人在合法的情况下，可以通过私人档案获得相应的利益，比如转让、展览、质押等。

第三，保管条件恶劣或者其他原因可能导致私人档案严重损毁或不安全时，国家可以代管私人档案。这一点是对《物权法》与《档案法》的综合解读。《档案法》第十六条规定，"集体所有的和个人所有的对国家和社会具有保存价值的或者应当保密的档案，档案所有者应当妥善保管。……对于保管条件恶劣或者其他原因被认为可能导致档案严重损毁和不安全的，国家档案行政管理部门有权采取代为保管等确保档案完整和安全的措施；必要时，可以收购或者征购"。这一规定充分表明了国家对重要私人档案的适度干预的精神。这与《物权法》规定并不矛盾，体现了法律的协调一致性。首先，这里所说的"代管"或"收购、征购"的档案，不是指所有私人档案，而是从国家层面判断的有重要价值的重要私人档案。哪些私人档案属于"重要"的，建议国家档案行政管理部门颁布《国家私人档案基本目录》（或其他类似文件）或通过"私人档案备案登记制度"等方式来确定。其次，适度干预措施一般限于"代管"（通常是无偿的）——必要时可以强制——但不是强制收购，所有权依然属于私人。代管过程中的利用权、开放权，也都在私人手里。最后，所谓"必要时，可以收购或者征购"，并不是强制的，只在所有权人同意后才能实现。这与"保管条件恶劣或者其他原因"情况下某种程度的强制"代管"有较大差别。

（二）建议《档案法》中增补私人档案法条

在现有的《档案法》和《中华人民共和国档案法实施办法》（以下简称"档案法实施办法"）中，涉及私人档案的有多个条款。

《档案法实施办法》第十七条"属于集体所有、个人所有及其他不属于国家所有的对国家和社会具有保存价值的或者应当保密的档案，档案所有者向各级国家档案馆以外的任何单位或者个人出卖、转让或者赠送的，必须报经县级以上人民政府档案行政管理部门批准；严禁向外国人和外国组织出卖或者赠送"。

《档案法》第二十一条"向档案馆移交、捐赠、寄存档案的单位和个人，对其档案享有优先利用权，并可对其档案中不宜向社会开放的部分提出限制利用的意见"。

《档案法实施办法》第二十四条"属于集体所有、个人所有及其他不属于国家所有的对国家和社会具有保存价值的档案，其所有者向社会公布时，应当遵守国家有关保密的规定，不得损害国家的、社会的、集体的和其他公民的利益"。

目前，《档案法》正在修订过程中，征求意见稿已全文可见，其中对私人档案的关注相比现有的《档案法》虽然已有显著加强，但仍有需进一步完善之处。建议增加若干针对私人档案的具有可操作性的法条。

第一，对重要私人档案的监督法条。对重要的、受《物权法》保护的私人档案，在所有权人对上述档案拥有所有权和管理权的前提下，国家可以进行执法检查和监督指导。这有助于保护对国家和社会具有保存价值的重要私人档案，切实得以留存，传诸后世。

第二，实施"对国家和社会具有保存价值"的私人档案国家备案登记法条。作为国家档案资源的重要构成，国家对私人档案必须施以有效的监控，这种监控不是沿袭传统的"管"和"领导"的行政管理理念。档案行政管理部门对私人档案的监管，既不能无所作为、放任自流，也不能因循守旧，照搬国有档案的管理思路。从宏观上讲，要制定国家对私人档案实施监管的法律条款，包括监管主体、监管权限等；从微观上讲，要明确切实可行的监管范围、监管方法。如果

"执法与监督"想落到实处,那么"私人档案备案登记"就是必不可少的前提条件。只有在《档案法》中增补私人档案备案登记法条,档案行政管理部门才能主动采取普查、重点调研、登记、备案的方法,把对国家和社会具有保存价值私人档案凸显出来,有重点地采取鼓励、支持措施予以保护。

(三)加强档案法律与其他法律对私人档案内容的协调。私人档案管理涉及档案管理、文物管理、科技管理、物权管理等众多领域,仅从档案法律一个维度出发,不可能完备私人档案法律条款,需要法律之间的协调与联动

档案行政管理部门和档案人员在研究私人档案法规建设时,应该放宽眼界,主动与有关行政管理部门建立联系,提出联动建议,建立立体的私人档案法律网格。这种联动,在对国外法律体系的研读中,可以看到领先的认识。

《西班牙历史遗产法》(西班牙议会1986年1月10日发布)是类似法律中比较完备、比较超前的一部。该法第四十八条规定:"纪实性和文献性遗产应认为是西班牙历史遗产的一部分,不论其是被收藏在档案馆还是图书馆,本法都认为是西班牙历史遗产的组成部分。"这表明,除档案馆之外的机构也应关注私人档案的保护,它也是国家遗产的重要组成部分。另外,该法的内容深度和协调性也令人称道。比如在文化遗产保护和税收方面的协调就细致入微。该法第七十条规定:"如果被宣布为具有文化价值的不可移动财产的所有人、占有人在经费自理的情况下,已经对该不可移动财产采取保护或修复措施,那么,该不可移动财产的所有人、占有人有权被免除其他地方税、占有税或转让税。"第七十一条:"个人所得税的纳税人有权免交相当于其用于购买、修理、修复、宣传、展览被宣布为具有文化价值财产的资金20%的税款。"

在私人档案管理法律协调方面,我国也已经开始行动。2013年2月,监察部、人力资源和社会保障部、国家档案局第30号令公布《档案管理违法违纪行为处分规定》,其中第二十条提出:"本规定所称的档案,是指属于国家所有的档案和不属于国家所有但保存在各级

国家档案馆的档案。"这表明，除了档案局之外的其他国家行政管理部门也认可对"不属于国家所有"的私人档案监管的必要性。

《中华人民共和国文物保护法》（以下简称"文物保护法"）第六条规定："属于集体所有和私人所有的纪念建筑物、古建筑和祖传文物以及依法取得的其他文物，其所有权受法律保护。"该法第二条"在中华人民共和国境内，下列文物受国家保护……（四）历史上各时代重要的文献资料以及具有历史、艺术、科学价值的手稿和图书资料等"，这里的"文献资料""手稿"等，"属于集体所有和私人所有"的一部分，与私人档案存在着交叉关系。

但相对来说，上述法律的交叉与关联是非自觉的，还没有主动进行法律联动。下一步的法律协调，需要有关立法部门、国家行政管理部门自觉地从内容方面进行协调，才能填补法律空白，让私人档案管理有法可依。就像《西班牙：关于部分阐述"西班牙历史遗产法"（第16/1985号）的皇家法令》第二条的规定："历史遗产委员会的最重要职责是促进中央政府和各自治区的联系，推动中央政府和各自治区交换有关西班牙历史遗产的信息和行动计划。"这其中中央与地方的协调行动已经非常明确。中国的有关部门、各级机构也应开始协调行动。

二 出台针对私人档案管理的国家行政法规

国家法律的内容往往比较抽象，需要国家行政管理部门进一步解释、说明才便于操作化。国家行政法规就是对法律内容具体化的主要方式之一。主要包括国务院根据宪法和法律，按照《行政法规制定程序暂行条例》制定的关于政治、经济、教育、科技、文化、外事等各类法规。比如，我国国家档案局颁布的关于档案管理的行政法规有《中华人民共和国档案法实施办法》《机关档案工作条例》《科学技术档案工作条例》《各级各类档案馆收集档案范围的规定》等。

由于制定法律的出发点比较宏观，因此从执行层面来说，国家行政法规的作用就显得尤为重要。

1990年版的《中华人民共和国档案法实施办法》（国家档案局）

虽然现在已经废止，但其对私人档案的范围阐释仍然很有启发性，即：“《档案法》第十六条所称集体所有的和个人所有的对国家和社会具有保存价值的档案，系指：（一）清代和清代以前的档案；（二）民国时期具有重要意义的档案；（三）中华人民共和国成立以前中国共产党及其领导下的政府、军队、团体所形成的档案；（四）中国共产党领导人、中华人民共和国国家领导人以及著名历史人物的手迹、手稿、信札、日记、声像、谱牒等档案；（五）中华人民共和国成立以后个人形成的对国家文化、科技传承有重要价值的档案；（六）其他具有重要价值的档案。前款档案价值的确定，由当地档案行政管理部门组织专家进行鉴定，如有争议不能确定时，可以由上级档案行政管理部门组织专家鉴定裁决。"这一解释，对于各级档案行政管理部门和私人档案所有权人都有确定的指导作用，能够比较清晰地认定私人档案。

国家档案局9号令《各级各类档案馆收集档案范围的规定》（2011年）第三条规定："新中国成立前本行政区内各个历史时期政权机构、社会组织、著名人物的档案列入综合档案馆收集范围。经协商同意，综合档案馆可以收集或代存本行政区内社会组织、集体和民营企事业单位、基层群众自治组织、家庭和个人形成的对国家和社会有利用价值的档案，也可以通过接受捐赠、购买等形式获取。"此规定在各级档案馆的私人档案收集范围方面给予了比较具体的指引。但该规定在内容和视野上稍显滞后，尤其遗憾的是仅侧重于"新中国成立前"。姑且不论中华人民共和国已经成立半个多世纪，即便是历史并不太久的私人档案，也有很多是对国家和社会有价值的。在视野开阔方面，2013年10月，中国国家博物馆永久收藏"Windows XP系统"，就显得不拘一格，而档案行政管理部门仍然比较拘泥。因此，如果今后修订《各级各类档案馆收集档案范围的规定》时，考虑增加"在不违反物权法有关条款的前提下，新中国成立后个人形成的对国家和社会具有保存价值的档案可以列入综合档案馆收集范围"这样的表述，很有必要。

三 出台针对私人档案管理的地方性法规

地方性法规是地方立法机关制定或认可的，在本地方区域发生法律效力的规范性文件，是国家法律和国家行政法规的补充。地方性法规中涉及私人档案的条款，既体现在档案领域的综合性的地方性法规中，也体现在专门性的私人档案的地方性法规中，还体现在其他非档案领域的地方性法规中涉及私人档案的内容。

《档案法》有明文规定："国家档案行政管理部门主管全国档案事业，对全国的档案事业实行统筹规划，组织协调，统一制度，监督和指导。县级以上地方各级人民政府的档案行政管理部门主管本行政区域内的档案事业，并对本行政区域内机关、团体、企业事业单位和其他组织的档案工作实行监督和指导。"这表明，各地方的档案管理业务，由国家赋权给地方档案行政管理部门。从这个角度说，地方性档案法规的可操作性更强，对具体工作的指导意义也更大。这是因为地方档案行政管理部门在履行管理义务前，必须有相应的法规作为依据。但具体工作又不可能都依据国家法律或国家行政法规，应在依靠各地方人民代表大会制定的相关的地方档案法规的同时，推动地方行政管理部门在不违反行政法的前提下，出台相关规范文件。

可喜的是，在国内，涉及私人档案的地方性法规已经出现，且不是孤例。如《天津市非国家所有档案管理规定》《福建省非国家所有档案管理暂行办法》《上海市著名人物档案管理暂行办法》《江苏省非国有档案管理办法》《南京市著名人物档案管理暂行办法》等，不一而足。

以《天津市非国家所有档案管理规定》（2004年）为例，其中很多条款规定都比较具体。比如该规定第二条："非国家所有档案是指集体所有、个人所有以及其他不属于国家所有，对国家和社会有保存价值的各种文字、图表、声像等不同形式的历史记录。"明确提到了"个人所有"。第三条："档案的所有者依法享有占有、利用档案的权利。任何公民和组织都有保护档案的义务。"明确对公民个人提出了保护私人档案的义务。第六条："个人所有的下列资料，应当列入档案管理的范围：（一）反映社会变迁、重大事件的文字、图表、声像、照片、实物资料；（二）反映民族、民俗、宗教、名胜、古迹的文字、图表、声像、照片、实物资料；（三）历史人物、知名人士的文稿、信札、日记、谱牒、声像、照片、实物资料；（四）其他应当列入档案管理的资料。"这是目前关于私人档案收集与管理范围最详尽的规定之一。

再以《上海市著名人物档案管理暂行办法》为例。该办法第六条在涉及建档对象时规定，"著名人物档案的建档对象为上海籍或长期在上海活动的政治、军事、经济、科学、技术、文化、社团、宗教等各界具有重要影响的领导、专家学者、社会贤达及其他重要人物。市级著名人物的具体标准是：著名人物档案的建立程序为：一般由本人自愿；档案馆（室）指导、本人整理；适时按协商一致的方式归档"。这是对著名人物档案的建立程序的有较清晰的操作性指引。

2013年出台的《福建省非国家所有档案管理暂行办法》是近几年涉及私人档案管理的非常典型的一个地方性法规。从该办法的题名也可以看到立法者的用意，既考虑到企业，也考虑到个人、私人。不是用"非国有"而是用"非国家所有"，兼顾了所有的"非公"档案，一字之差，立意很深。该办法第七条规定："个人在社会生活中形成的，或者在其他私有领域交往中合法获得的下列文件材料，列入妥善保管的范围：（一）职务以外的科学研究、技术发明、文学艺术创作以及其他具有个人专利或者著作权性质的材料；（二）反映社会变迁、记载重要人物以及重大历史事件的材料；（三）著名人物的文稿、信函、札记、日记、谱牒、声像、照片、实物等；（四）传统绝技、家传秘方、民间配方以及其他反映民风、民俗等材料；（五）其他特色载体的材料。"这是首次在国内的地方性档案法规中用整整一条的文字来概括个人档案的范围，具有创新性。

当然，目前与私人档案相关的地方性法规或条文，尚有非常明显的缺陷，尤其是私人档案的管理主体大部分是针对地方的国家档案馆，也就是将私人档案收集、征集进馆。虽然国家档案馆在私人档案管理中的重要性毋庸置疑，但从私人档案资源体系建设整体来说，这只是冰山一角。仅仅依靠国家馆藏的私人档案，并不能从整体上形成私人档案国家资源体系。

四 出台与私人档案相关的其他政策性文件

所谓"其他政策性"文件，并不表示其层次或重要性等而下之。相反，有些政策性文件是非常重要的。比如中共中央办公厅、国务院办公厅联合发布的《关于加强和改进新形势下档案工作的意见》，就体现了党和国家高层机构对档案工作的指导意见，其重要性不言而喻。再比如国家档案局、国家发展和改革委员会、中华全国工商业联合会联合发布的《关于促进民营企业档案工作发展的意见》也属于此类，文件层级和重要性也很高。

政策是国家为实现一定的政治、经济、文化等目标任务而确定的行动指导原则与准则，有国家层面的，也有地方层面的。政策与法律在本质上具有一致性，但法律不可能规范社会生活的所有方面，如宗教、道德、民族等领域的许多问题，在不能用法律进行硬性约束时，就需要用政策来调整。这也就是政策最大的特点——普遍性、指导性和灵活性。政策比法律涉及的内容更加广泛，社会生活的各个方面都受到政策的调整和规范。另外，当某些管理领域出台法律的时机尚不成熟时，也可以通过发布政策性文件来进行阶段性调节。

在中共中央办公厅、国务院办公厅颁布的《关于加强和改进新形势下档案工作的意见》中，对广义的私人档案已经有了比较清晰的指导意见："支持有条件的家庭建立家庭档案；支持个人保管、展示其收藏的档案，并向国家档案馆捐赠或寄存档案，对捐赠重要、珍贵档案的，给予一定奖励。家庭或个人档案中对国家和社会具有保存价值或应当保密的档案，档案行政管理部门要依法加强监督和管理。"这里既提到"家庭""个人"的档案的概念，也对档案行政管理部门在私人档案管理方面适度赋权，可以进行"监督""管理"，对私人档案的认识高度显著提升。在这些方面，各地方档案行政管理部门也可以比照"两办"的做法，制定类似的政策，作为出台正式地方性私人档案法规的先行文件。

五　明确私人档案管理的基础标准

私人档案管理在我国还属于新生事物，处于起步阶段。要推进私人档案管理，必须有可依据的操作标准。这里所说的"明确私人档案管理标准"并不意味着所有标准都要专门制定，而是包括三层意思。第一，私人档案管理应按照国家、地方在档案领域的通行标准来执行。比如电子档案、声像档案管理方面的标准。第二，国家和地方在档案领域的专门性标准中，如果符合私人档案管理的基本要求，可以提出参照执行的指导意见，在私人档案管理领域推行。比如档案整理类的标准。第三，制定针对私人档案管理的专门标准。

上述三方面的标准，第三方面是少量的，却是最关键的。《私人档案管理在欧洲的新动向》一文提到，意大利《档案法》对重要私人档案管理有明确规定，其中最关键的是"私人重要历史价值档案的确立"，"私人重要历史价值档案的确立是由档案监督处处长负责，并以行政通告的方式向社会公布，私人如不同意档案监督处处长采取的措施，可在60天的期限内向内务部长提出申诉，内务部长则在听取档案最高理事会常务委员会的意见后做出裁决"。[①] 这里触及了私人档案管理中最关键的鉴定问题。出台专门的私人档案鉴定标准是私人档案管理中非常重要的一环。当然，私人档案鉴定标准不一定是正式的行业标准，也可以是行政法规或政策性文件。但不管是哪种形式，一定要具有操作性。出台科学、可行的鉴定标准，不是简单的工作，需要加强对私人档案鉴定的理论研究与方法研究，推动鉴定标准、鉴定方法、档案资源目录建设，鉴定专家库建设的同步发展。

除了私人档案鉴定标准外，还需要制定的另一类私人档案操作标准，是"私人档案保存与保护标准"。这类标准其实是针对私人档案保护的"最基础"的标准。对于个人和家庭保存的档案，不能要求其达到国家档案馆的保管标准。因此，要明确一个私人档案保存的指导性标准，并通过指导、推进、扶助等方法逐步达到要求。对于力有

---

① 刘维荣：《私人档案管理在欧洲的新动向》，《湖北档案》2004年第1期。

不逮的私人和家庭，只要不是"保管条件恶劣"或"可能导致档案严重损毁和不安全"，可以适当放宽，只要满足最低的保管标准，使私人档案不会灭失，就可以了。

第二节 体制保障——建立有效的私人档案管理促进体制

一般意义上的体制，是指国家机关、企业和事业单位管理权限划分的制度。要把某件事做好，需要专门进行"体制设计"，解决层级关系、机构设置、隶属关系、权利划分等方面的具体问题。

从私人档案管理国家体制而言，首先要强调的，是在"国家机关、企业和事业单位"之外，增加一个重要的主体——"家庭和个人"。

一 我国私人档案管理体制的结构设计

与一个单位的档案管理或是一个行业的档案管理相比，私人档案管理形成的主体过于庞大，且过于分散，其管理主体涉及国家、地方、组织、家庭、个人等各方面，形成了一个纵横结合的私人档案管理的责任网络，相对地，国家层面的私人档案管理体制也非常复杂。

从纵向看，私人档案管理网络由国家引领，通过地方的落实与工作指导，将国家对私人档案管理的精神延伸到个人与家庭。从横向看，私人档案管理牵涉个人、家庭、组织等关联方，权属和利益交织，在管理上头绪纷繁，不易规范。简言之，私人档案管理体制是"一个核心，多个主体"。

国家档案行政管理部门（核心）：国家档案行政管理部门不仅是私人档案管理的主体之一，而且是核心，它对私人档案信息资源体系的建设负有主导责任，包括法律、法规、标准的制定，政策发布，管理指导等。

地方档案行政管理部门：这也属于国家层面的私人档案管理主体。地方档案行政管理部门对私人档案信息资源体系建设负有直接责

第九章 国家层面私人档案信息资源体系建设的实施保障

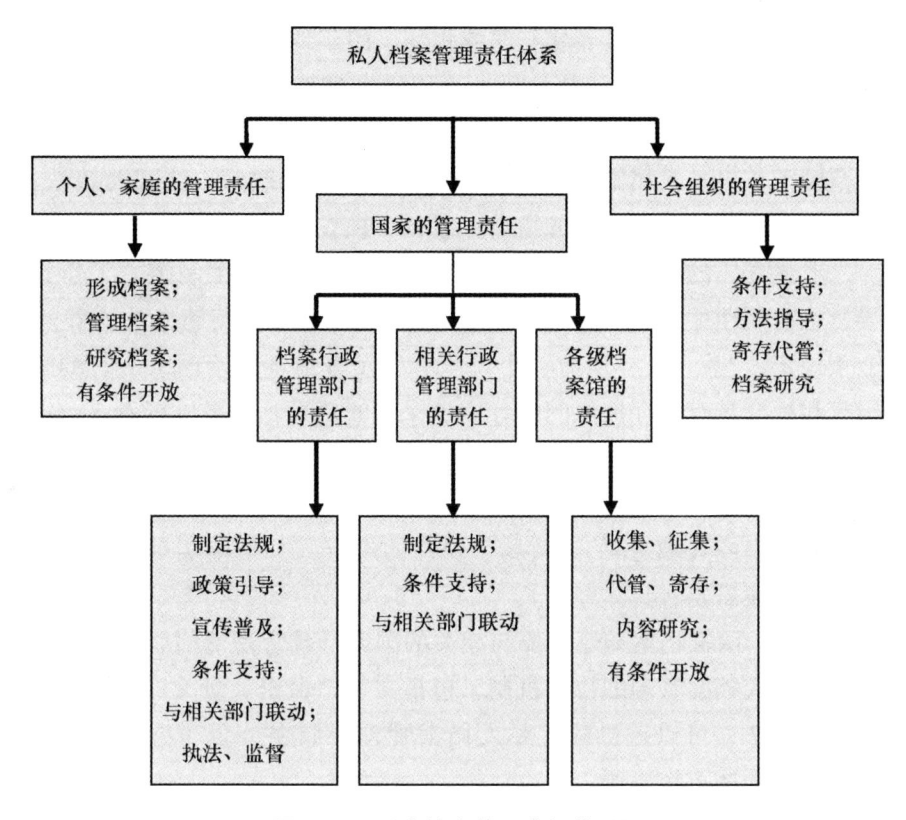

```
                    私人档案管理责任体系
         ┌──────────────┼──────────────┐
   个人、家庭的管理责任    国家的管理责任    社会组织的管理责任
         │         ┌────┼────┐            │
    形成档案；     │    │    │        条件支持；
    管理档案；  档案行政 相关行政 各级档案  方法指导；
    研究档案；  管理部门 管理部门 馆的      寄存代管；
    有条件开放  的责任   的责任   责任      档案研究
                │        │        │
           制定法规；  制定法规；  收集、征集；
           政策引导；  条件支持；  代管、寄存；
           宣传普及；  与相关部门  内容研究；
           条件支持；  联动        有条件开放
           与相关部门联动；
           执法、监督
```

图 9-1　私人档案管理责任体系图

任，包括：制定私人档案管理地方性法规，代管、征集重要私人档案，指导本地方的私人档案建档，监督私人档案保管等。

社会组织：社会组织（企业、非政府组织）也是私人档案管理的主体之一，它的职能包括促进、推动私人档案信息资源体系建设，建立管理基金，代存、代管私人档案，提供技术支持等。

个人和家庭：个人与家庭是私人档案管理的关键主体，负有对私人档案信息资源体系建设的直接责任，包括形成、建立、保存私人档案，有条件地提供私人档案利用和研究等。

二　国家档案行政管理部门是私人档案信息资源体系建设的核心

《档案法》第六条规定："国家档案行政管理部门主管全国档案

事业，对全国的档案事业实行统筹规划，组织协调，统一制度，监督和指导。"按照此条文的精神，私人档案管理事务也在国家档案局的统筹规划范围内。国家档案局在《宪法》《档案法》《物权法》规定的范围下，对私人档案管理负有下列责任：制定政策、法规与执法；宣传普及；政策引导；业务指导；监督、检查。

上述责任的具体表征，既有柔性的私人档案政策制定、工作指导，也有硬性的执法、监督、检查。比如《档案法实施办法》第十七条规定："属于集体所有、个人所有以及其他不属于国家所有的对国家和社会具有保存价值的或者应当保密的档案，档案所有者……向各级国家档案馆以外的任何单位或者个人出卖、转让或者赠送的，必须报经县级以上人民政府档案行政管理部门批准；严禁向外国人和外国组织出卖或者赠送。"这就属于硬性的规定（如何落实对私人档案的监管，还需要有具体办法）。

另外，国家档案局还需要与相关的国家行政管理部门联动，建立国家对私人档案管理的协调机制，包括文物、保密、海关等部门。具体操作方法，可以通过建立私人档案管理协调委员会（小组）的方式，定期开展工作协调。

三 地方档案行政部门是私人档案信息资源体系建设的重要主体

地方档案局是私人档案信息资源体系建设的关键主体之一。从长远来看，与私人档案所有权人进行互动的国家主体，主要不是国家档案局，而是地方档案局。按照《档案法》第六条的规定："县级以上地方各级人民政府的档案行政管理部门主管本行政区域内的档案事业，并对本行政区域内机关、团体、企业事业单位和其他组织的档案工作实行监督和指导。乡、民族乡、镇人民政府应当指定人员负责保管本机关的档案，并对所属单位的档案工作实行监督和指导。"这一规定甚至延伸到乡镇人民政府的档案工作监督、指导职责，可见国家档案局对地方档案行政管理部门的赋权的广度。因此，地方档案局要加强对私人档案中涉及国家利益和安全，涉及公共利益、记录社会重大事件和活动，以及承担社会责任等方面的档案的监管。地方档案局在私人档案资源体系建设中的具体职责包括：宣传普及；政策引导；业务指导；监督、检查；条件支持；代管、征集重要的私人档案；与相关地方行政管理部门在私人档案管理领域加强协调、联动等。

如同国家档案局既有柔性的政策、引导、指导，也有硬性的执法、监督、检查职能，地方档案局的责任落实也同样表现在这两个方面。《意大利私人档案的法律地位》中提及意大利《档案法》时提到，该法第三十六条规定："档案监督处的职责是确定私人主体所有、拥有或持有的档案或单份文件是否具有重要的历史意义。"① 这就意味着，私人档案是否有重要历史意义，是经国家认定的，并不由档案所有者决定，这是非常明确的赋权。在中国，这种档案价值认定的责任，主要落在地方档案局。

四 其他（非档案）国家行政管理部门对私人档案管理的辅助责任

与私人档案管理相关的不仅仅是国家档案行政管理部门，国家文物局、信息产业部、国家保密局、科技部（委）、文化部（委）都与私人档案信息资源体系建设有关联。某些私人档案可能在具有文物属性的同时，还涉及保密，涉及科技信息，涉及文化传承，因此档案行政管理部门有义务推进与其他部门的协同。由于各行政部门的工作侧重点不同，与私人档案管理的工作协同，如果档案部门不牵头开展，其他行政管理部门也不可能主动将其纳入工作范围。

其他（非档案）国家行政管理部门对私人档案管理的辅助责任主要有两个方面。

第一，在涉及私人档案的法规、政策方面加强协调。其他（非档案）国家行政管理部门在制定政策、法规时，档案局应当主动配合，提出建议。有关部门也应认真听取，或酌情考虑增补条文，或明确执行细则，在私人档案管理上不留法规死角，织成一张私人档案管理法

---

① ［意］保拉·塔西尼：《意大利私人档案的法律地位》，郭年译，《外国档案工作动态》2008 年第 2 期。

规的"大网"。

第二，在涉及私人档案的执法、监督、检查等方面加强协调。每个行政管理部门都有执法、监督、检查的职能。在协调制定涉及私人档案的法规、政策的基础上，各行政管理部门还要加强涉及私人档案的执法、监督、检查的协调，先"有法可依"，才能"执法必严"。

五 各级档案馆应把私人档案纳入代管、征集范围

把档案馆单独提出来，作为国家私人档案资源体系建设的主体，而不是作为国家档案行政管理部门的一部分，主要有两个原因。首先，作为文化机构的档案馆与作为行政管理部门的档案局，二者在体制、职能上的差异会越来越大。档案馆的作用是档案局无法替代的。其次，这里所说的档案馆不仅指国家档案馆，还包括其他非国家所有的档案馆。

当然，国家档案馆在私人档案信息资源建设中的骨干作用是无法替代的。《档案法》第八条规定："中央和县级以上地方各级各类档案馆，是集中管理档案的文化事业机构，负责接收、收集、整理、保管和提供利用各分管范围内的档案。"同时，第十六条又规定："对于保管条件恶劣或者其他原因被认为可能导致档案严重损毁和不安全的，国家档案行政管理部门有权采取代为保管等确保档案完整和安全的措施；必要时，可以收购或者征购。"这是从国家角度关注私人档案资源建设的典型体现。不仅于此，国家层面已经开始更深入地思考私人档案的管理和信息资源建设问题。国家档案局第9号令《各级各类档案馆收集档案范围的规定》第三条提出："经协商同意，综合档案馆可以收集或代存本行政区内社会组织、集体和民营企事业单位、基层群众自治组织、家庭和个人形成的对国家和社会有利用价值的档案，也可以通过接受捐赠、购买等形式获取。"这比《档案法》的表述更具实践性。

但到目前为止，国家档案馆对私人档案的认识还是不完整的，收集、代存、征集也是零星的、不成系统的，没有全面、统筹的收藏计划，在私人档案信息资源建设方面也没有起到引领作用。因此，国家

档案馆需要重新认识私人档案的价值和作用，明确长远规划，结合自身特点划定征集、代存私人档案的范围，加强私人档案建档科普工作。

推而广之，各级各类档案馆在私人档案资源建设中的工作重点包括三个方面。

第一，各档案馆要注重馆藏（包括代存的）私人档案的特色和系统性。各级各类档案馆在馆藏私人档案范围上，不能"东一榔头西一棒子"，不能短视，不能仅关注热点，而要结合自身特色开展系统性的私人馆藏结构设计。以2009年上海市档案局颁布的《上海市重点档案管理办法》为例。该办法第三条指出："本办法所称重点档案，是指本市法人、其他组织和个人在社会活动中直接形成的对国家和社会具有重要保存价值的各种文字、图表、音像等形式的历史记录。"该办法明确提出"本市法人、其他组织和个人"，这就是典型的地方特色。第七条又规定："市重点档案基本范围如下……（四）上海籍或者在上海工作、生活过的非上海籍下列知名人物在本市政治、经济、科技、文化、体育、宗教等活动中形成的具有重要保存价值的档案：担任省部级以上（含省部级）职务的领导干部；全国劳动模范、全国先进工作者；社会各界有重要影响和突出贡献的其他人物。"上述范围中提到的"上海籍或者在上海工作、生活过的非上海籍"的知名人物，又进一步凸显了上海特色。这些规定都使上海市档案馆在重点私人档案的征集、代管时不再盲目，有了一定的特色。

第二，各级各类档案馆应当明确和细化私人档案收集范围。各级各类档案馆在明确本馆私人档案馆藏系统性和特色的基础上，要进一步细化收集范围。

《南京市著名人物档案管理暂行办法》第四条规定："名人档案收集的内容：（一）反映名人主要经历及其主要活动的生平材料如传记、回忆录、履历表等；（二）反映名人公务活动的材料，如文章、报告、演讲稿、工作日记等；（三）反映名人成就的材料，如代表作、著作、研究成果、书画等；（四）名人所获得的各类证书、奖杯、奖状、奖章以及与名人有关的家族谱牒、信函等；（五）反映名人活动的录音带、录像带、照片、光盘等及其他具有历史和纪念意义的物品；（六）名人的口述历史材料。"这一规定就非常细致，对国家档案馆和其他各类档案馆征集、代管私人档案工作，都有很好的启发作用。

比《南京市著名人物档案管理暂行办法》更早发布的《天津市非国家所有档案管理规定》（2004年）中同样有参考意义的私人档案范围描述。其中第六条："个人所有的下列资料，应当列入档案管理的范围：（一）反映社会变迁、重大事件的文字、图表、声像、照片、实物资料；（二）反映民族、民俗、宗教、名胜、古迹的文字、图表、声像、照片、实物资料；（三）历史人物、知名人士的文稿、信札、日记、谱牒、声像、照片、实物资料。"这里明确是"个人"所有的档案，并且适当罗列内容，对实践操作比较有利。

第三，各级各类档案馆应当加强私人档案进馆方式的研究。所谓"进馆"，不涉及所有权问题，所有存放在档案馆的私人档案都称为"进馆"。因此进馆方式就很多样

《黑龙江省名人档案管理办法》（2006年）第八条："收集和征集名人档案有以下形式：（一）存放在各有关部门或单位档案机构的名人档案，由有关机构依据国家规定，向本级综合档案馆移交，必要时移交单位可保留复制件；（二）向社会进行征集；（三）档案所有者将档案向各级综合档案馆捐赠、寄存或出售；（四）对其他档案馆及其他部门（如图书馆、博物馆等）保管的名人档案进行复制或交换目录；（五）对流散在省外、境外的名人档案进行购买、复制或交换……"上述方式虽然已很丰富，但仍然存在视野的局限。

私人档案是特殊的档案类型，其所有权形式、档案内容的私密性、所有权人的心理特征、档案再生价值的不可预见性，都使得私人档案的处置不可能像国家档案那样收集进馆，因而要创新进馆的方式。比如实体档案的收集、征集、代管、寄存；电子档案的载体进馆；档案原文进馆、档案目录进馆等。在与私人档案所有权人接触时，可以非常灵活，不拘形式，只要能够丰富私人档案资源体系，在合法合规的情况下，就可以采取多样灵活的方式加以考虑。

六　社会组织在私人档案信息资源体系建设中的作用

之所以没有说"社会组织在私人档案信息资源体系建设中的责任",而谓之"作用",是基于社会组织在私人档案管理中的角色特殊性。私人档案针对的是个人和家庭形成、拥有的档案,其主体不包括社会组织,或者企业、机构。既然这样,社会组织对私人档案信息资源建设和管理中的作用体现在哪里?

(一)社会组织与私人档案的关联

绝大多数个体的人,都身处某一个组织中。在组织中,"他(她)"思考、行动,产生各种记录,留存下来的成为档案。这些围绕"他(她)"的档案,有时作为该组织档案的一部分留存。但是,在特定的条件下,或为了特定的建档目的,这部分原本属于组织的档案,也可以转化为"他(她)"的私人档案的一部分。比如某些组织的"名人档案"就是典型例证。国家档案行政管理部门应当充分考虑这个问题,引导各级各类组织有意识地加强私人档案的管理,使之成为国家私人档案信息资源的重要补充。

(二)社会组织在私人档案信息资源建设中的作用类型

社会组织在私人档案信息资源体系建设中的作用主要有三个方面。

第一,指导本单位"私人档案"建档的落实,管理本单位重要的"私人档案"。这里的"私人档案"之所以都加引号,是因为在某种特殊需求出现之前,这些档案仍然只是该组织档案的一部分,不是严格意义上的"私人档案"。

第二,"主持单位或依托单位"的私人档案建档指导责任。某些工作虽然是个人承担的,但因为国家的某些规定,无法用个人名义申报或承担。比如申请国家科技计划项目,就需要一个名义上的单位来申报项目、签订合同和接受拨款,这就是项目的"主持单位或依托单位"。这里单位主要起到的是管理、协调、保障作用,而主要的研究工作,是科技人员"个人"和个人团队完成的,"单位"也不享有科研产品的所有权和获益权。《北京市科技计划项目(课题)管理办法(试行)》(2010年)第六条规定"项目主持单位是项目的组织实施单位",第十七条规定"主持单位按项目任务要求组织开展可行性研究并进行专家咨询,编制《北京市科技计划项目可行性研究报告》并报送市科委"。可见,没有主持单位,个人是无法申请北京市科技计划项目的。但要特别注意的是,科研成果的所有权并不一定归属主持单位。如果是个人依托在主持单位名义下进行的研究,成果虽然归研究者个人(产权人)所有,但成果的获益权则需要主持单位和研究者个人双方协商。在科研工作完成后,项目档案主体部分在产权人掌握中,主持单位、依托单位也会保存一部分管理档案。

第三,档案社会服务机构在私人档案管理中的作用。主要是按照与个人(私人)委托者签订的协议,整理(包括数字化)、保管受托的私人档案,并确保其安全。在委托人许可的情况下,可以提供利用服务。上述这些服务,可以是免费的,也可以是协议收费的。这些社会档案机构的协议承诺包括:按照国家、地方法规和标准的要求,结合委托人的实际情况,签订协议,接收私人档案,并制订受托私人档案的管理计划;对受托私人档案进行必要的整理;持续保证受托档案的安全。在委托协议范围内,对私人档案进行研究。在委托协议范围内,提供私人档案社会服务。在受托工作结束时,按照委托协议,移交全部受托档案。

七 个人和家庭在私人档案信息资源体系建设中的责任

个人以及由个人所组成的家庭,无疑是私人档案信息资源建设中的主体。庞大的私人档案的形成基础,对信息资源建设是好事。通过广泛的科普、宣传,可以在全社会形成私人档案建档意识。但由于私人档案的价值难于把握,扶持、支持、监管的重点难于选择,私人档案的建档要么挂一漏万,要么"眉毛胡子一把抓"。但不论如何,提高全社会私人档案意识,尤其是价值意识、建档意识、保管意识,应该从当下做起。这三个"意识",其实也与每个"个人"在私人档案资源建设中的作用是密切关联的。

(一)在日常生活和工作中有意识地"鉴定"私人档案的价值

只有当一个人意识到某种东西的价值,他才会重视其留存、管理。认识到私人档案的价值，也不是什么都保留，而是有重点、有选择地留存，这就需要个人有意识地、主动地进行选择，这也就是档案专业术语所谓的"鉴定"。

私人档案的鉴定标准，既要以个人的判断、偏好、家族传承等为主，也要参考国家指导原则和社会大环境。要把当前价值与长远价值相结合，个人价值与国家价值相结合，经济价值与社会价值相结合，多方衡量，这也是一个需要深入研究的问题。

（二）个人手中有价值的私人档案要采取建档措施

在意识到私人档案的价值，并对重要的私人档案进行价值判断的基础上，应对这些档案采取建档措施，包括整理、保护、说明等。以让这些"零散"的物品实现"档案化"管理，从而成为规范意义上的"私人档案"。

（三）对私人手中的档案加强保管、保护

私人档案的保存环境，往往无法和档案馆相比，容易受时间和环境的影响而受损，所以必须采取妥善措施，防止损毁或丢失，并尽量减小档案的受损。必要时，可以向专业档案管理机构咨询，甚至委托保管。尤其是对国家、社会有价值的重要的私人档案来说，这已经不是建议，而是要求。《档案法》第十六条规定，"个人所有的对国家和社会具有保存价值的或者应当保密的档案，档案所有者应当妥善保管……"《天津市非国家所有档案管理规定》（2004年）第八条规定，"个人保存的档案应当妥善保管，防止损毁或丢失"。即便从个人角度出发，对私人档案的保护也应非常重视，这是私人档案拥有者对私人档案信息资源体系建设的最直接责任之一。要在国家政策法规下，发挥个人能量，激发个人主动性，从被动与主动两个方面加强私人档案的安全管理。

第三节 行动保障——促进全国范围内私人档案的形成与建档

一 在全国范围持续宣传、普及私人档案意识

国家层面的私人档案信息资源体系建设，国家各级档案行政管理部门责无旁贷要"打头阵"。各级档案局要把促进私人档案资源发展的内容纳入档案事业的发展规划,把鼓励、支持和引导的政策落到实处。首先要做的就是在全国范围持续宣传、普及私人档案意识,提高每个"个人"的档案意识。其次是各级档案行政管理部门要和相关机构加强合作,加大宣传力度,丰富宣传形式和内容,突出国家的扶持、鼓励政策。一旦广大人民群众产生"我要建档"的想法,私人档案的"金字塔"就会逐步耸立起来。

《社会与档案调查报告》一文中提道:"新英格兰档案工作者开展了一个深入普通公民的创新活动——'档案现在进行时'工程,邀请人们带着他们的档案资料(家庭文件、旧书、日记、书信、照片等)到一个地方(如图书馆、历史协会、家谱协会、老年人/年轻人中心等),由专业人士向他们解释这些家庭档案的历史价值,以及可以用哪些方式来保管它们。专业人员还会介绍一些基本的保管和保护技术,并说明如果把这些资料捐赠给有关机构会怎样。"① 这样一种有理念、有实际操作、现场感非常强的宣传方法,起到的效果也是立竿见影的。

在普遍宣传的基础上,还要有重点、有典型地开展工作,让成型的私人档案信息资源起到良好的示范效应。上海市档案局和上海市工商业联合会在《关于促进本市民营企业档案工作发展的意见》(2005年)中的阐述就很有借鉴意义。其中提道:"遵从客观实际,实行分类指导……档案行政管理部门应针对不同类型、规模和发展水平的民营企业,采取相应的指导方式,适时介入,循序渐进,逐步提出要求,引向规范。当前,各级档案行政管理部门要重点做好对上规模的民营企业档案管理的指导工作,抓大扶强,树立典型,示范带动,提升民营企业档案工作水平。"文中虽然说的是民营企业,但换成"个人"也是同样适用的。比如社区里的重点人物、身边的优秀专家、邻居的文化留存,都可以成为普及私人档案意识的切入点。另外,在宣

---

① [美]理查德·巴瑞:《社会与档案调查报告》,李音译,《外国档案工作动态》2008年第2期。

传方法上也可以鲜活与生动。可以举办"身边的私人档案展览",按照一定的主题,采用平面或立体的展示手法,系统地陈列、展示私人档案原件、复制件、实物等,介绍和推广项目成果的方式。集中展示私人档案成果,可以起到交流信息,促进私人档案推广的效应。还可以举办"私人档案故事会",实际上是专题讲座,请相关专家或档案人员介绍私人档案的典型成果故事,进而普及私人档案建档意识。

二 制定切实可行的私人档案资源建设的国家推进政策和措施

推进国家层面私人档案信息资源建设,不能仅仅停留在意识上,还要在国家政策方面有体现,推进、鼓励、奖励、处罚等一系列配套政策和措施并举,并切实实施。

2014年,中共中央办公厅、国务院办公厅联合发布的《关于加强和改进新形势下档案工作的意见》中提出:"支持社会力量参与档案事务,支持档案中介机构、专业机构参与档案事务;支持企业、社会组织和个人依法设立档案事业发展基金;支持有条件的家庭建立家庭档案;支持个人保管、展示其收藏的档案,并向国家档案馆捐赠或寄存档案,对捐赠重要、珍贵档案的,给予一定奖励。"这一系列的"支持",说明国家敏锐地察觉到了档案事业在国家支持政策方面的不足,代表了国家最高机构对包括私人档案在内的档案事业发展的强力推进的政策精神。

同样是文化事业机构,国家政策等各方面对文物领域的扶持措施走在了前面。我国《博物馆条例》(2015年)第四条提出:"国家鼓励企业、事业单位、社会团体和公民等社会力量依法设立博物馆。"第六条又进一步规定:"依法设立博物馆或者向博物馆提供捐赠的,按照国家有关规定享受税收优惠。"

《私人档案管理在欧洲的新动向》一文提道:"1974年和1977年,芬兰政府颁布了专门的法令,规定国家档案馆有义务在财政上支持部分私人档案馆。……国家财政每年单独拨给国家档案馆1.5亿芬兰马克的专项经费,用于支持这11个私人档案馆。国家档案馆给两个作家文学档案馆所需经费的100%,而给其余9个私人档案馆80%

的经费。""国家档案馆不仅在财政上支持这些私人档案馆，而且从保管技术等方面也经常给予种种帮助。"①

《意大利私人档案的法律地位》一文提到意大利的做法，"最好的办法是通过向私人所有者提供减税和国家资助的办法来鼓励他们保护档案。因此，1982年和1986年国家先后通过了两个法律。第一个法律规定，如果私人所有者将他的经鉴定为重要档案的文件移交给国家，国家将免除他的死亡税。第二个法律规定国家可以提供档案修复、整理和编目基金。"②

上述这些国家行之有效的方法，都可以成为我国私人档案政策制定的参考。

三　有重点、有选择地开展私人档案形成与建档指导

私人档案的金字塔是随着价值的提升，而逐级上升的。全国范围内，各级档案行政管理部门、各级各类档案馆在各自的职能和区域范围内，有重点、有选择地开展私人档案形成与建档指导工作，可以起到事半功倍的效果。这里涉及如何选择重点的问题。文化部《国家级非物质文化遗产保护与管理暂行办法》（2006年12月1日起施行）中的规定可以给我们一些借鉴。其中第二条指出："本办法所称'国家级非物质文化遗产'是指列入国务院批准公布的国家级非物质文化遗产名录中的所有非物质文化遗产项目。"第七条又进一步规定："国家级非物质文化遗产项目保护单位应具备以下基本条件：（一）有该项目代表性传承人或者相对完整的资料；（二）有实施该项目保护计划的能力；（三）有开展传承、展示活动的场所和条件。"第八条"国家级非物质文化遗产项目保护单位应当履行以下职责：全面收集该项目的实物、资料，并登记、整理、建档"。上述三条规定层层递进，既有明确的定义，也有重点的选择，还有对责任人职责的规定，真正

---

① 刘维荣：《私人档案管理在欧洲的新动向》，《湖北档案》2004年第1期。
② ［意］保拉·塔西尼：《意大利私人档案的法律地位》，郭年译，《外国档案工作动态》2008年第2期。

做到明理、有序、可行。对于私人档案信息资源建设的国家行动，深有启发。

从国家层面对私人档案的形成与建档进行指导，可以采取五个步骤。

（一）建立国家层面的私人档案信息资源建设的内容框架，明确框架内私人档案信息资源建设的总体目标和阶段性目标，为私人档案的建档提供国家指引

内容建设是私人档案信息资源体系建设的核心。从长远看，要掌握全国私人档案的形成规律，建立起国家层面私人档案形成促进机制，建立国家级私人档案备案登记目录；就近期而言，要制定国家对私人档案资源体系建设的指导原则，制定私人档案国家资源控制标准，确定划入国家级私人档案的基本范围。通过国家的引导和推进，逐步形成一个"国家知底，分散保存，可控可用"的资源体系。

（二）分层次对私人档案的建档提供针对性指引

国家层面的私人档案信息资源体系建设，是由"个人—区域（省、市）或行业—国家"三个层次构成的，每个层次有不同的建设重心。

个人层次的建设，是要形成私人档案建档的民间机制。在国家理念的引导下，充分发挥民间能量，激发民间主动性，提高民间认识，进而辐射到个人，这样私人档案就有了源源不断的生发源泉。

区域层次的建设，是要形成以省市区县为主的管理、资助、指导机制，把国家对私人档案的管理理念落实到本区域的具体行动中。

国家层次的建设，是要从法规建设、多方协调、重点管理等方面履行政府的责任，为私人档案信息资源建设提供宏观保障。

（三）深入社区开展家庭档案建档服务

私人档案意识的普及和建档推进，需要有一个抓手，社区就是一个很好的选择。

以社区作为私人档案建档的突破口，首先因为社区作为社会有机体是最基本的构成，是宏观社会的缩影，有一定数量的人口、一定的地域范围、一定的文化特征。社区组织在党和政府的领导下，工作有

保障。其次是因为它与档案界近几年推广的"家庭档案"概念有着千丝万缕的联系。

沈阳市在家庭档案建设方面的做法有一定的代表性。《沈阳市档案局关于开展"广泛建立家庭档案　展示优良家教家风　落细落小落实社会主义核心价值观"主题活动的通知》（沈档发〔2015〕7号）中提出，"以记录良好家教家风为重点，促进一批新的家庭建立家庭档案"，"市档案局将组建家庭档案宣讲团，到机关、学校和部分企业，到社区、行政村，进行巡回宣讲。宣讲团成员由家庭建档示范户中表达能力强、经验丰富、成果突出的成员组成……"沈阳市在家庭档案建设中的这些做法，与私人档案建档工作殊途同归，私人档案建档与社区建设总体目标也息息相关。就是要依靠社会力量，利用社会资源，来强化私人档案形成与建档，进而提高社区内人民生活质量和文明程度，促进我国社区建设目标的实现。

（四）开展私人档案形成与建档免费咨询服务

在推广私人档案建档过程中，民众难免会遇到一些疑难问题，如归档范围、分类、鉴定、利用、代存等，需要向专业档案人员询问。这就需要专业档案人员通过口头、书面或网络的形式给予准确的解答，这种服务必须迅捷、便利。专业档案人员在对个人建档进行辅导的过程中，同时也掌握了大量私人档案建档中遇到的普遍问题，甚至了解到有价值的私人档案，从而一举两得。

沈阳市档案局建立的"家庭档案网"开展了很多贴近实际的工作。通过家庭档案网传播家庭档案知识，交流家庭档案业务，展示家庭建档成果。版面内容通俗、实用、简洁，便于普及家庭档案知识，交流家庭档案业务。通过展示一件件家庭档案，让更多的人了解家庭档案，群众的建档意识必然会随之逐步提高。

（五）对国家和社会有重要价值的私人档案应当采取专门措施

广泛宣传、提升私人档案意识，普遍推广私人档案建档，是私人档案信息资源体系建设的基础，是"金字塔"的底座。而对于"金字塔"中层和顶层的私人档案，就要采取专门措施，重点扶持、鼓励，甚至是更严格地监管。《档案法》第十六条规定，"个人所有的

第九章 国家层面私人档案信息资源体系建设的实施保障

对国家和社会具有保存价值的或者应当保密的档案，档案所有者应当妥善保管。对于保管条件恶劣或者其他原因被认为可能导致档案严重损毁和不安全的，国家档案行政管理部门有权采取代为保管等确保档案完整和安全的措施；必要时，可以收购或者征购"。这里指的就是"金字塔"中高端的私人档案。

胡佛研究所档案馆与三位著名学者——经济学家弗里德里克·哈耶克、哲学家沃格林、科学哲学家卡尔·波普尔签订协议，把他们的档案放在馆内同一个阅览室中供学者研究。但这三位奥地利名人都坚持要在协议中注明，他们的个人档案交由档案馆寄存并管理，档案的缩微胶片和复制品可提供利用。哈耶克还专门授权北卡罗来纳州大学为他著作缩微胶片的版权所有人。胡佛研究所档案馆在赞助人的支持下，将三人的馆藏放在加利福尼亚州档案馆的网站上，并与一些国际相关网站链接。私人档案所有权的内涵在这三位欧洲哲人身上得到了补充。①

《西班牙历史遗产法》采用的也是同样的思路。该法第五十三条规定："纪实性和文献性遗产的占有人应保存好、保护好自己所占有的财产；如果违反上述义务，政府主管部门应按照本法的规定，采取适当的措施。政府主管部门还可以强行征收有关的财产；负有保护纪实性和文献性遗产义务的人，都应为有关组织确定这类财产的周围环境和保存状态的检查活动提供方便；为了安全起见和便于研究，可以将这些财产临时存放在档案馆、图书馆或类似的机构。"第五十六条规定："在任何情况下，都不得销毁此类文献。"在这里甚至有"强行征收"的表述，可见该法条所采取措施的强制性。当然，这种强制措施是万不得已的。在这之前，国家、地方、档案馆也可以采取非常多的其他措施对重点私人档案进行特殊对待。比如通过列入国家重要私人档案名录、提供扶持资金、减免某些税收、提供档案保护支持、提供免费代管和寄存、提供免费数字化服务等措施，在档案实体和档案信息两方面对重要私人档案进行有效管理和保护。

---

① 参见忻思佳《中欧地区散失档案的归属》，《上海档案》2007年第3期。

四　建立国家层面重要私人档案备案登记制度

国家对重要私人档案要实行登记，并记录在案，这是私人档案管理起步阶段最重要的具体措施之一。

私人档案的管理领域已经有了类似的做法。2005年上海市档案局和上海市工商业联合会在《关于促进本市民营企业档案工作发展的意见》中明确提出了重要民营企业档案备案登记的要求，"实行重要档案登记备案制度，加强对国家和社会有保存价值档案的监管……各级档案行政管理部门要依法加强对此类档案的监管，建立重要档案登记备案制度……"

（一）建立私人档案备案制度的必要性

目前，国家对私人档案的管理问题开始重视起来，但从国家监管的角度看，几乎还是空白。尽管《档案法》和《档案法实施办法》中规定，私人档案拥有者要建立科学的管理制度，配置必要的设施，提供良好的保管条件，确保档案的安全，而且其档案的鉴定、销毁、解密、公布和利用也要按照国家有关法规进行，禁止擅自销毁档案，禁止不正当的转让、赠送、买卖和出境等，但这些规定操作性并不强，很难成为执法依据。作为国家档案资源的一部分，国家对重要的私人档案必须进行有效的监控。目前对这一问题的认识仍然存在偏差：一是认为私人档案属于个人所有，档案局无权过问；二是沿袭传统的档案行政管理理念，把对私人档案的"监管"理解为"管"和"领导"，把自己的意见强加给个人。事实上，档案行政管理部门对私人档案的监管，既不能放任自流，也不能照搬国有档案管理思路。作为档案管理领域的新问题，对私人档案的国家监管需要一个新思路，既要明确国家对私人档案实施监管的主体和权限，也要制定切实可行的监管范围、监管方法，"私人档案备案登记制度"就是落实私人档案国家监管的重要举措之一。

《私人档案管理在欧洲的新动向》一文提道："（芬兰）国家档案馆并不鼓励私人都将档案存放到国家档案馆来，而注重将存放在国家档案机构以外的具有学术研究意义的私人档案进行登记，并出版这些私人文件登记目录，这样做一方面可以使公众了解到这些私人档案是受法律制约的，在转移这些私人所有权时必须依法办事；另一方面可以使公众清楚地了解到在他们需要研究某类问题时，能去何处找到或利用这些私人档案。"①

《意大利私人档案的法律地位》中提道：意大利《档案法》第三十六条规定，"档案监督处的职责是确定私人主体所有、拥有或持有的档案或单份文件是否具有重要的历史意义"，"根据意大利法律，一个私人主体拥有一份档案的事实本身就足够档案监督处前去要求检查。同样，一个私人主体拥有一份档案的事实本身就足够使他有义务前去档案监督处进行登记。然而，在第二种情况下，意大利法律规定的这个义务有时间的限制（文件的日期），不是每个私人档案或文件的所有者都必须去档案监督处登记的，只有那些70年以上的文件的所有者才需要登记"。可见，对重要私人档案进行备案登记，是可行且必要的。

（二）建立重要的私人档案备案制度的依据与原则

建立私人档案的备案登记制度，中外都有相关的法规和实践。法国《关于保护具有历史价值和公共利益的私人档案的法令》对私人档案登记做了较为详细具体的要求：由档案所有者或政府官员如文化部部长、外交部部长、国防部部长等提出需作为历史档案加以登记的私人档案。同时，该法令还对私人档案调查登记及强制登记的方法、要求、程序等做出了明确规定。② 意大利、芬兰、西班牙等国也有类似的做法。我国《档案法实施办法》第二条规定，"对国家和社会有保存价值的档案……属于集体所有、个人所有以及其他不属于国家所有的，由省、自治区、直辖市人民政府档案行政管理部门征得国家档案局同意后确定具体范围"。这等于是明确提出要编制一个"对国家和社会有保存价值的私人档案范围"，并且把这一权利下放给地方档案行政管理部门。可喜的是，一些地方档案法规已经在这一方面开始

---

① 刘维荣：《私人档案管理在欧洲的新动向》，《湖北档案》2004年第1期。
② 参见陈琼《各国私人档案管理法规研究》，《档案学通讯》2003年第6期。

尝试，为建立我国的私人档案备案登记制度提供了实践依据。

建立私人档案备案登记制度，基于三个原则。第一，国家对私人档案适度干预的原则。从我国《民法》《物权法》和"知识产权法"等有关法规的角度看，私人档案的所有权属于非国有经济组织、民间组织和个人，这就注定了私人档案的所有权、处置权与国家监管权的分离。国家对私人档案行政干预不是无限度的，而是有限度的监督和干预。这种干预，主要体现在明确监管主体和权限方面。国家对干预限度应当做出清晰界定，监管主体要明确，监管权限要清楚。

第二，对私人档案的国家监管是特定范围的监管。国家不是对所有的私人档案都监管，只有对国家和社会具有重要价值的档案才被列入国家的监管范围。档案行政管理部门要在科学分析和论证的基础上，制定"私人档案受控范围"，并以此作为监管的依据。只有"受控范围"内的私人档案，才需要进行备案登记，才需要对实体管理、内容管理、流向控制等处置问题采取适度的行政措施。虽然这些档案可能只占全部私人档案的少部分，但这一定是最重要的部分。

第三，对私人档案的国家监管有特定的方法。私人档案的监管方法也需要创新。比如对受控档案监管的重点不在于托管、寄存，或建立私人档案馆，而在于让个人对档案进行自我管理，以受控档案的"存在与安全"为首要任务。国家档案行政管理部门通过有限度的强制备案、定期或不定期抽查、联合有关部门协调、监管（比如出入境管理机构、有关"权属"登记机构等）等方法，掌握这部分档案的状况，做到"心知肚明"。在私人档案实体管理的基础上，国家监管范围内的私人档案也要加强档案信息内容管理，保证档案信息的安全。

（三）重要私人档案备案等级制度的方法

第一，制定重要私人档案目录。私人档案备案登记制度的基础，是研究制定国家层面的重要私人档案目录。私人档案国家监管的是"对国家和社会有保存价值的"历史记录，那么，对国家和社会有保存价值的私人档案包括哪些？这就需要编制一个重要私人档案范围和目录，实现对私人档案的针对性监管。编制重要私人档案目录应当遵循六条原则。

时间原则。历史久远的私人档案，要酌情加以保存。凡是划定的时间分界线前的私人档案都应当列入监管范围。比如以中华人民共和国建立作为私人档案是否列入监管的时间分界线之一是比较合理的选择。

人物原则。凡是涉及划定范围内的"重要人物"的私人档案都应当列入监管范围。比如可以把具有代表性的重要人物分为领导人、艺术家、学者等类型，并进一步明确什么样的人物是具有"代表性"或"重要"的人物，从而为个人、家庭档案的监管提供依据。

创新原则。凡是划定范围内的突破性、创新性、独特性的文化成果与记录，这些私人档案都应列入监管范围。比如个人研发的国家级科技成果的档案，或高新技术、产品档案。

安全原则。这里所说的"安全"主要指档案内容安全。凡是内容涉及国家政治、经济、民生等方面的重大事务，一旦失控会造成较大损失的私人档案，都应列入监管范围。

关联原则。个人不可避免地会与政府部门、组织、他人发生关联事务，由此产生的档案中有些是因这种关联而必须保存的重要的档案也应列入监管范围。比如财务档案中必须要保存的重要凭证，围绕国家重要科技产品、重要工程所进行的配套私人档案等。

人本原则。重视个人档案如今已成为一种趋势。鲜活的个人档案，往往会使历史更生动。某些个人档案记载的内容甚至与国家、社会有密切关联。根据个人活动与国家、社会的关联度，划定个人档案的监管范围，也是十分必要的。比如某些个人因为参与国家机密事务，其个人日记、口述档案等就应当受到监管。再比如有一定影响的家族档案、百岁老人档案也可以列入监管范围。

第二，建立重要私人档案备案登记制度。有了重要私人档案目录，建立备案登记制度就有了依据。建立登记备案制度，不仅仅在于知悉"有哪些档案"，还要知悉这些档案"怎样管理、怎样利用、怎样流动"。这样一方面有利于国家掌握重要私人档案的线索，对相关档案进行执法监管，也便于对相关档案行使国家优先购买权；另一方面有利于对相关档案的开放、利用、流向进行控制。

重要私人档案备案登记制度包括以下细节：重要私人档案目录中相关档案的强制备案登记规定；对重要私人档案目录中相关档案进行不定期抽查的规定；重要私人档案目录中相关档案的利用开放预先报批的规定；重要私人档案目录中相关档案的转卖、出境预先报批的规定；重要私人档案目录中相关档案的销毁预先报批的规定；国家对重要私人档案所有者的指导服务。私人档案是国家档案资源的一部分，因此私人档案的所有者也是替国家在管理档案。档案行政管理部门有责任、有义务对这些个人进行指导和服务。

上述思路在一些地方性的档案管理法规中已有体现。《上海市档案条例》第十九条规定："保管属于重点收集和保管的档案的法人、其他组织或者个人，应当自接到通知之日起六十日内向市或者区、县档案行政管理部门登记。登记后情况发生变化的，应当自变化之日起六十日内向原登记部门更改或者撤销登记。"这些条款已具备了"备案登记制度"的雏形。

五　国家档案馆与民间、个人对私人档案保管领域的协同

国家层面私人档案信息资源要成为"体系"，就需要所有的主体协同发展，不能一窝蜂，也不能有漏洞。在这个体系中，国家档案馆、民间档案馆及个人和家庭也需要协同。

欧洲国家在这方面有很多有价值的探索。《私人档案管理在欧洲的新动向》一文介绍："德国在档案法规中明确宣布，私人档案的所有权受到国家的保护，任何人无权强迫私人档案占有者对其档案采取某种行动。德国力图在国家档案机构与私人档案机构之间建立一种合作关系，德国档案馆建立了一套私人档案索引卡片，通过这套索引来了解全国私人档案的收藏情况。""英国专门设立了国家档案记录局，负责对英国公共档案馆收藏范围以外的地方档案和私人档案进行登记，并将私人收藏的档案编制成索引卡片。""这两个国家实行的是分散式管理原则，不允许对对于国家和私人具有特别重要的意义的私

人档案进行随意拆散或毁坏。"①

这样的协同可以有很多方式。一是各个地方国家档案馆的协同。按照私人档案重要性、级别、区划分征集、代管省市、地县区域内的私人档案。二是国家档案馆和民间档案馆的协同。国家档案馆突出全面，民间档案馆突出特色；国家对民间档案馆进行扶持，民间档案馆可以作为国家档案馆的"卫星馆"，用民间档案馆的馆藏参与展览；等等。三是国家档案馆和个人、家庭的协同。国家档案馆免费代管、寄存、整理私人档案；国家档案馆对个人和家庭进行档案辅导、档案保护支持；国家档案馆将个人、家庭珍藏档案作为"虚拟馆藏"，可以借展，也可以数字化后展陈。

北京市西城区开展的"百岁老人口述史"②就是一个国家和民间协同的私人档案项目。该项目是西城区"记忆西城"建设的一项重要内容。由西城区社工委组织志愿者走访数十位百岁老人，为其记录口述生平、拍摄主题照片，量身定制"私人档案"，梳理提炼百岁老人一生重要成长经历及人生感悟，启迪后人，传递人生经验。在白纸坊东街还专门建起一座博物馆——百岁苑，配有专职讲解员。这也是除档案行政管理部门之外，更多部门参与私人档案信息资源建设的范例。

第四节　效用保障——逐步推进国家层面私人档案信息资源的开发利用

推进国家层面私人档案信息资源体系建设，是为了让这些档案在国家发展、人民生活中发挥作用，在基层文化建设、精神文明建设中发挥作用。私人档案信息资源只有逐步发挥作用，并为世人所见，私人档案意识才能更深入人心，基础才能越来越牢固，才有持续发展的动力。

---

① 刘维荣：《私人档案管理在欧洲的新动向》，《湖北档案》2004年第1期。
② 参见兰生《"百岁苑"百岁老人博物馆收藏世纪记忆》，《现代声像档案》2016年第4期。

一 推进不同所有权的私人档案的差异化利用

国家档案馆和民间馆藏、个人珍藏的档案在开放、共享、利用方面是有所不同的。

《档案法》第二十四条规定："公布属于国家所有的档案，按照下列规定办理：（一）保存在档案馆的，由档案馆公布；（二）保存在各单位档案机构的，由各该单位公布。"还规定："属于集体所有、个人所有以及其他不属于国家所有的对国家和社会具有保存价值的档案，其所有者向社会公布时，应当遵守国家有关保密的规定，不得损害国家的、社会的、集体的和其他公民的利益。"第二十五条又规定："各级国家档案馆对寄存档案的公布和利用，应当征得档案所有者同意。"从这些条文中我们可以明显看出，国家所有的档案和不属于国家所有的档案在利用上的差异，进而推导出私人档案开发利用的重要特征。第一，国家所有的私人档案由国家决定开放利用，个人和家庭所有的私人档案由个人决定开放利用。第二，代存在国家档案馆的个人所有的档案，档案馆不能擅自决定开放利用，要征得所有者同意，方能开放利用。第三，涉及国家、社会、公民利益的个人所有的档案，在开放利用时，也不能任意而为，要征得有关部门同意。第四，特殊情况下，私人档案有义务开放。比如《天津市非国家所有档案管理规定》第三条规定："国家机关工作人员依法执行公务需要查阅档案时，档案所有者应无偿提供。"

二 国家对私人档案的利用与共享政策

《私人档案管理在欧洲的新动向》提道："意大利的档案法规带有更明显的强制性。要求私人档案占用者向学者提供开放利用；要求所有私人的重要历史档案都必须进行登记，并接受有关部门的鉴定；要求私人档案的所有者在有关部门批准之前，不得擅自出卖、转让或出口档案。""法律规定允许学者查阅档案文件，但查阅的要求需向有关档案监督处处长提出，当被认为非保密性的方可查阅，如需复制照片也需在监督处处长的监督下制作。"① 在对私人物权的尊重甚于中国的西方国家，都如此硬性地规定了私人档案的利用，可见对重要私人档案的强制措施有时是必要的。但这种强制措施仅限于在国家备案的私人档案，对于未备案的海量私人档案来说，这种方法是行不通的。从国家层面私人档案信息资源建设的角度，要建立一种有效的机制，让私人档案的利用成为群体的意识。这是国家档案行政管理部门必须思考的问题。

一是对于备案登记的重要私人档案，提供资金支持，并要求在特定范围内可用。这里提到两个条件：第一，备案登记过的私人档案；第二，在限制范围内开放应用。提供的资金支持，可以根据备案登记中的档案等级有所区别。

二是对于大量保存私人档案的机构，提供税收或其他经济性、政策性的优惠措施。比如经营性的收藏机构，如果存有私人档案，并提供一定条件下的开放利用，可以对门票收入和其他经营收入免征税收。

《关于保护可移动文化财产的建议》（联合国教育、科学及文化组织大会第二十届会议于1978年11月28日在巴黎通过）中提及私人收藏时指出"如若适当，向物主提供激励措施，如协助保护列于目录中的物品或适当的财政措施；研究对向博物馆或类似机构捐献或遗赠文化财产者给以财政惠益的可能性……"这些都与私人档案管理有相似性的做法，值得我国有关部门借鉴。

三是探索私人档案信息资源的服务功能、方向。我国档案界对档案的利用主要还是在查档、编研、展览等比较局限的方式上。《国家级非物质文化遗产保护与管理暂行办法》第十七条规定："县级以上人民政府文化行政部门应当鼓励、支持通过节日活动、展览、培训、教育、大众传媒等手段，宣传、普及国家级非物质文化遗产知识，促进其传承和社会共享。"这里提到的节日活动、大众传媒、培训等都有新意。私人档案领域的开发利用，应该破除条条框框，寻求突破

---

① 刘维荣：《私人档案管理在欧洲的新动向》，《湖北档案》2004年第1期。

三 建设国家、地方、民间私人档案信息资源信息化平台

对于个人、家庭所藏的私人档案，档案所有者最关注的是所有权、获益权和隐私权。而目前的国家法律对这三个问题都已经有了明确的界定。档案所有者不用担心档案利用带来的权属转移和无限度的隐私泄露。在这种情况下，国家有关部门要考虑的就是如何既安全又有效地将私人档案资源整合起来，形成数量级的资源体系，进而发挥其作用。综合考虑下来，档案数字化、建立私人档案信息资源信息化平台、建立虚拟私人档案馆、私人档案资源目录库等，都是很好的发展方向。这种数字化、信息化私人档案开发利用方式有着明显的优点：一是不用频繁调用档案实体；二是可以严格控制利用权限；三是可以准确计算利用频率，利于计费甚至获益；四是远程利用极为便利；五是资源整合效果最好。多重优点集于一身，一定大有可为。

第五节 资金保障——多渠道筹措国家层面私人档案信息资源体系的建设资金

一 国家层面私人档案信息资源体系建设的资金来源

国家层面私人档案信息资源体系建设的资金来源，主要由国家财政资金、民间资金和个体、家庭资金三部分组成。

国家财政资金的支持是必不可少的。《国家非物质文化遗产保护专项资金管理暂行办法》（2006年财政部、文化部制定）第二条："专项资金的来源为中央财政拨款。专项资金的年度预算根据非物质文化遗产保护工作总体规划、年度工作计划及国家财力情况核定。"第六条："保护项目补助经费是指对国家名录项目及其他重大项目进行保护、保存、研究、传承等方面所发生的支出，包括国家名录项目保护传承经费和其他重大项目保护补助经费。"国家级私人档案的保护、利用等方面的资金，国家也需要给予一定力度的支持。

民间资金包括各类企业的资金支持、基金会资金支持、募集资金

等。这种资金体现了国家之外的社会各界对私人档案信息资源建设的群体意识。

个人、家庭资金虽然金额可能不大,但却是必不可少的。在个人和家庭收入中拿出一小部分用于私人档案的管理,能够充分表明个人和家庭对私人档案的主动意识。

二 对私人档案信息资源建设的财政激励机制

国家对档案事业的财政投入对于档案事业的发展来说,是远远不够的。如何提高有限的财政资金的配置效果,是一个必须要认真研究的问题。

中共中央办公厅、国务院办公厅于2014年发布的《关于加强和改进新形势下档案工作的意见》中指出:"完善档案事业投入机制。各级党委和政府要把档案馆建设纳入基础设施建设项目,统筹规划,统一建设。按照部门预算编制和管理有关规定,科学合理核定档案工作经费,将档案馆(室)在档案资料征集、抢救保护、安全保密、数字化、现代化管理、提供利用、编纂、陈列展览及设备购置和维护等方面的经费列入同级财政预算。"作为国家档案信息资源整体的一部分,私人档案也需要列入档案事业的财政投入。中外在财政支持文化事业方面都有很多实践。

西方国家在财政支持方面比较成熟。《意大利:关于保护艺术品和历史文化财产的法律》(1939年6月1日第1089号)对类似事务有明确的规定。该法律第十七条:"有关机构和私人有义务向国家清偿为保存物品而已支出的费用。上述费用的数额以部长令的形式确定。"这一条款的表达方式和深意,值得我国财政政策制定者在考虑对私人档案管理的投入时认真思考。

我国各地方也有类似做法。2005年,苏州市财政安排资金300万元,建立苏州民族民间传统文化保护资金。[①] 根据《苏州市民族民间

---

① 参见张岚《非物质文化遗产保护专项资金使用的实践与探索——以苏州为例》,《文化月刊》2015年第28期。

传统文化保护办法》的规定，凡符合保护办法范围内的民族民间传统文化项目，均可申请民族民间文化保护资金补助。保护专项资金的分配及使用，将遵循"保护为主、抢救第一、政府主导、社会参与、合理利用、继承发展"的原则，主要用于对民族民间传统文化重大抢救项目与重点保护，对传承人的资助，征集、收购民族民间传统文化珍贵资料和实物，对突出贡献的个人进行奖励等。

上述事例说明，财政支持私人档案信息资源建设在政策上是无障碍的，而且可以循例而行。

三 建立私人档案资源建设的民间基金

民间资金在任何重要的领域、重要的事务中都是不可忽视的。但民间资金要想可持续，必须有很好的资金管理形式，基金会就是其中之一。

我国《基金会管理条例》（2004 年）第二条规定，基金会"是指利用自然人、法人或者其他组织捐赠的财产，以从事公益事业为目的，按照本条例的规定成立的非营利性法人"，"基金会分为面向公众募捐的基金会和不得面向公众募捐的基金会"。

在我国，民间人士在文化领域的投入已经非常普遍。2010 年，天津民间人士发起设立了妈祖文化遗产保护基金。该基金将秉承"民间保护"的理念，扶植和奖励有特殊贡献的民间表演团体，向世界弘扬妈祖文化。该基金的设立在民间保护文化遗产方面起到示范作用。中国文联副主席冯骥才认为，非物质文化遗产的保护最终要落实到民间，只有唤起全社会对文化遗产的关心，并自觉行动起来，才能使中华传统文化得到传承。

2014 年中共中央办公厅、国务院办公厅《关于加强和改进新形势下档案工作的意见》中指出，"规范并支持社会力量参与档案事务。支持企业、社会组织和个人依法设立档案事业发展基金"。这是国家高层机构首次提出依靠社会力量来推进档案事业，尤其是建立档案基金会这种具体事务，私人档案在这方面应该敢为人先。

北京市朝阳区崔各庄乡的"杂·书馆"是一家大型私立公益图书

馆，免费开放。馆藏除了线装明清古籍文献、晚清民国期刊及图书、西文图书、特藏新书外，令人惊讶的是还有名人信札手稿档案等20余万件，这在私人收藏档案并服务社会的文化机构中有一定的代表性。

四 个人与家庭在私人档案资源建设中的资金投入

个人的资金虽然是有限的，但也是重要的资金来源。在符合家族、家庭共同利益的基础上，可以在书面约定的基础上，由家族、家庭共同出资对私人档案进行管理。

位于湖北省宜昌市的袁裕校家庭博物馆是一个集博物和档案于一身的民间文化珍藏库。馆内不仅包括实物藏品2万余件，还包括图文史料1万余件。其中包括逾200万字100余卷的《家庭档案》，以及近60万字的《袁裕校家志》，内容涵盖了袁裕校家庭自19世纪末至21世纪初的100余年历史。这个家庭博物馆的资金主要来自个人和家庭。当然，绝大多数个人和家庭不可能将如此大的资金投入私人档案的管理，但他们只需要将极少的资金用于购置档案盒之类的基本用品，就可以将私人档案的管理提高到不一样的层次。

第十章 我国国家层面私人档案信息资源体系平台的建设

第一节 国内外典型案例

一 家庭档案

家庭档案是家庭成员在家庭活动和社会活动中形成的具有保存价值的各种文字、图表、音像及其他形式的历史记录,是能够用以记录和保存起来并以备日后查考使用的各种资料。建立家庭档案不但能够承载家庭的历史,让子孙后代拥有一个了解家庭发展的窗口,还能成为日常家庭生活中的得力助手,维护家庭利益和管理家庭事务,有利于营造和睦、温馨的家庭氛围。[①] 家庭档案在人们生活中具有不可替代的作用,是一种难以估量的信息资源、文化资源和效益资源,目前建立家庭档案的家庭在逐年增多。

(一)美国家庭档案信息平台的特色

美国国家档案与文件署网站主页就设有"Genealogist/Family Historian"栏目,其家谱档案馆藏的内容十分丰富,包括家谱档案介绍、研究指南、档案信息利用和家谱档案资源链接等诸多方面。在美国地方城市档案馆中,也为市民开放关于家庭档案的信息服务。美国家族的家庭档案非常盛行,与之相适应的家庭档案信息服务机构也很"火爆"。如"Fordyce Family achives"(http://www.fordyce.org/genealogy/index.html)主要馆藏家谱档案、出生记录、婚姻记录、照片、遗嘱、

---

① 参见沈嘉筠《信息化的家庭档案》,《办公自动化》2013年第5期。

死亡记录与讣告、个人传记、其他记录档案等。

美国家庭档案（http：//www.familylink.com/）信息平台的特色馆藏：1790—1940年美国人口普查记录，在由2100万多个家庭树构成的全球家谱更新内容中储存有15亿个名字，家谱和家族史数字化藏书内容丰富。由于美国是移民国家，馆藏中移民列表超过500万条，包含有：1834—1897年的50万多名俄罗斯移民记录、1850—1897年的400万多名德国移民记录、1855—1900年的84万多名意大利移民记录，为广大民众搜索查询家谱和家族史提供了丰富的数据信息。馆藏中含有超过2900万张照片、近3亿条事件记录，关于出生、结婚和死亡记录超过2.9亿条，甚至有成千上万来自美国地产地图册的地图。馆藏十分丰富，且不断进行着全球家谱的更新。该网站提供的家谱和家族史搜索功能利用率很高，近一个月，搜索1911—1954年在英格兰和威尔士出生记录的超过3000万条，搜索1969—2007年在英格兰和威尔士死亡记录的超过2350万条。

（二）我国居民家庭档案信息管理系统

我国居民在家庭档案建设方面的意识还不够强。进入信息化时代之后，国家加大了宣传力度，有些省市档案馆文档信息服务中心专门提供家庭档案用品及家庭建档指导材料，主要品种有：家庭档案照片册、纸质家庭档案盒、家庭档案目录等。但家庭档案信息化一直处于初期，现有的家庭档案多采用纸质、照片、实物、声像等方式进行存储，随着数字化技术的发展，拓宽了家庭档案的管理空间，家庭档案管理系统的出现，将分散的家庭档案集中进行分类管理，把家庭文化建设推向新的境界，丰富了家庭文化生活。

2009年沈阳市档案信息开发服务中心在沈阳市档案局的全力支持下，开通了名为"家庭档案网"的中国第一个家庭档案网站（http：//www.jtdaw.com/），该社会公益性网站的目标是成为百姓家庭档案展示的窗口、交流的平台、咨询的中心、资源的宝库、活动的基地，成为后人了解先辈的超时空平台。目前家庭档案网站的内容包括：家谱，家史，家庭成员的人生轨迹、著作等，但馆藏内容很少，仅有一些示范性的家庭档案。

2015年6月，江苏省档案信息网站发布了国内首款"家庭档案馆"软件，通过该软件可以建立自己的家族树、修家谱、办展览。开展家庭实体档案和数字档案的一体化建设，既有趣味性，又有成就感。建档的类别分为：家族树（家庭成员的信息包括的内容有基本信息、教育经历、工作简历）、综合、理财、证件、医疗保健、交友联谊、实施设备、基本建设、爱好收藏及更多。

二 个人健康档案

（一）国外电子健康档案信息平台

20世纪90年代中后期，国外对于电子健康档案（Electronic Healthcare Record，EHR）或电子病历（Computer-based Patient Record，CPR或Electronic Medical Record，EMR）的研究与应用推广日益深入，在注重标准规范研究的同时，更加侧重应用基础的研究。推行电子健康档案在多个医疗机构间的信息交换与共享，使得远程病情咨询成为可能，大大降低医疗卫生费用，能够避免严重的医疗事故，提高现有医疗水平，造福于广大患者和超过百万的医护人员。[1] 荷兰、新西兰、英国及澳大利亚的电子健康档案覆盖率均达到90%以上，特别是荷兰与新西兰的电子健康档案系统集成性高，但目前还没有成熟的电子健康档案系统广泛推广使用的案例。[2] 各国展开电子健康档案系统建设的主要任务与目标包括：管理电子健康档案信息，包含患者检验信息和影像信息；向各医疗机构、医护人员及教学单位提供健康档案信息查询服务；个人可以随时随地通过网络来获取自身的健康档案信息；提供在线个人健康信息；将一些服务性信息，组织成一个标准，提供一些公共卫生信息的共享；建立一个患者与医疗人员、医疗人员内部之间的交流通道。

---

[1] 参见谷海荣、赵亚利《国外电子健康档案发展现况及借鉴》，《中国医药导报》2012年第9期。

[2] 参见 Schoen C., Osborn R., Zapert K., "On the front lines of care: primary care doctors' office systems, experiences, and views in seven countries", *Health Aff (Millwood)*, Vol. 25, 2006。

（二）我国健康档案信息管理系统

我国的健康档案信息管理系统是根据中国的卫生事业发展现状，以居民个人健康为核心、贯穿整个生命过程、涵盖各种健康相关因素、实现信息多渠道动态收集、满足居民自身需要和健康管理的信息资源，和区域内统一的居民健康档案为目标而建立起来的信息化系统。居民健康档案信息管理系统以个人为中心，以家庭为单位，以社区为范围，旨在通过建立社区卫生服务计算机网络，集中存贮病人医疗数据，通过实现乡镇卫生院、社区卫生服务中心与社区卫生服务站，或站与站之间互相传递、交换信息，通过对疾病的监测、统计和死因分析，充分实现数据资源共享，实现卫生服务医疗管理的信息化，建成一个可以浏览、报告并附带决策支持系统的最终用户访问工具，从而提高卫生服务管理水平。目前已有根据卫生部最新《国家基本公共卫生服务规范》研制的居民健康档案管理系统软件产品，系统主要包括十个功能。

1. 居民健康档案管理：居民健康档案的内容包括个人基本信息、健康体检、重点人群健康管理记录和其他医疗卫生服务记录。收集整理各卫生机构的健康信息，建立居民贯穿整个生命周期的健康档案。

2. 健康教育：对区域内各单位的健康教育信息进行录入和维护工作。

3. 预防接种：对预防接种的儿童进行信息录入、查看、维护和打印。

4. 儿童保健：包括新生儿家庭访视，新生儿满月健康管理，婴幼儿健康管理，学龄前儿童健康管理，健康问题处理。

5. 孕产妇保健：包括孕早期健康管理，孕中期健康管理，孕晚期健康管理，产后访视，产后 42 天健康检查。

6. 老年人健康管理：对老年人进行信息录入、随访和维护工作。

7. 慢性病管理：主要对慢性病人信息的录入和管理，包括高血压随访，2 型糖尿病随访，重性精神病随访。

8. 传染病及突发公共卫生事件报告和处理：主要包括传染病疫情和突发公共卫生事件风险管理，传染病和突发公共卫生事件的发现、登记，传染病和突发公共卫生事件相关信息报告。

9. 卫生监督协管：包括报告登记表和巡查登记表。

10. 数据报表：包括各种基本公共卫生月报表、建档档案建档率、既往史疾病等报表。

三　私人档案信息资源平台建设存在的问题

私人档案信息资源平台建设存在的问题：一是我国私人档案信息资源建设处于起步阶段，现有信息资源平台中的私人档案信息资源不够丰富，缺乏对私人档案收集的示范和指导作用；二是建设私人档案信息资源平台往往由民间组织或个人发起需求，没有取得档案局的官方支持和指导，费财费力，专业技术力量薄弱，缺乏统筹安排；三是私人档案目录数据库标准不统一。

由于私人档案种类繁杂的需要，各自为政，具体表现为三个不统一：一是数据库字段内容、数据类型、长度等元数据信息不统一，特别是日期、页号等著录项尤为明显；二是软件数据库后台不统一，完全分散在各组织或个人保存的档案中，只有个别私人档案使用档案管理软件进行数据管理，多数私人档案使用 excel 电子表格管理；三是数据导入导出格式不统一，有 txt、excel、mdb、db 等多种数据格式。

第二节　我国私人档案信息资源平台的层次

一　平台的统一规划

国家机关、人民团体、国有企业、事业单位的档案属于国家所有，各类档案信息资源较为规范、系统，在我国档案信息化经历了 30 年的建设基础上，基本形成了国家档案信息资源体系，国家档案局档案科学技术研究所立项建设了国家开放档案信息资源共享平台，各级档案馆（室）正在按照"存量数字化、增量电子化"要求积极上传数据，为全社会提供不受时间、空间限制的社会化、集约化、专业化的开放档案信息资源共享服务。

但我国私人档案信息资源的组织与建设尚属起步阶段，私人档案种类繁杂、规范性差,没有统一的元数据标准,国家要统一规划国家层面的私人档案信息标准。建设一站式私人档案信息资源整合利用平台:重在引导个人规范整理私人档案,对三个层次的私人档案信息资源主动进行网络收集,识别整理国家层面的私人档案信息资源,经过整合后上传到国家开放档案信息资源共享平台,实现信息资源共享。

二 平台建设的意义和目标

搭建开放式的私人档案信息资源共建共享平台,应以指导私人档案信息资源的收集、管理、存储与利用为基本框架,以功能完备、有效整合、安全可靠为设计理念,设计面向多用户、覆盖全过程的"一站式"私人档案信息资源共建共享平台。

(一)私人档案信息资源建设的示范和指导

私人档案不仅种类繁多,而且私人档案收集及信息资源建设也不够规范,平台建设要在遵循国家档案管理标准要求的基础上,对私人档案整理进行在线示范与指导,发挥档案知识在线学习和私人档案在线展示活动等功能。这将有效地改变个人不懂立卷归档、整理编目等传统私人档案管理模式,解决档案整理耗时费力、利用检索效率低等问题,形成私人档案网上接收、实时监控、远程共享的工作体系。

(二)私人档案信息管理网络化与资源共享

实现私人档案资料的在线收集、整理、鉴定、归档、编研、备份、展示、查询、借阅、统计、销毁等全面档案管理流程。根据不同渠道、不同等级在线收集、整理、归档、入库后,通过网络为不同类型的用户提供相应信息服务,实现私人档案信息资源的"收、管、存、用"一体化。通过私人档案信息化平台发布档案信息,为档案的开发利用创造更加优越的条件,使私人档案信息利用时效加快,信息资源共享度不断提高。

(三)有效保护私人档案原件

由于私人档案原件的私有性与信息资源共享存在一定的矛盾,将私人档案信息资源采用数字介质保存,不仅有利于档案的永久保存,还能减少复制和备份的成本，便于管理和提供利用，有效避免了档案原件的损坏，提高了档案管理的安全性。

三 平台的功能需求

（一）私人档案信息资源共享功能需求

私人档案信息资源的共享必须要得到私人档案所有权人的许可。一方面，对于经过档案管理专业人员整理、检查、审核并能起到指导和示范作用的私人档案信息资源，能够被社会公众快速调阅并从中获取建设私人档案的思路和启发；另一方面，在具有相关权限的情况下，能够对私人档案进行检索查询、借阅管理、利用、编研等，进一步提高私人档案信息资源的查询利用效率。

（二）私人档案数据采集与加工需求

平台需要提供辅助私人档案信息资源建设的相应具体处理功能，包括对私人档案的征集、数据采集、扫描文件质量参数、数据转换、修版、文字识别（OCR）、正文录入与校对、档案中照片的整理与扫描、著录、审核等处理环节。对照片、图片、视频等著录项目要求需要提供在线指导，在转入转出数据库的过程中，照片同其著录信息不能分离，检索和使用要方便。视频文件的采集应支持高低码率同时输出，采集过程支持自动关键帧提取，生成影像高无损压缩。同时还要提供数字流媒体的采集、非线性编辑平台，对于数字流媒体可以轻松实现浏览、检索和自动播放等功能。

（三）私人档案数据存储及信息安全

私人档案整编应具备数据采集、类目设置、分类排序、数据校检、目录生成、数据统计、打印输出等基本功能，并能实现根据主题词（或关键词）及分类号自动标引的功能；整理完毕的档案目录根据档号组成原则自动生成档号、馆号，归入相应的档案目录库。加强私人档案信息的安全措施，选择存储安全的数据库，保证数字档案的原始性和真实性。严格遵守档案所有权人对私人档案信息资源开放的权限，及时处理私人档案鉴定、密级变更等安全管理。

四 信息化平台的性能需求

私人档案信息资源平台建设要力求保证整个系统建设具有实用性、可靠性、可扩展性、开放性、安全性、界面友好性和易操作性，以及易维护原则。

1. 实用性：私人档案信息资源平台建设要紧密结合实际应用情况，便于系统的推广，解决私人档案现有信息分散、信息沟通不畅、数据信息不能共享等问题，满足不同类型私人档案信息资源建设的需要，实现信息共享。

2. 可靠性：平台要力求最大限度地完成系统功能运行，具有较高的数据承载能力，支持多个客户端并发访问服务器，对使用者的误操作具备很强的容错、纠错能力，以降低系统运行风险，方便使用。

3. 可扩展性：私人档案信息资源平台建设是一项长期的任务，需从点到面不断推进。整个系统的规模也会由小到大、从简单到复杂，随着私人档案的馆藏信息的不断积累和丰富，要求系统的设计和实施要具有良好的扩展性，以满足不断发展的需要。

4. 开放性：系统采用开放体系结构，具有较好的操作性、可移植性、易获得性。系统能够适应各种流行的数据库系统，同时又能适应新技术的发展。

5. 安全性：采用多层次的安全保密控制技术，保护私人档案信息的安全和系统安全。系统具有身份认证、密码管理、用户权限管理、系统运行关键数据和操作的日志管理等安全控制功能。数据定期安全备份，具有完善的灾难应急功能和恢复能力。

6. 界面友好性和易操作性：系统提供良好的人机对话界面，方便操作员的上机操作，包括提示信息、出错信息及帮助菜单等，对用户界面进行标准化设计，提供统一的用户界面，以增强对用户的友好性。系统界面的整体设计风格力求新颖，布局合理，简洁明快，方便实用，充分体现服务的特色和"以人为本"的设计思想。

7. 易维护原则：系统提供易用的内容维护等功能。

第三节 建设和运维机制

私人档案信息资源平台可作为国家开放档案信息资源共享平台的附属系统，国家应充分发挥地方、企业、公益组织、其他社会团体等各方面的积极性，以立项的形式出资建设私人档案信息资源平台。从"提供私人档案信息资源服务、国家层面的私人档案资源整合与共享"的战略高度，建立起私人档案数据充足，符合信息标准，平台功能实用，界面友好且操作便捷，最大限度发挥示范、引领和服务作用的现代私人档案信息资源平台。

由于私人档案信息资源平台要从采集到的私人档案信息资源中识别和筛选国家层面的私人档案信息资源，应委托给档案馆（室）进行信息管理与维护，由开发单位负责技术支持与维护，以保证系统平台持续有效地运转。

一 平台整体架构

平台采用模块化组件式设计，设计三层体系结构，系统可以根据实际需要进行搭配使用。三层结构分别为：数据访问层，主要是对原始档案数据进行增添、删除、修改、查找等操作，由两个子系统档案库子系统和查询大厅子系统组成；业务逻辑层，主要是针对具体问题对数据层的操作，用于数据的存取和业务逻辑的处理，包括数据库服务器系统和业务逻辑服务器两个部分；外部接口层，由 Web 应用服务器、中间件服务器以及目录服务器组成，每个服务器都可以根据需要进行部署，服务器彼此独立。外部接口层提供外部应用访问的接口和外部系统对接的接口，实现更多的应用支持和系统间对接的支持。其系统体系结构整体架构如图 10-1 所示。

信息系统在通常情况下，客户端不直接与数据库进行交互，而是以中间层在客户端与数据库之间建立连接并实现交互。在平台开发建设的过程中，以组件形式搭建积木，将业务规则、数据访问、合法性校验等工作放到中间层进行处理，使平台系统结构更加明确、更具标

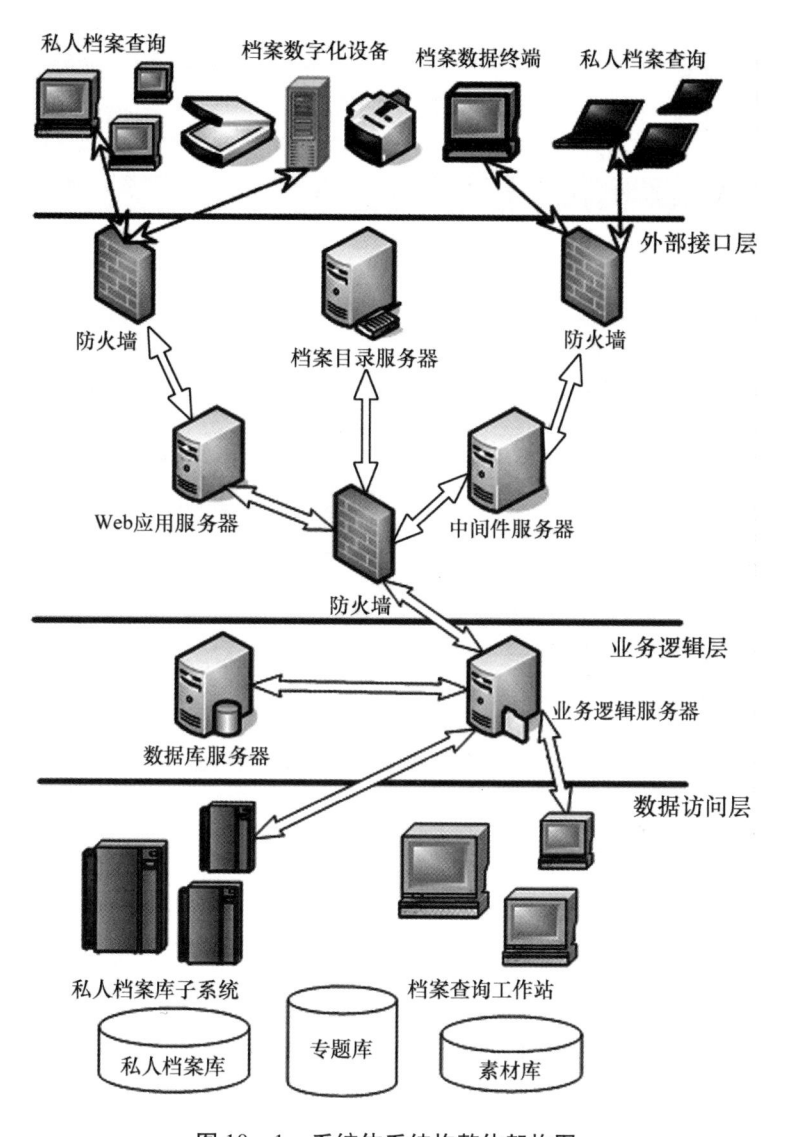

第十章 我国国家层面私人档案信息资源体系平台的建设

图 10-1 系统体系结构整体架构图

准化，能够极大地降低后期维护成本和维护时间。

  私人档案信息资源库系统在整个系统中承担数据提供者和操作信息分发执行者的角色，其架构规划采用模块化进行设计，可以根据用户的需要进行配置。私人档案信息资源库结构如图 10-2 所示。

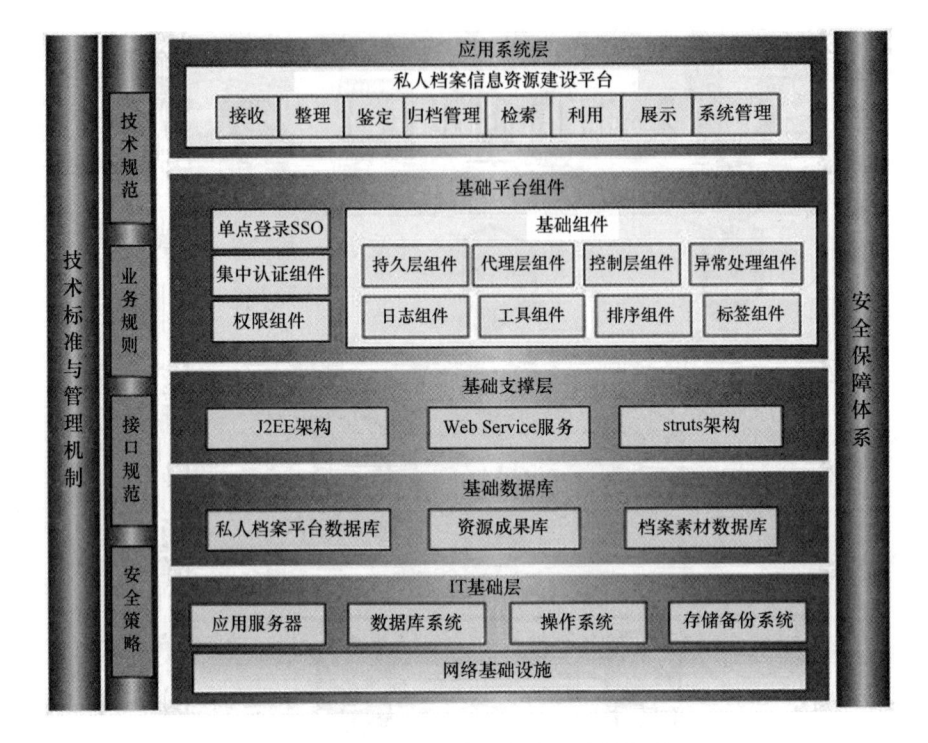

图 10-2　私人档案信息资源库结构图

二　各子系统的主要功能

（一）私人档案收集整理子系统

私人档案数据采集与加工模块用于对档案进行录入和整理的操作，可以利用该模块所提供的功能对私人档案进行信息录入、数据导入、修改、移动、删除和归档等操作；发挥对私人档案信息进行成批导入、著录档案、鉴定调整、浏览数据、整理操作等功能。

（二）档案数据存储及管理子系统

数据存储及管理主要包括：私人档案信息标准化、分类及主题词标引、元数据录入、鉴定、存储管理、目录管理、信息统计、报表制作、信息备份等功能。要对采集到的信息进行整编、分类、维护等处理，将大量无序的私人档案信息有序化。目录管理包括目录完整性维护、目录权限设置、目录清单维护；内容鉴定包括价值鉴定、开放鉴定、真伪鉴定和销毁鉴定；技术鉴定的任务是对照片、图片、视频等电子文件的各方面技术状况进行全面检查，包括对文件信息真实性、完整性、可读性分析以及对文件载体性能的检测。整理完毕的档案根据档号组成原则自动生成档号入库，设置预存档机制。档案数据权限管理——除与私人档案自身密级匹配的用户具有浏览权外，系统还可以对各分类目录、案卷、档案等进行相关权限设置操作，只有被授权的用户，才能拥有对相应信息的操作权限。

（三）信息资源利用子系统

在线检索：提供"模糊检索""综合检索""实体分类树检索"等强大的检索工具。

借阅管理：提供"发送借阅请求""借阅情况查询""借阅登记处理""处理归还请求""利用效果统计分析"等功能。

专题库管理：专题库是对编研成果的汇总，对其管理的功能包括制作专题目录，管理各专题的名称、时间、期限、专题类别、状态、创建者、参与者等信息，并提供增加、修改、删除、查询专题等功能。

素材库管理：根据编研需要，从系统目录结构的档案库或从档案库外通过输入、扫描、摘录等方式得到素材，并提供素材描述信息的输入、修改、删除等功能。

（四）私人档案展示平台

私人档案展示平台主要用于发布私人档案的开放信息、展览信息、公共信息等，不仅为私人档案信息的发布提供一个开放的平台，也为私人档案信息资源建设提供一个宣传和交流的平台，更为用户提供一个建档规范、信息交流、思想沟通、热点问题解答、讨论和相互学习的空间。

（五）系统管理与维护子系统

"系统管理"模块既是为系统管理员提供的用于管理整个系统的功能模块，也是一个为用户提供的私人档案信息资源管理与维护平台，具有极大的开放性和灵活性，用户可以结合自己的实际情况进行系统设置，构建符合用户实际情况的私人档案信息管理平台。

为保障网络功能的安全实现和数据库本身的安全，系统管理模块提供灵活安全的数据备份机制,既具有对系统和基础数据定时自动备份的功能,也可根据用户需要将用户选择的数据导出备份到光盘等介质,并可随时将备份的数据还原到系统数据库中。同时还要具备遭遇异常情况报警等功能,能够在较短时间内恢复系统正常运行。

用户权限管理模块将用户分为三类,分别是管理员、普通用户和赋权人。普通用户只能浏览公开发布的开放信息,只有在用户管理中登记注册过的用户才能进入私人档案管理系统中,并且区分私人档案所有权人,对私人档案操作权限进行分配。

系统维护主要提供用户对档案类型进行自由定制、私人档案录入的信息(档案数据库结构和档案信息字段)自由定制、档案的操作和使用权限自由定制功能。包括创建全宗名称、设定档案分类、档案分类属性的定义、定义档号生成规则、检索方式的设置、设置与维护著录字段、维护著录字典和数据字典等功能。

日志管理是为了对用户的操作进行监控,防止用户进行非法操作以及遇到故障时可根据日志信息进行部分恢复操作。

版权保护是为了维护立档人的合法权益,对发布的图片、文档等资料加入图示等标志、徽标和数字水印加以保护。以防止他人非法盗用。

(六)"云服务"平台

基于"云服务"平台设计私人档案信息资源元数据注册系统、数字档案信息的元数据注册系统,应当是对于档案数据信息元数据的置标方案、定义信息和转换著录规则等规范标准实施公布登记管理及筛选检索的系统。需要支持"云计算"条件下的数据规范,以便于档案数据信息的发现、识别、解析和调用,以完成数字档案信息资源相关元数据的挖掘和转换。只有建立这个数字档案信息资源元数据注册系统后,才可以实现数据的权威、可靠和可扩展及可持续的"云存储"与"云服务"目标。[①]

[①] 参见祝鑫一、陈均《浅析数字档案馆的云服务平台构架》,《兰台世界》2013年第1期。

应用"云计算"服务技术设计的私人档案信息"云计算"存储系统,把部分适宜实现数字档案的信息资源存置于云中心服务平台,用户就可使用"云计算"技术来检索云平台中的"虚拟资源池"。对于部分不能公开的私人档案信息资源,将其置于具有基础架构自主权的"云计算"平台[①],只有通过认证账户身份的登录方式才能查询修改。这种方案不但可以为用户提供智能化与个性化的服务,而且可以达到有效地保护档案信息安全的目的。

利用"云存储"和"云服务"的特性,来打造"低碳经济"私人档案信息资源共享的新模式,通过改变档案资源在获取方式与传播模式上的创新,实现云技术和数字档案资源共享的紧密结合,提高服务系统的兼容性、有效性,最终实现数字档案信息资源共享和管理上的"云服务"。

三 平台设计原则

(一)技术先进性和成熟性统一

信息技术尤其是软件技术发展迅速,新理念、新体系、新技术迭相推出,这就造成了新的、先进的和成熟的技术之间的矛盾。大规模、全局性的应用系统,其功能和性能要求必须具有综合性。因此,在设计理念、技术体系、产品选用等方面要求先进性和成熟性统一,以满足系统在很长的生命周期内能够持续地可维护和可扩展。

为了保证本系统平台的统一性、规范性、标准化,所有的应用软件系统要求如下:所有应用软件系统需支持 Linux、Windows 等主流操作系统平台;支持 TCP/IP、IEEE 802.3 等主流网络协议;支持 Oracle、SQL Server、Mysql 等主流数据库系统;各个应用均须使用通用开放的 J2EE 架构开发,支持主流应用服务器平台。

(二)标准规范体系

标准规范体系是信息系统建设的指导方针,一定程度上可以决定

---

① 参见梁景芝《云技术下数字档案信息资源共享体系的架构设计》,《档案管理》2015 年第 5 期。

信息化项目建设和实施的成败，对于新兴的数字档案室建设项目而言尤其如此。因此，在平台建设过程中应按照以事实为依据，以需求为驱动，以系统总体设计架构为参考，以谨慎、严密、周全的态度，全方位、循序渐进地开展标准体系的建设。

档案业务标准主要是国际档案理事会、国家档案局、地方档案局颁布的各类电子文件管理相关标准，包括电子文件元数据方案、电子文件封装规范、电子文件管理办法等。

私人档案数据标准目前主要包括三类：一是私人档案基本数据集标准；二是私人档案公用数据元标准；三是私人档案数据元分类代码标准。基本数据集是指构成私人档案记录所必需的基本数据元集合，基本数据集标准规定了数据集中所有数据元的唯一标识符、名称、定义、数据类型、取值范围、值域代码表等数据元标准，以及数据集名称、唯一标识符、发布方等元数据标准；公用数据元是不同业务领域之间进行无歧义信息交换和数据共享的基础；私人档案公用数据元标准规定了私人档案所必须收集记录的公用数据元最小范围及数据元标准，目的是规范和统一私人档案的信息内涵和外延，指导私人档案数据库的规划设计。私人档案中的数据元之间存在着一定的层次结构关系，从信息学角度对数据元进行科学分类与编码，目的是为私人档案中的所有信息（数据元）建立一个统一的、标准化的信息分类框架，使得不同的信息（数据元）根据其不同的特性，能够分别定位和存储在相应的层级结构中，方便私人档案信息利用者的快速理解和共享。

管理标准主要包括基础设施运行管理标准、软件系统运行管理标准、信息安全标准、项目管理规范等；技术标准包括网络通信协议标准、应用开发技术标准、数据存储技术标准、数据交换技术标准、系统接口技术标准等。这两类标准与大部分的信息化建设项目基本类似，可以在参考现有标准的基础上结合平台建设的实际情况进行细化制定。

结 束 语

总之，私人档案信息资源是关于作为社会主体的人在实践活动中产生的历史记录，国家层面建设私人档案信息资源的重要意义绝不仅仅停留在它只是信息社会的一种"记录"，或是使这种记录能够保存为社会所用，它的重要价值和意义实际上首先落实到人上，具体是指人们为了更美好、更长久的生活所表现的人的思想、人的情感、人的作为；其次落实到人与国家、社会、自然，以及人与人的关系上，即人的存在价值与意义。卢梭曾经发出这样的感叹："我觉得人类的各种知识中最有用而又最不完备的，就是关于'人'的知识。"[1] 其中道出了关于人的探索是无止境的。本书探索国家层面私人档案信息资源体系的建设绝不仅仅单纯为了建设这个体系，而是试图通过探索国家层面私人档案信息资源体系的建设，最终探索人在社会发展中存在的价值、作用和轨迹，这三者的统一是本书研究的最终目的。因此，可以说这种探索将伴随着人类社会和文明的不断发展而发展，是永无止境的。

---

[1] ［法］卢梭：《论人类不平等的起源和基础》，李常山译，商务印书馆1962年版，第62页。

参考文献

一 中文参考文献

（一）著作

《马克思恩格斯文集》第1卷，人民出版社2009年版。
《马克思恩格斯选集》第2卷，人民出版社2012年版。
丁华东：《档案与社会记忆研究》，人民出版社2016年版。
罗曼：《信息政策》，科学出版社2005年版。
孟广均等：《信息资源管理导论》，科学出版社1998年版。
王子平、冯百侠、徐静珍：《资源论》，河北科学技术出版社2001年版。
周耀林、赵跃等：《面向公众需求的档案资源建设与服务研究》，武汉大学出版社2017年版。
［法］格罗塞：《身份认同的困境》，王鲲译，社会科学文献出版社2010年版。
［法］莫里斯·哈布瓦赫：《论集体记忆》，毕然、郭金华译，上海人民出版社2002年版。
［法］彼得·瓦尔纳：《现代档案与文件管理必读》，中国档案出版社1992年版。
［美］罗斯科·庞德：《通过法律的社会控制、法律的任务》，沈宗灵、董世忠译，商务印书馆1984年版。
［美］塞缪尔·亨廷顿、劳伦斯·哈里森：《文化的重要作用——价值观如何影响人类进步》，程克雄译，新华出版社2002年版。

(二) 论文

陈墨：《史学之谜：真实性、口述历史与人》，《当代电影》2011年第1期。

陈琼：《各国私人档案管理法规研究》，《北京档案》2003年第6期。

陈先达：《唯物史观视野中的"以人为本"》，《中国人民大学学报》2004年第4期。

丁大可、李树青、徐侠等：《信息资源管理与知识管理的概念探讨》，《中国图书馆学报》2002年第6期。

丁华东：《档案记忆观的兴起及其理论影响》，《档案管理》2009年第1期。

丁华东：《档案记忆研究的思想资源发掘》，《档案学研究》2013年第5期。

丁华东：《论档案记忆研究的学术坐标》，《档案管理》2011年第2期。

丁华东：《走进记忆殿堂：论档案记忆研究的现实意义》，《档案学研究》2015年第4期。

杜梅：《2012年国际档案大会：新环境新变化》，《中国档案》2011年第4期。

范伟琦：《档案价值体系探究》，《黑龙江档案》2012年第2期。

冯惠玲：《当代身份认同中的档案价值》，《中国人民大学学报》2015年第1期。

冯惠玲：《档案记忆观、资源观与"中国记忆"数字资源建设》，《档案学通讯》2012年第3期。

冯惠玲：《档案信息资源在国家经济社会发展中的综合贡献力》，《档案学研究》2006年第3期。

冯惠玲：《家庭建档的双向意义》，《档案学通讯》2007年第5期。

国家档案局外事办：《国外档案动态》1998—2013年。

蒋永福：《论公共信息资源管理——概念、配置效率及政府规制》，《图书情报知识》2006年第3期。

李德顺：《以人为本的价值观》，《哲学动态》2004年第7期。

李海英：《私人档案与私人档案管理》，《档案学通讯》1994年第2期。

李红武、胡鸿保：《国外社会记忆研究概述》，《学习月刊》2011年第12期。

李继红：《英国档案工作者协会》，《档案天地》1997年第1期。

刘国荣：《刍议私人档案的社会文化意义》，《湖南档案》1999年第6期。

刘维荣：《私人档案管理在欧洲的新动向》，《湖北档案》2004年第Z1期。

刘越男：《巨大的空间，复杂的变数：对我国档案信息化市场的初步分析》，《中国档案》2009年第5期。

鲁志华：《家庭档案与平民记忆构建》，《湖北档案》2010年第10期。

潘连根：《国外私人档案的管理及其启示》，《浙江档案》2000年第7期。

潘柳燕：《成长与超越：人的主体性的个体发展—人的主体性发展探析》，《广西大学学报》（哲学社会科学版）2004年第2期。

任敏：《构建城市记忆档案信息资源体系探析》，《档案》2014年第11期。

任越、杨桂明：《档案双元价值视阈下家庭档案的价值及其文化功能探析》，《档案学通讯》2014年第6期。

孙爱萍：《国外私人档案鉴定原则与标准研究》，《中国档案》2006年第4期。

孙爱萍：《意大利私人档案管理及启示》，《档案学研究》2002年第4期。

孙爱萍、沈蕾、逯燕玲、朱建邦：《国家层面私人档案信息资源体系的构建》，《档案学研究》2016年第6期。

孙爱萍、王巧玲、徐云：《国家层面私人档案信息资源建设的思考》，《档案学研究》2015年第6期。

孙频捷：《身份认同研究浅析》，《前沿》2010年第2期。

王灿刚：《国家档案馆家庭档案保管存在的问题与解决对策》，《科技情报开发与经济》2015年第23期。

王春法：《"采集工程"的缘起、进展与意义》，《中国科技史杂志》2011年第2期。

王静：《国外档案记忆研究综述》，《档案时空》2016年第10期。

王明珂：《历史事实、历史记忆与历史心性》，《历史研究》2001年第5期。

王芹：《我国私人档案研究综评》，《档案学通讯》2005年第5期。

王锐生：《"以人为本"：马克思社会发展观的一个根本原则》，《哲学研究》2004年第2期。

王锐生：《社会主义：科学规律与"以人为本"的结合》，《哲学研究》2005年第5期。

王向女：《档案价值体系演化规律的研究》，《档案学通讯》2009年第2期。

王英玮、史习人：《档案价值相对论》，《档案学研究》2013年第2期。

王运彬：《政府建设档案信息资源体系的动力、效果及困境分析》，《档案学通讯》2014年第1期。

夏莲春：《个人档案保存策略国内外发展趋势研究》，《商》2016年第3期。

肖红凌：《广域信息资源管理政策法律问题的实践跟踪与学术探讨——评〈信息资源管理政策与法规〉》，《图书馆建设》2009年第8期。

徐刚、邓胜利：《2004—2007年信息资源管理研究进展》，《图书与情报》2009年第4期。

徐拥军：《档案记忆观的理论基础》，《档案学研究》2017年第6期。

许庆兰：《中、法私人档案管理制度比较研究》，《黑龙江档案》2014年第3期。

薛匡勇：《档案记忆观思想内核探析》，《上海档案》2014年第1期。

于恬：《浅析我国私人档案管理体制之完善》，《兰台世界》2011年第8期。

袁贵仁：《以人为本是科学发展观的核心》，《哲学研究》2005年第11期。

张斌、徐拥军、杨青等：《德国企业档案馆的发展及启示》，《档案学研究》2012年第2期。

张奎良：《从民到人的历史切换——深刻理解"以人为本"的新视角》，《求是学刊》2006年第1期。

张奎良：《马克思视域中的以人为本》，《马克思主义与现实》2004年第3期。

张世林：《我国私人档案所有权法律研究》，《档案学通讯》2013年第3期。

张新鹤：《国内外信息资源建设政策研究进展》，《图书情报工作》2009年第1期。

张燕：《析档案行政指导在私人档案管理中的运用》，《山西档案》2003年第1期。

赵爱国、刘磊：《从"没有记忆的镜子"看档案记忆观》，《档案学通讯》2014年第1期。

赵琰：《我国私人档案可实现管理模式探讨》，《中国档案》2007年第11期。

郑锦霞：《公权与私权的权衡——对私人档案所有权与国家监控权之间冲突的思考》，《北京档案》2007年第2期。

郑艳丽：《关于个人档案知情权问题的思考》，《档案学通讯》2005年第3期。

钟湘楷：《名人建档工作的再思考》，《文献工作研究》1997年第4期。

周玮：《档案记忆观引导下的档案转型》，《知识文库》2018年第4期。

朱国斌：《对外国档案法规关于私人档案立法的研究》，《档案学通讯》1988年第3期。

虎娇玫：《论档案馆的社会记忆功能及其实现》，硕士学位论文，云南大学，2014年。

肖岚:《论档案与社会记忆》,学位论文,湖北大学,2013年。

[加拿大] T. 库克:《铭记未来——档案在建构社会记忆中的作用》,李音译,《档案学通讯》2002年第2期。

[加拿大] 特里·库克:《电子文件与纸质文件观念:后保管及后现代主义社会里信息与档案管理中面临的一场革命》,刘越男译,《山西档案》1997年第2期。

[加拿大] 特里·库克:《四个范式:欧洲档案学的观念和战略的变化》,李音译,《档案学研究》2011年第3期。

[加拿大] 威尔弗莱德·艾·史密斯:《总体档案:加拿大的经验》,丁媚编译,《档案学通讯》2001年第4期。

[美] 弗朗西斯·布劳因:《档案工作者、中介和社会记忆的创建》,晓牧、李音译,《中国档案》2001年第9期。

[美] 史蒂文·卢巴:《信息文化与档案》,张宁译,《山西档案》2000年第1期。

二 外文参考文献

Anna Sobczak, "Public Cloud Archives: Dream or Reality?" *Canadian Journal of Information and Library Science*, Vol. 39, No. 2, June, 2015.

C. Maltzahn, A. Jhala, M. Mateas, J. Whitehead, "Gamification of private digital data archive management", *International Workshop on Gamification for Information Retrieval*, April, 2014.

Chloé S., Georas, "Networked Memory Project: A Policy Thought Experiment for the Archiving of Social Networks by the Library of Congress of the United States", *Laws*, September, 2014.

Cushing, Amber L., "Highlighting the archives perspective in the personal digital archiving discussion", *Library Hi Tech*, Vol. 28, June, 2010.

Dr. Andrew Flinn, "Community Histories, Community Archives: Some Opportunities and Challenges1", *Archives and Records*, October, 2007.

Garaba, Francis, " Towards Public Domain Management of Liberation

Movement Heritage Records in Eastern and Southern Africa", *African Journal of Library, Archives and Information Science*, Vol. 22, No. 2, 2012.

Gilbert Cockton, Dave Kirk, Abigail Sellen, Richard Banks, "Evolving and augmenting worth mapping for family archives", *British Computer Society Conference on Human-Computer Interaction*, January, 2009.

Hannah Little, "Identifying the genealogical self", *Archival Science*, November, 2011.

Hye-In Yuk, Yong Kim, Jun-Kab JangYuk, "A Study on the Methods to Manage Private Records Utilizing AtoM (Access to Memory): Focused on 'Archive Village'", *Journal of the Korean BIBLIA Society for library and Information Science*, Vol. 26, No. 2, June, 2015.

Hyun, Moonsoo, "A Study on Sharing Descriptive Information for Establishing Private and Community Archive Network", *Journal of Records Management & Archives Society of Korea*, Vol. 13, No. 3, December, 2013.

Kim, Jihyun, "An Analysis of Policies on the Acquisition of Private Records at State/Provincial Archives in the U.S., Canada, and Australia", *Journal of Records Management & Archives Society of Korea*, Vol. 14, No. 3, August, 2014.

Peter Williams, Jeremy Leighton, John Ian Rowland, "The personal curation of digital objects: A lifecycle approach", *Aslib Proceedings: new information perspectives*, Vol. 61, No. 4, June, 2012.

Rob Fisher, "Donors and Donor Agency: Implications for Private Archives Theory and Practice", *Archivaria*, January, 2015.

Tait Elizabeth, MacLeod Marsaili, Beel David, Wallace Claire, Mellish Chris, Taylor Stuart, "Linking to the past: an analysis of community digital heritage initiatives", *Aslib Proceedings: New Information Perspectives*, November, 2013.